행복한 가르침과 배움이 있는

리얼!! real!!
프로젝트
학습

행복한 가르침과 배움이 있는

real!!

리얼!! 프로젝트학습

1판 1쇄 발행 2012년 1월 10일
1판 3쇄 발행 2015년 8월 20일

지은이 | 김경원, 김연진, 이경희
펴낸이 | 모흥숙
펴낸곳 | 상상채널
출판등록 | 제2011-0000009호

_이 책을 만든 사람들
편집 | 유아름, 정경화
기획 | 박윤희, 이경혜
교정 | 박윤희
표지 | 이현희
마케팅 | 배진호

종이 | 제이피시
제작 | 현문인쇄

주소 | 서울시 용산구 후암동 123-1
전화 | 02-775-3241~4
팩스 | 02-775-3246
이메일 | naeha@unitel.co.kr
홈페이지 | http://www.naeha.co.kr

값 15,800원
ⓒ 김경원, 김연진, 이경희 2012
ISBN 978-89-965861-9-7

교사·학생·학부모를 위한 프로젝트 학습 가이드

행복한 가르침과 배움이 있는

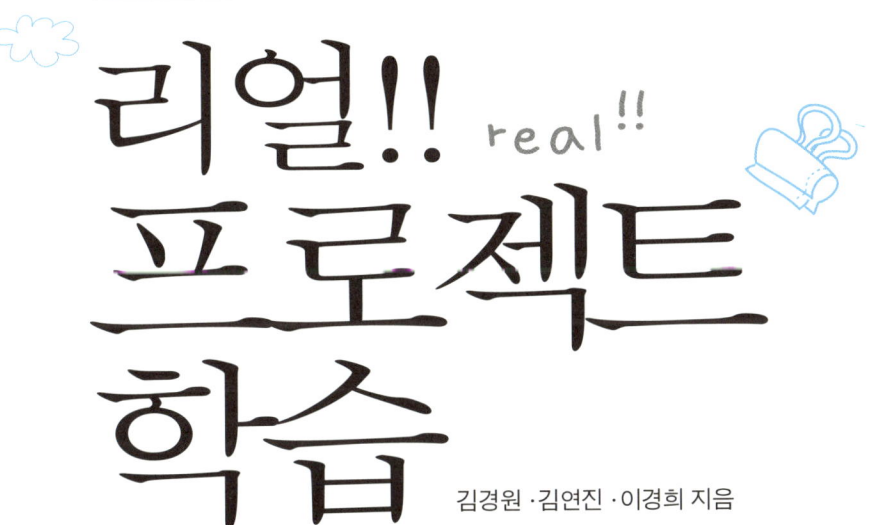

리얼!! real!!
프로젝트
학습

김경원 ·김연진 ·이경희 지음

상상채널

첫머리
Prologue
:: 중·고등 프로젝트 학습 ::

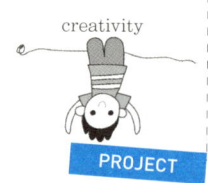

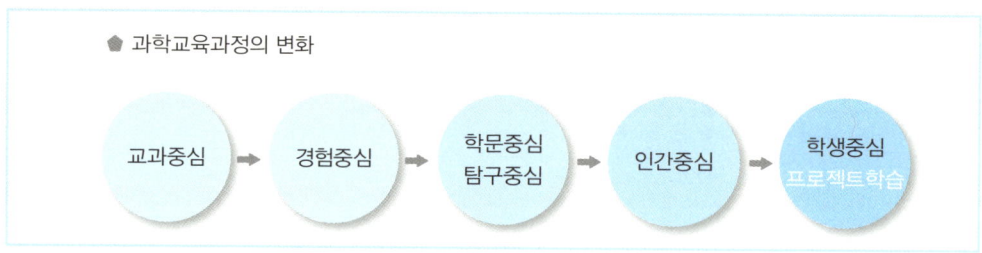

미래의 교육 **미래 교육은 프로젝트 학습을 요구한다**

🔷 과학교육과정의 변화

교과중심 → 경험중심 → 학문중심 탐구중심 → 인간중심 → 학생중심 프로젝트학습

학교교육은 현재 창의적 문제해결력을 강조하며 사회와의 상호작용을 요구하고 있다. 교사와 학부모들은 학생들 스스로 계획, 연구, 결과까지 얻을 수 있는 새로운 교육 방법을 찾고 있다. 그 중 프로젝트 학습은 가장 큰 관심을 받고 있다.

프로젝트 학습은 단지 학생들의 호기심과 흥미를 만족시키는 데서 끝나지 않는다. 한 걸음 더 나아가 일상생활에서 유용하게 쓰이고, 직업에 대한 이해와 그에 필요한 기능을 교육하는 역할까지 담당한다. 처음에는 어렵게 보이지만 하다 보면 푹 빠져들 정도로 재미있다.

'물고기를 잡아서 먹여주는 것이 아니라 물고기 잡는 방법을 가르치라는 말'이 있다. 교실 안의 교육은 이제 형식을 벗어나 다양하게 진행되고 있다. 전혀 다른 분야와의 세분화·통합화를 통해 전문적이고 창의적인 교육으로 변화하고 있는 것이다.

자기주도 학습이라는 단어를 교육현장에서 들은 것은 오래 전이었다. 다행히 자기주도 학습은 교사뿐만 아니라 학부모와 학생에게까지 많은 호응을 얻었다. 하지만 아직도 우리나라 교육현장은 상당히 폐쇄적이다. 이런 상황을 극복하기 위해 실정에 맞는 개방적인 교육 방법이 실천되어야 한다.

그러면 교사들은 어떤 역할을 하며 변화되어 가는 교육의 중심에 서야 할까?

교육 현장은 능력을 고루 갖춘 교사가 폭넓은 교수학습 방법을 이끌어 가길 원한다. 교사들은 다방면에 전문성을 키우고, 교과영역에 대한 지식과 탐구방법을 이해하여 학생들의 창의적 문제해결을 지원해 주어야 한다.

다양한 수업기법의 이해와 활용, 자기주도적 연구·수행, 개혁적인 교육방법론 적용 등이 모두 교사들의 역할이다. 이들을 위한 기본적인 지침과 심화된 교수방법론의 방향 제안과 실제 적용가능한 방법론이 요구된다. 프로젝트 학습은 이러한 요구를 충족시킬 수 있는 대안이 될 수 있다.

행복한 가르침 — **아이에게 맞는 교육 방법은 무엇일까?**

"가만히 앉아 듣기만 하면 되는데 뭐가 힘들다고 졸고, 떠들고, 집중을 못하지?!! 선생님은 너희들을 위해 목이 터져라 설명하고 있는데……"

교단에서 가르치는 일이 익숙해졌던 어느 날, 필자가 흥분하며 아이들에게 퍼부었던 말들이 생각난다. 지금 생각해 보면 그 순간 아이들은 속으로 얼마나 말하고 싶었을까? 가만히 앉아 듣기만 하는 것이 얼마나 힘든지 아시냐고.

학습이라는 것은 원래 힘든 과정이다. 그렇다면 아이들이 자신이 관심 있어 하는 분야에서 만이라도 행복할 수 있는 방법은 없는 걸까? 즐거운 과정과 목표 달성의 쾌감을 얻을 수 있는 '행복한 가르침'은 가능할까? 가르치는 우리도 우리의 아이들도 모두 인정할 수 있는 방법은 분명 존재한다. 학교와 가정이 힘을 모아 이루어야 할 내 아이만의 맞춤형 교육방법을 고민해 봐야 할 때이다.

Step by Step — 아이들의 선택을 믿어주어라

과학교육은 엄청난 속도로 변화를 일으켜 왔고 사회는 미래지향적인 리더육성을 요구하고 있다. 계속 변하고 있는 새로운 입학전형은 우리들 마음을 불안하고 급하게 만들고 있다. 이럴 때 일수록 'step by step'이 필요하다. 내일, 내년, 후년을 위한 준비를 해야 할 것이다. 즉 새로운 방향에 대한 교수방법의 혁신이 필요하고 생산성 있는 결과를 얻기 위한 현실적인 방법론이 요구된다.

마틴 하이데거(Martin Heideger)는 'What is called thinking?'에서 '가르치기는 배우는 것보다 더 어렵다.', '교사는 학생들이 배우도록 내버려 두는 법을 배워야 하며 가르치기 위해서는 배우도록 내버려 둘 수 있어야 한다.'고 했다. 학생들이 배우도록 내버려 두는 것이 그렇게 어려운 것인가? 아무런 조처 없이 그냥 내버려 두면 아이들은 배우게 되는 것인가?

여기서 우리는 중요한 한 가지를 놓치지 말아야 할 것이다. '아이들을 내버려 둔다'는 것은 방치의 의미가 아닌 전략이 숨어 있는 작전이라는 것이다. 문제인식을 위한 사전교육이나 적절한 탐구방법의 지도 등 시기적절한 투입이 필요하다. 이는 아이들의 사고를 위해서 충분한 시간적 배려와 함께 자율적이어야 한다.

아이가 창의적으로 변해간다

부모나 교사들은 내 아이가 무엇에 관심이 있고 재능이 있는지 알고 있는가? 그것은 단순한 대화만으로도 쉽게 찾을 수 있지만 좀 더 적극적인 노력을 요구하기도 한다. 모든 아이들은 자신이 장차 무엇을 잘 할 수 있을지 모르고, 성장하면서 많은 변화를 일으키기도 하기 때문이다.

몇몇 조사에 의하면 아이들 스스로 자신이 무엇이 되고 싶은지 아는 경우가 50%를 넘지 않는다고 한다. 그렇다면 교육은 그 답을 알려주는 나침반 역할을 해야 한다. 들은 적 없고 본 적 없다면 선택의 기회는 매우 낮아진다. 청소년기의 아이들을 오래 기르쳐 오면서 아이들이 사신의 길을 찾지 못하고 자신의 에너지를 비생산적으로 사용하는 것을 안타까워했던 기억이 있다. 쉬는 시간에 교실이나 복도에서 친구들과 엉키며 보내는 시간이 아까운 것이 아니라 집중할 수 있는 시간에 집중하지 못하고 남는 에너지를 산만하게 써버리는 것이 안타까웠다. 아이들에겐 자신의 관심분야, 재능이 있는 분야를 찾게 하기 위해 다양한 경험의 기회가 주어져야 한다.

여러 방면의 다양한 관심사를 적합한 형태로 경험하게 하는 것에는 무엇이 있을까? 테마를 따라가 즐겁게 프로젝트 학습을 하는 것은 미래에 대한 투자를 포함한 아이의 성장을 창조적으로 발전시킬 수 있는 최고의 방법이다.

현재의 입시제도는 아이다운 성장을 방해받지 않으면서도 전문성을 가진 리더로 성장할 수 있는 방향으로 발전하기 위해 노력하고 있다. 우리는 그 기초를 마련할 수 있는 방법으로 프로젝트 학습을 제안하고자 한다.

프로젝트 학습이란
무엇인가?

프로젝트 학습의 개념

"프로젝트(project)"의 어원은 라틴어인 'proicere(앞으로 던지다)'이다. 일반적으로 어떤 목표를 달성하기 위하여 제한된 시간과 예산의 범위 내에서 계획을 세우고 실천하는, 일련의 진행과정이 포함된 과제를 뜻한다.

경험 중심 교육을 강조했던 듀이(Dewey)는 Learning by Doing의 원리에서 '1그램의 경험이 1톤의 이론보다 낫다'라고 하였다. 종합적인 사고의 발달을 요구하고 있는 프로젝트 중심 학습은 능동적이고 생산적인 수요자 중심의 교육방법이며 경험과 실용성을 강조하고 있다.

프로젝트 학습은 학습자가 스스로 주도성을 갖는다. 연구주제를 선정하고 이를 해결하기 위하여 필요한 정보를 수집하여 정리하는 것부터 시작된다. 주제 제한은 없으며 실천 가능한 다양한 영역과 범위, 즉 생활 주변이나 관심분야에서 너무 광범위하지 않도록 선택한다. 또한, 프로젝트를 진행하는 학생들은 수행과정에 필요한 전반적인 지식, 설계방법, 기능 등을 스스로 습득하여야 한다. 이 때 교사는 관찰, 상담, 평가, 종합토의 등의 형태로 지식의 유연한 흐름을 위한 길잡이가 되어 주어야 한다.

프로젝트 학습은 학생의 자기주도적 학습능력을 향상시킬 수 있는 매우 좋은 교수학습 방법이며 자주성과 창의성을 겸비한 학생을 육성할 수 있다.

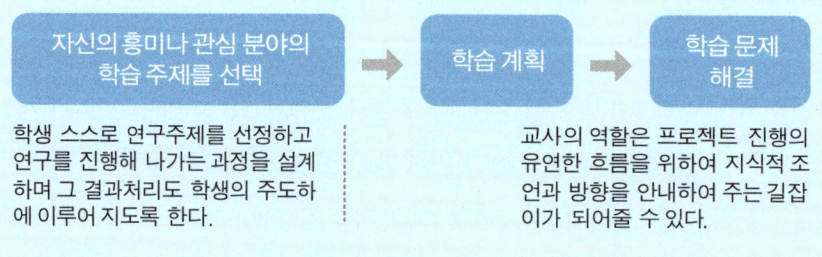

자신의 흥미나 관심 분야의 학습 주제를 선택 → 학습 계획 → 학습 문제 해결

학생 스스로 연구주제를 선정하고 연구를 진행해 나가는 과정을 설계하며 그 결과처리도 학생의 주도하에 이루어 지도록 한다.

교사의 역할은 프로젝트 진행의 유연한 흐름을 위하여 지식적 조언과 방향을 안내하여 주는 길잡이가 되어줄 수 있다.

프로젝트 학습의 장·단점

프로젝트 학습을 활용한 수업의 장점과 단점을 비교해 보면 프로젝트 학습의 필요성을 쉽게 이해할 수 있다.

장점	단점
1) 개별 능력에 따른 진도조절 기능 2) 학습자의 관심 영역과 흥미를 고려한 동기유발 3) 학습자 스스로 계획하고 실천함으로써 창의성, 자주성, 책임감 배양 4) 프로젝트 수행을 통한 인내심향상, 성취감 5) 협동을 통한 의사소통	1) 많은 시간의 투자가 요구됨 2) 계획 수립 능력이 부족한 경우 진행에 어려움이 있음 3) 집단 프로젝트의경우 일부 학생에 의해 운영될 수 있음 4) 연구 환경에 영향 받을 수 있음 5) 객관적 평가의 어려움

프로젝트 학습 진행의 두 가지 형태

프로젝트 수업을 운영하는 형태는 매우 다양할 수 있으나 일반적으로 사용되는 프로젝트 진행모형은 다음과 같이 크게 두 가지 형태로 구분될 수 있다.

첫 번째 모형 · 교사가 큰 틀의 주제를 제시하면 학생들이 자신만의 세부 주제를 선정하여 프로젝트를 수행하는 형태

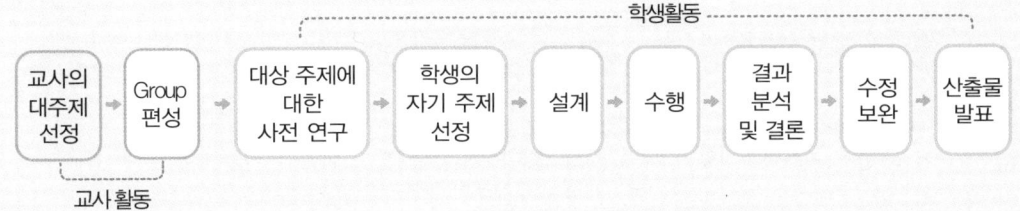

예를 들어 '조건변화에 따른 표면장력의 차이'라는 교사에 의한 대주제가 주어졌을 때 학생들은 농도와 표면장력, 온도와 표면장력, 재질에 따른 표면장력 차이 등의 다양한 주제를 스스로 선택하는 것이다. 주제가 선정된 후 선정된 주제에 대한 프로젝트를 수행할 수 있도록 학생 스스로 설계하고 그 과정에 따라 진행하는 것이다. 프로젝트 수행과정에서 얻어진 결과를 분석하고 결론을 내어 산출물을 발표한다. 단, 프로젝트 진행과정에서 발생되는 여러 가지 문제점에 대하여 수정과 보완이 적절하게 이루어지도록 한다면 매우 완성도 높은 결과물을 얻을 수 있다. 특히 프로젝트 결과를 정리하기 위하여 필요한 보고서 작성법이나 발표 준비에서 요구되는 PPT 제작 방법 등을 사전에 익혀놓는 것은 매우 도움이 된다.

프로젝트 학습이란 무엇인가?

두 번째 모형 주제선정에서 발표에 이르기까지 전 과정을
학생이 스스로 계획하고 진행하며 발표하는 형태

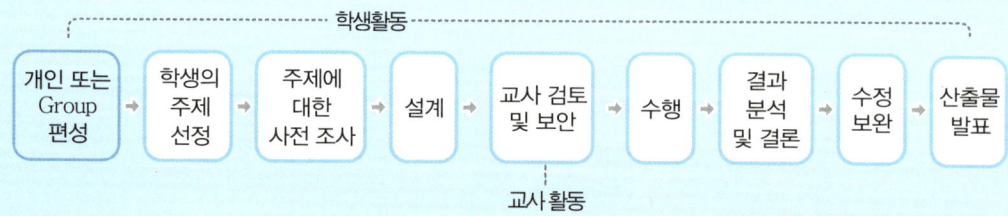

프로젝트 연구의 주체가 개인이 될 수도 있고 그룹을 이루어 진행할 수도 있다. 프로젝트 연구의 범위가 대부분 깊고 넓은 편이기 때문에 모둠 구성을 통해 역할을 분담하여 진행되는 프로젝트가 효과적일 수 있다.

첫 번째 모형에 비하여 주제를 선정하는데 많은 시간이 걸리는 단점이 있을 수 있지만 학생 자신의 관심분야에서 주제를 찾아냈기 때문에 산출물이 완성되었을 때 학생들이 얻는 성취감은 매우 높다. 주제선정 후 프로젝트 진행을 위한 사전조사가 중요한 과정이 될 수 있다. 진행의 중간 단계에서 교사의 검토와 조언이 이루어진다면 방향설정에서 나타나는 문제점을 보완할 수 있고 전문적인 의견을 보충하여 좀 더 깊이 있는 연구를 진행시킬 수 있다.

프로젝트 학습의 진행

프로젝트 학습을 진행하기 위한 실천단계는 계획단계, 실행단계, 결과처리단계 순으로 간단히 요약할 수 있다.

계획 단계	실행 단계	결과처리 단계
- 주제 선정 - 관련 자료 찾기 - 자료 수집 및 자료의 조직화	- 아이디어교환 - 데이터 수집 및 분석 - 실험, 전문가인터뷰 탐방, 제작 등 구체적인 수행	- 데이터 처리 및 시각화 - 결론 도출 - 프로젝트 발표

프로젝트 연구를 진행할 때 문제를 해결하는 방법이 단순히 탐구실험 방법만 있는 것은 아니다. 다양한 연구 스타일이 있을 수 있지만 몇 가지 사례를 소개하면 다음과 같다.

● 관심 주제의 심층적 관찰과 탐구
● 체험활동을 접목한 과학활동
● 놀이를 통한 재미있는 과학실험

- 첨단 기자재를 통한 과학적 해석
- 브레인스토밍을 통한 창의적 아이디어 구성
- 영화와 온라인상의 소재를 활용한 과학탐구
- 역사와 문화재, 전통 소재를 재해석한 과학탐구
- 시나리오 구성이나 기사 제작을 기반으로 하는 과학탐구

프로젝트 수행방법

프로젝트를 수행하기 위해 요구되는 수행방법에는 여러 가지가 있을 수 있다. 토의 및 토론, 현장체험, 조사, 관찰 및 실험, 발표 및 전시 등의 활동이 있다.

토의 및 토론은 다양한 문제를 집단이 모여 의견교환을 통해 이론을 정립해 가는 과정으로 서로의 아이디어와 활동결과를 공유할 수 있다. 현장 체험활동은 자연현상이나 사회현상을 직접 관찰하며 탐구하는 수행방법이다.

조사활동을 통해 자료를 분류 정리하여 연구에 요구되는 지식을 얻을 수 있으며 관찰과 실험을 통해 가설을 검증할 수 있다. 또한 글과 그림 등의 다양한 기법으로 표현한 활동 결과물을 발표하고 여러 매체를 통해 전시하여 상호간에 정보를 교류할 수 있다.

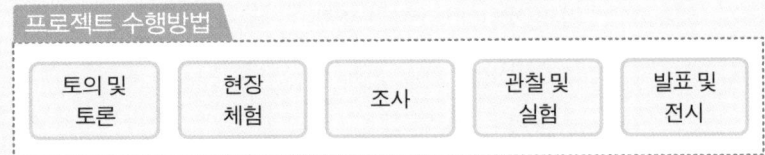

프로젝트 수행방법

토의 및 토론	현장 체험	조사	관찰 및 실험	발표 및 전시

프로젝트 학습의 교육적 가치

프로젝트 학습은 학습자들이 자발적으로 운영해 나가는 면에 있어서 체계적인 사고 능력을 향상시키고 자아개념을 심어줄 수 있다. 또한 협동심과 책임감, 독창성과 유창성, 긍정적이고 적극적인 참여의식 등을 길러줄 수 있다.

프로젝트 학습은 학생들의 연구능력과 활동능력, 표현능력과 발표능력을 높일 수 있는 방법으로 각광받고 있어 최근에는 정규교육과정에서 적극적으로 도입되고 있다.

특히 프로젝트 연구과정이 통합적인 사고와 사회 전반에 관한 관심을 끌어낼 수 있어 매우 매력적인 학습 방법으로 평가받고 있다. 다만 정해진 수업시수 안에서 활용되기에는 많은 시간이 요구되므로 가정과 학교에서의 연구가 조화롭게 연결되어야 하는 어려움이 있다.

CONTENTS  PROJECT

● 에필로그

● 프로젝트 학습이란 무엇인가?

PART 01. 위대한 멘토들의 리얼 프로젝트 이야기

프로젝트 1. 천리마의 기질 개발

: 사람의 재능을 발견하고 키운다 : 019

프로젝트 2. 하비의 혈액순환 이론

: 기존의 틀을 뒤집어라 : 022

프로젝트 3. 라부아지에의 실험설계

: 완벽한 설계를 위해 노력하라 : 025

프로젝트 4. 모네의 수련 연작

: 하나의 주제를 파고들어라 : 030

프로젝트 5. 구스타브 에펠의 에펠탑

: 철에 마술을 걸어 예술로 탄생시키다 : 034

프로젝트 6. 맨해튼 원자폭탄

: '경쟁'은 프로젝트 수행에 영향을 미친다 : 038

프로젝트 7. 정주영의 서산 간척사업

: 아무도 하지 않은 것에 도전하다 : 041

Tip 멘토에게 배운 프로젝트 메모장 : 043

PART 02. 쉽게 터득하는 리얼 프로젝트 학습

real!

CHAPTER 01 :: 테마별 프로젝트를 찾아라 : 046

주제 찾기 1. **최근의 화제거리를 주목하라** : 046

: 위조지폐 방지 : 048

주제 찾기 2. **놀이과정을 주시하라** : 053

: 부메랑 효과 : 055

주제 찾기 3. **계절에 맞는 주제는 다양하다** : 058

: 모기 퇴치 방법 : 059

주제 찾기 4. **나의 생활이 곧 주제이다** : 065

: 강아지 똥에 사는 세균 : 065

: 탄천의 수질오염 : 073

주제 찾기 5. **여행은 소재의 밭이다** : 080

: 유럽의 아치형 구조물 : 081

: 도시와 시골의 빗물 산성도 : 086

주제 찾기 6. **체험활동은 프로젝트의 핵심이다** : 093

: 파리 퐁피두 현대미술관의 작품 'Extreme tension' : 093

: 매염제에 따른 천연염색 : 097

: 우리나라 최초의 비행기 비거 : 101

주제 찾기 7. **대중매체 속 흥미로운 주제찾기** : 105

: 3D에 숨어 있는 과학원리 : 105

: 창의력의 창고인 광고 : 112

주제 찾기 8. **스포츠는 늘 화제를 몰고 다닌다** : 117

: 축구공의 프랙탈 구조, 바나나킥 원리 : 117

: 셔틀콕 재질에 속도의 비밀이 있다 : 123

: 스포츠 종목의 우승 요건 분석하기 : 128

주제 찾기 9. 독서에는 무궁무진한 주제가 숨어 있다 : 130

: 개미의 군집생활 : 134

CHAPTER 02 :: 교사가 주도한 프로젝트 따라하기 : 142

교사 주도 프로젝트 1. 평범한 소재에서 창의적 요소를 발견하다 : 142

교사 주도 프로젝트 2. 전통문화에서 조상의 지혜를 엿보다 : 149

교사 주도 프로젝트 3. 체험활동에서 즐거운 소재를 만나다 : 155

교사 주도 프로젝트 4. 과학 독서토론에서 탐구 소재를 건지다 : 165

Tip 제목만 봐도 알 수 있는 프로젝트 학습 : 172

PART 03. 우수 프로젝트 분석!!

CHAPTER 01 :: 우수 프로젝트, 구성에 답이 있다 : 176

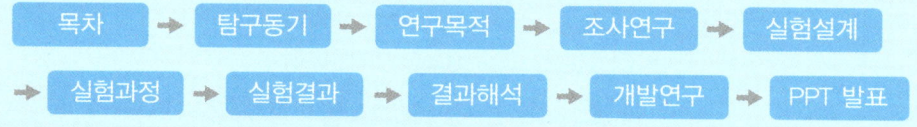

CHAPTER 02 :: 주제선정부터 프로젝트 완성까지,
이것이 프로젝트다 : 193

1. 프로젝트 학습, 즐기면서 하는 것이 성공의 지름길 : 193

2. 친구의 아픔을 나누다 : 아토피야 이젠 그만! : 194

3. 열정은 도전을 멈출 수 없다 : 196

Tip 우리들이 만들어 가는 프로젝트 이야기 : 202

PART 04. 프로젝트 학습을 디자인하다

CHAPTER 01 :: 심화된 주제탐구 과정 : 206

    1. 계획단계 : 207

    2. 실행단계 : 209

    3. 결과처리단계 : 210

    4. 결론도출단계 : 219

CHAPTER 02 :: 창의적 표현방법 과정 : 221

    1. 기록, 탐구보고서 : 221

    2. 발표, 효과적인 프레젠테이션 : 229

CHAPTER 03 :: 전문가의 핵심 평가 : 235

    1. 프로젝트 평가의 핵심 : 235

    2. 프로젝트 평가방법 : 237

    Tip 프로젝트 연구에 자주 활용되는 프로젝트 학습 모형 : 245

PART 05. 도전! 미래를 열어주는 나만의 포트폴리오

    1. 나만의 포트폴리오를 만들어라 : 250

    2. 자기주도 학습의 중심에 프로젝트 학습이 있다 : 255

    3. 프로젝트 학습으로 다양한 대회에 도전하라! : 258

creativity
PROJECT

PROJECT

위대한 멘토들의 리얼 프로젝트 이야기

creativity

01

큰 업적을 남기며 앞서 나간 분들의 성공담이나 실패담, 위대한 과학자의 발자취 등의 사례를 통해 많은 것을 배울 수 있다. 프로젝트 설계와 운영의 기반에는 창의성과 여러 번의 실패에도 굴하지 않고 개선해 나가는 의지가 필요하다. 프로젝트를 설정하여 운영하고 결과를 얻기까지 여러 번의 해결되기 어려운 장벽을 만나게 된다. 장애물은 치우라고 있는 것이라는 긍정적인 생각이 요구되며 이런 과정을 통해 학생들은 많은 내적 성장을 이루게 된다. 위대한 멘토들의 이야기를 둘러보자.

'잠재력을 끌어 올리고 창의력을 펼칠 수 있는 방법을 찾자!'

'따라하기', '흉내내기'는 프로젝트를 시작하는 가장 쉬운 방법이다. 연구를 시작할 때 선행연구를 탐색해 보는 과정은 첫 번째로 이루어져야 할 중요한 단계이다.

다른 사람의 연구를 살펴보고 방법을 둘러보면 나만의 새로운 길이 보이게 된다는 것은 경험한 모든 사람의 공통된 의견이다. 또한, 선행연구의 방법을 따라해 보거나 흉내 낸다는 것만으로도 충분히 가치 있는 활동이 될 수 있다.

모형 프로젝트에도 있을 것은 다 있다!

학생들이 운영하는 프로젝트는 실제 사회에서 생산적으로 이루어지는 커다란 프로젝트의 규모와 달리 작은 규모의 '모형 프로젝트'이지만 프로젝트를 접하는 기본적인 마인드나 집중력 등은 같은 맥락에서 설명될 수 있다.

아무리 작은 프로젝트도 산출물이 만들어지기 위해서는 많은 노력을 요구한다. 어린 학생들이 구체적인 계획을 처음부터 수립하여 연구하고 결과를 얻어낸다는 것은 정말 어려운 일이다. 학생들은 지도교사나 부모님의 적절한 뒷받침과 지도를 간절히 원하고 있지만 지나친 지도는 오히려 학생들의 연구능력을 후퇴시키는 결과를 가져올 수 있다.

천리마의 기질 개발
: 사람의 재능을 발견하고 키운다

creativity

PROJECT

천리마도 재능을 키워주는 주인이 필요하다

천리마는 하루에 천리를 달릴 수 있는 재능을 가졌지만 한 끼에 곡식 한 섬을 먹어야 그 힘을 얻을 수 있다. 하지만 이를 알아보지 못한 하인이 보통의 말에게 주는 양의 먹이를 주니 천리마가 힘을 못 내어 그 재능을 발휘하지 못했다. 이에 팔리지 않는 말로 전락하여 평범한 말만도 못한 모습을 가지고 있었는데 천리

🔶 현대 중국화가 한민(韓敏)의 〈백락도(伯樂圖)〉

마를 알아본 백락이라는 사람에 의해 천리마가 세상에 알려지게 되었다. 아무리 재능 있는 인재라도 그를 알아주는 사람을 만나지 못하면 재능을 발휘할 수 없음을 뜻하는 것이다. 백락이 없었다면 천리마는 마구간에서 하인들에게 키워지며 천리마라는 이름도 못 얻은 채 그저 평범한 말로 살아갔을 것이다.

교사가 던진 한마디가 학생의 인생을 바꾼다

학생들이 가지고 있는 숨겨진 재능이 어떻게 발견되고 어느 정도까지 발전시켜 나가는가에 따라 결과가 큰 차이를 보일 수 있다. 학생 스스로 자신의 재능을 발견하는 것은 어려운 일이다. 학생을 가르치고 있는 지도교사의 관찰과 관심은 학생의 인생을 변화시킬 수 있다. 지도교사가 지나가며 던진 한마디가 인생의 길을 바꾼 사례는 아주 쉽게 발견된다.

필자가 학생이었을 때 선생님들은 따뜻한 관심으로 "아주 창의적인 걸~ 과학자가 됐으면 좋겠다!~", "그림을 아주 잘 그리네~ 미대로 진학해 보는 것은 어때?"라며 학생들에게 용기를 주셨다.

하지만 현대의 교사들은 좀 더 다른 접근으로 학생들에게 다가가야 한다. 진학 방식이나 직업 세계가 다양해지면서 선택의 폭이 넓어져 전문적인 안내가 요구되기 때문이다. 교사들 스스로 학생들을 안내할 수 있는 전문가가 되어야 한다. 특히 학생에 대한 섬세한 관찰과 조언은 필수적이라 할 수 있다.

교사의 전문성은 때로는 깊이보다 넓이로 승부한다

그런데 세상에는 천리마가 많을까? 백락이 많을까? 흔히들 천리마가 특별히 존재하는 것으로 알고 있지만 사실은 천리마는 어디에나 있는데 백락이 없는 것일 수 있다. 우리 아이들을 보면서 무궁무진한 가능성에 깜짝 놀랄 때가 많다. 가다듬어지지 않은 아이들은 저마다 숨은 천리마의 기질을 가지고 있다. 그것을 알아보고 끌어주는 백락이 필요하다. 그렇다면 백락의 능력은 어느 정도여야 하는가? 천리마보다 더한 능력을 가지고 있어 '나처럼 돼 봐라' 하고 이끌 것인가 아니면 천리마의 능력을 가지고 있지는 않지만 천리마의 능력을 발휘시킬 수 있는 조력자가 될 것인가?

현대적 해석의 백락은 과거와 달리 후자가 되어야 할 것 같은데 그 방법은 무엇일까? 교사들에게 요구되는 지식의 범위는 깊이보다는 넓이로 강조될 때가 많다. 물론 깊이 있는 지식을 갖춘 교사가 되는 것은 교사의 책무성에 해당될 수 있지만 자라나는 학생들에게 진정 필요한 것은 다소 깊이가 낮더라도 다양하고 광범위한 지식을 갖춘 교사가 되어 학생들에게 안내자 역할을 해주는 것이다. 교사나 학부모가 안내자의 역할을 한다는 것은 학생들의 교육활동을 뒷짐 지고 지켜보는 것도 두 팔 걷어붙이고 달려드는 것도 아닐 것이다. 현대 사회에서 교사와 학부모는 학생들의 개성과 재능을 알아보고 키워낼 수 있는 백락과 같은 조력가가 되어야 할 것이다.

하비의 혈액순환 이론
: 기존의 틀을 뒤집어라

과학의 어떤 이론도 어느 날 갑자기 나타나지는 않는다. 하나의 과학 이론이 나오기 위해서는 실험에 꼭 필요한 여러 도구와 기술적 발전이 필요하며 그 시대에 과학적 사실로 받아들여지고 있는 이론에 대한 계획적인 확인과 연구가 필요하다.

심장과 혈액에 대한 이론을 뒤집다

우리 몸에서 끊임없이 흐르고 있는 혈액!

지금은 모든 사람들이 혈액이 순환하고 있음을 알고 있다. 하지만 이 사실이 인정되기까지의 역사적 과정을 살펴보면 약 1,500년이 넘는 시간이 걸렸다. 오랜 시간 동안 인정받아오던 심장과 혈액에 대한 이론을 뒤집고 새로운 혈액순환 사실을 밝히기까지의 과정을 한번 살펴보자.

고대 그리스의 가장 뛰어난 의사이자 과학자인 히포크라테스와 같은 시대에 갈레노스라는 또 한 사람의 의사가 있었다. 갈레노스는 의학과 수학, 철학에 뛰어난 명성을 떨쳤으며 해부학, 생리학, 병리학 등 의학의 여러 부문에 걸쳐 많은 업적을 남겼다. 근대에 이르기까지 많은 의사들이 갈레노스의 책으로 공부를 하였고, 심장에 관한 갈레노스의 이론을 그대로 받아들였다.

갈레노스는 매일 우리가 섭취하는 음식물을 통해 만들어진 혈액은 한꺼번에 우심실로 밀려 들어왔다가 구멍을 통해 좌심실로 이동하면서 썰물처럼 빠져나가 사라진다고 하였다. 직접 인체를 해부할 수 없었던 당시의 상황에서 쉽게 반박할 수 있는 자료를 얻기 어려웠기 때문에 갈레노스의 이러한 주장은 아주 오랜 시간 동안 인정되었다.

혈액순환 이론은 의학분야의 혁명적 변화이다

16세기를 지나면서 실제로 동물 해부실험을 해본 여러 의사들 사이에서 갈레노스의 이론에 의문이 제기되기 시작하였다.

의학자이면서 신학자로도 유명했던 세르베투스는 혈액이 우심실에서 좌심실로 구멍을 통해서 이동하는 것이 아니며, 이동 중에 폐에서 산소를 얻는다는 사실을 발견하였다. 하지만 '신은 공기로 혈액을 빨갛게 만든다.'는 식의 추상적인 표현으로 인해 그의 주장은 인정받지 못하였으며 불건전하고 사악한 생각을 전파한다는 죄목으로 화형을 당하게 되었다.

세르베투스의 죽음 이후 여러 과학자들이 심장과 혈액에 대한 연구를 하였다. 과학자들이 종교재판을 받거나 비난을 받을 수 있는 시대상황 속에서 혈액순환 이론을 체계적으로 증명하기 위해 과학적 실험과 연구에 집중한 사람이 있었다. 그의 이름은 토머스 윌리엄 하비!

하비는 천오백 년이 넘는 시간 동안 인정받아 오던 심장과 혈액에 대한 갈레노스의 이론을 반박하면서, 〈동물의 심장과 혈액의 운동에 관한 해부학적 연구〉라는 저서를 통해 혈액순환 이론을 정립하기까지 정교하고 세밀한 관찰과 실험

과정을 수행하였다. 기계와 수학을 이용하여 실제 사람 몸속에 있는 혈액의 양과 1시간 동안 심장에서 방출되는 혈액의 양을 계산해 내었다. 그 결과 한 시간 동안 심장에서 나가는 혈액의 양이 몸무게의 3배 정도가 됨을 밝혀내었다. 이는 음식물로부터 매일 새로운 혈액이 생성된다는 기존 갈레노스의 이론으로는 설명할 수 없음을 주장하였다. 또한 심장에서 나간 피가 온몸을 돌아 심장으로 돌아왔다가 다시 뿜어 나오는 것임이 분명하다고 주장하였다. 하비의 주장은 아주 논리적이고 수학적 계산도 확실해서, 그 누구도 그의 주장에 반기를 들고 나설 수가 없었다.

또한 하비는 혈액의 순환을 눈으로 보고 믿을 수 있도록 많은 사람들 앞에서 가는 철사를 자신의 팔목에 있는 정맥 혈관에 넣는 실험을 통해 혈액이 우리의 몸을 일정한 방향으로 흐르고 있음을 보여주었다. 혈액순환 이론에 대해 심하게 비판하던 많은 사람들도 이 실험을 보고 더 이상은 반박하지 못했다.

의학 분야에서 일어난 가장 혁명적인 변화중 하나로 받아들여지고 있는 혈액순환 이론이 탄생하기까지의 과정을 통해 알 수 있듯이 많은 과학자들은 충분한 실험적 증거를 통한 이론적 뒷받침을 위해 오랜 기간의 프로젝트 수행이 필요함을 알 수 있다.

참고도서 : 하비가 들려주는 혈액순환이야기 (주) 자음과 모음

라부아지에의 실험설계
: 완벽한 설계를 위해 노력하라

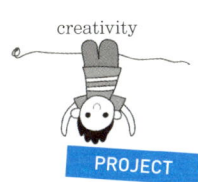

creativity

PROJECT

과학실험에 대한 열정이 근대 화학의 아버지를 낳다

우리는 학생시절 과학교과서에 들어 있는 여러 가지 실험을 해본 경험이 있다. 과학이론을 뒷받침하는 실험을 실제 수행해 보는 것은 학생들의 호기심을 해결해 주고, 교실의 딱딱한 이론 수업과는 다르게 즐거움을 주곤 했다. 그러나 그 수업의 대부분은 실험순서를 알려주고 요리의 레시피처럼 따라해 보면서 결과를 얻어 과학이론을 확인해 보는 것이 대부분이었다. 왜 그런 방법을 사용하는지, 다른 방법은 없는지 생각하기가 쉽지 않았다.

프로젝트란 레시피를 따라하는 그런 실험수행과는 다르다. 스스로 주제를 잡고 주제에 맞는 실험설계를 통해 실험을 수행하고 결과를 얻게 된다. 프로젝트 수행의 모든 과정이 중요한 과정임에는 틀림이 없다. 좋은 주제를 선정해야 하고, 그 주제에 맞는 가설을 설정하고, 실험설계를 거쳐 정밀한 실험수행을 해야 한다. 여기서는 실험설계의 중요성과 정밀한 실험의 중요성을 일깨워준 한 학자를 소개하고자 한다.

근대 화학의 아버지라 불리는 '라부아지에'는 단두대의 이슬로 사라진 과학자, '질량보존의 법칙'을 알아낸 과학자로 유명하다. '그의 목을 자르는 데는 1초도 걸리지 않았지만, 그와 같은 머리를 얻는 데는 100년도 넘게 걸릴 것이다'…라는 수학자 라그랑쥬의 말이 전해질 정도로 안타까운 죽음을 맞이한 과학자이다.

그는 세금징수원으로 평범하게 살아가는 사람이었으나, 수입의 대부분을 과학실험실을 꾸미는데 사용하여 당대 최고의 실험실을 갖고 있었다. 전문적인 과학자나 교육자도 아닌 사람이 과학에 대한 열정 하나만으로 자기 집에 거대한 실험실을 꾸민다는 것을 상상해보라. 그의 과학실험에 대한 호기심과 열정이 얼마나 대단했는지를 알 수 있다. 그는 실험실에서 궁금했던 많은 과학사실을 검증하면서 새로운 이론을 정립해 나갔다.

라부아지에의 '질량보존의 법칙'이라는 위대한 프로젝트의 시작은 거대한 실험실을 꾸밀 정도로 컸던 실험에 대한 열정에서 나왔다고 볼 수 있다. 그는 자연현상을 말로만 끼워 맞춰가며 설명하는 것은 진정한 과학이 아니라고 생각했고, 실험을 기반으로 누구도 반박할 수 없는 이론을 정립하게 된다.

그는 무엇보다도 실험설계에 남다른 노력을 기울였다. 의문이 생기는 현상에 대해 끊임없이 생각하고, 그 의문을 해결하기 위해 하루도 빠지지 않고 실험실에서 해답을 찾기 위한 실험방법 설계에 몰두했다. 실험장치를 설계·설치하는데 몇 날 며칠을 고민하고, 다시 수정·보완을 반복해 나갔다. 결국 완벽한 실험설계가 되었을 때 실험을 수행했고, 거의 실패하는 일 없이 자신의 주장을 뒷받침할 만한 결과를 얻게 되었다.

● 라부아지에의 호흡에 대한 실험 장면

● 라부아지에 연소실험에 사용한 거대한 렌즈

오차를 없앤 집요한 실험이 4원소설을 뒤집다

대표적으로 물에 대한 그의 연구는 집요했고, 눈부신 것이었다.

그 무렵은 아리스토텔레스의 4원소설(만물은 4개의 원소, 즉, 물, 불, 흙, 공기로 이루어져 있으며, 서로 변환한다)이 지배하던 시대로 감히 그의 이론에 다른 의문을 품을 엄두도 내지 못할 시대였다.

그러나 라부아지에는 과학적 사실은 정밀하게 조사하여 증명해야 한다고 생각했고, 긴 시간 동안 집요하게 실험설계에 집중하여 거의 오차가 없는 결과를 얻게된다.

그의 실험설계는 이랬다. 장시간의 가열에도 끄떡없는 유리로 된 그릇을 가열용기로 사용하였다. 또한 실험의 오차를 가져올 만한 어떠한 물질도 유리그릇안으로 들어오지 못하도록 빈틈없는 실험장비를 고안하고, 물도 증류하여 사용하였다.

유리그릇과 증류수를 가지고 가열하는 단순한 실험이지만, 눈에 띄는 결과를얻기 위해 오랜 시간 가열해야 할 것이라고 예측했고 이런 문제를 해결하기 위해사람 키를 넘는 거대한 실험장치를 제작하게 되었다.

실험의 오차를 줄이고, 원하는 결과를 얻기 위해 실험의 방향을 정하고, 심사숙고한 실험장치의 설계로 오랜 시간을 소비했고, 결국 거대하고 치밀한 실험장치를 만들었던 것이다. 드디어 유리용기 속 증류수의 가열 실험이 시작되었는데, 몇 일간 쉼 없는 가열이 진행되었는데도 물이 다른 물질로 변화되지 않았다. 실험장치도 거대하고 거기에 많은 양의 증류수를 사용한 터라 결과를 얻는데 얼마의 시간이 걸릴지 상상할 수 없었을 것이다. 그는 장장 101일 동안 멈추지 않고 계속 가열하여 눈에 띨 만한 결과를 얻게 되었다. 결국 유리그릇 안의 증류수 속에 눈에 띨 만한 찌꺼기를 발견한 것이다. 그는 가열을 멈추고 그 찌꺼기의 질량을 측정하였다.

그는 이 찌꺼기가 어디서 온 것인지를 밝혀내려고 노력했다. 결국, 발견된 찌꺼기는 유리그릇으로부터 온 것이라는 것을 알아내게 되었고, 그 증거로 찌꺼기의 질량이 유리그릇의 감소한 질량과 같다는 결론을 얻게 된다. 이는 물이 불에 의해 가열되어 흙으로 변한다는 아리스토텔레스의 생각이 잘못되었음을 증명하는 실험이었으며, 정밀한 실험으로 얻어진 결과는 그 누구도 반박할 수 없었다. 결국 이 실험이 아리스트텔레스의 4원소설의 쇠퇴를 가져오고 본격적으로 원자설이 대두되는 계기를 만들었던 것이다.

열정과 끈기가 프로젝트를 완성시킨다

프로젝트는 어떤 현상에 대해 호기심을 가지고 관찰하고 의문을 품는 순간 주제가 결정되고 실험설계가 가능해진다. 라부아지에는 '물이 끓으면 어떻게 될까?, 흙으로 변하는 것인가?'에 의문을 품고 자신의 의문을 해결하기 위해 실험장치를 고안하게 된다. 실험장치를 고안하는 실험설계 과정에 긴 시간을 소비하였고, 그러한 실험설계 덕분에 실패 없이 프로젝트 결과를 얻게 된 것이다. 그는 평생 하루 5시간 이상을 실험실에서 실험을 하며 지낼 정도로 과학실험에 대한 열정이 남달랐다고 한다.

라부아지에는 실험수행을 하여 이론을 발표하는데 있어서 거의 실패를 하지 않은 과학자로도 알려져 있다. 이는 충분한 시간 동안 실험설계를 구상하고, 실험 도구의 적합성을 고민한 결과일 것이다. 또한 그의 실험의 많은 부분은 다른 사람의 실험과정을 모방한 경우도 많았다고 한다. 그러나 자기만의 철저한 실험설계와 정밀한 질량 측정 방법 등이 가미되어 훌륭한 결과를 얻게 된 것이다.

의문에 대한 충분한 숙고와 긴 시간동안 완벽한 실험설계, 과학에 대한 열정, 끈기는 프로젝트를 완성해가는 데 좋은 밑거름이 된다.

모네의 수련 연작
: 하나의 주제를 파고들어라

creativity

PROJECT

예술가들은 다양한 표현을 통해 자신이 추구하는 것을 일반 대중들에게 전달하고 있다. 그들의 삶과 작품 속에서도 한 주제에 대한 프로젝트의 계획과 실행이 그대로 녹아있는 경우를 흔히 볼 수 있다.

예술작품에도 프로젝트가 숨어 있다

현재 세계에서 가장 많은 사람들로부터 사랑받고 있는 화가는 누구일까?

고흐, 고갱, 세잔, 피카소, 마티스... 아마 많은 화가들을 떠올릴 수 있을 것이다. 그중에서 가장 대중적으로 널리 알려지고 사랑받고 있는 화가를 꼽으라면 아마도 인상파 화가를 들 수 있다. 인상파는 모네의 '인상·일출'이라는 작품에서 이름 붙여진 화가 집단으로, 빛을 받는 자연의 순간적인 변화를 주로 묘사하여 '빛의 화가들'이라고 불리기도 한다.

인상파 화가들 중 특히 클로드 모네는 빛과 자연을 주제로 바다와 강물 위의 빛의 일렁임, 대기 속에 떠다니는 빛의 움직임, 안개와 수증기 등을 창의적으로 묘사한 대표적인 작가이다. 그는 다양한 자연현상을 보이는 것에 충실하게 표현하려고 노력하였다.

모네는 햇빛을 받는 사물의 생동감을 풍부한 빛으로 표현하기 위해 처음 그림을 시작한 장소에서 빠른 붓놀림으로 한 번에 완성하였다. 이 때문에 그의 작품 중에는 같은 소재를 다양한 시간대별로 그린 작품들이 많다.

모네는 창의적이고 독특한 자기만의 기법으로 다양한 연작 시리즈 프로젝트를 진행하여 짚더미, 포플러, 루앙성당, 수련 등의 연작을 탄생시켰다.

단순하면서도 독창적인 색채표현이 돋보이는 짚더미 연작과 시간, 날씨 등에 따라 여러 가지 빛으로 표현한 포플러 나무 연작들 그리고 동일한 구도 내에서 빛에 의한 이미지 변화를 시시각각으로 표현한 루앙 대성당 연작 등은 빛의 변화에 따라 동일 대상이 얼마나 여러 가지로 변화될 수 있는지를 다양한 기법으로 표현하고 있다.

색다른 시선으로 수련 연작 프로젝트를 완성하다

모네가 가장 집요하게 집중했던 연작 프로젝트의 대상은 바로 수련이었다.

모네는 말년에 약 20년에 걸쳐 햇빛이 물에 비쳐 반사되면서 나타내는 빛과 색채의 변화, 잔물결과 그림자의 효과를 생생하게 표현하고자 수련 연작 프로젝트에 전념하였다.

그는 파리를 떠나 지베르니로 옮겨 저택 내에 정원을 만들었다. 화초를 가득 심고 넓은 연못을 만들어 수련을 띄우고 버드나무와 장미넝쿨로 담장을 만들었다. 연못 끝 쪽에는 일본풍의 다리를 놓아 '물의 정원'이라고 부르며 정성스럽게 가꾸었다. 처음에는 조용한 휴양과 작품 구상을 위해 만든 정원이 그의 창작 욕구를 자극하여 작품 활동의 중요한 모티브가 되었다.

"물과 반사광의 표현은 이미 노인이 된 나의 역량을 넘어서는 것이었지만, 그럼에도 나는 내가 느낀 것을 훌륭히 전달하고 싶었습니다. 나는 실패를 거듭했지만, 힘을 내어 다시 시작할 것입니다."라며 모네는 스스로 수련을 그리는 것이 큰 도전이었다고 고백하였다. 모네의 이 고백은 평생에 걸친 그의 창작에 대한 열의와 늘 새로운 것에 대한 도전 정신을 느낄 수 있게 한다.

수련 연작들을 회화적 특성의 편의상 세 그룹으로 분류하기도 한다. 이 분류를 통해 모네의 회화세계가 어떻게 변화해 갔는지를 알 수 있다.

정원을 조성한 초기의 작품들은 자신의 정원을 다양한 각도에서 관찰하여 주로 정사각형 캔버스에 아침의 차가운 색조에서부터 늦은 오후의 따뜻한 빛의 진행까지를 잘 묘사한 작품들이다.

🔹 수련 프로젝트 초기 작품들

두 번째는 연못의 수면을 내려다보면서 관찰하여 잎이나 꽃이 다른 차원의 공간에 떠 있는 것처럼 묘사한 작품들이다. 수련은 수면의 연속이면서 물과 대기가 접하는 평면이기도 하다.

🔹 수련 프로젝트 중기 작품들

두 번째 프로젝트 후, 모네의 수련 작품들에 대한 평론가들의 찬사가 이어지면서 수련 작품만을 위한 특별한 기획이 이루어졌다. 그의 후기 작품들을 위한 특별공간이 오랑주리 미술관에 마련되었다.

말년에 백내장에 걸려 시력이 급격히 약해졌음에도 불구하고 모네는 수련 연작 프로젝트를 완성하기 위해 열정을 불태웠다.

모네의 세 번째 프로젝트는 꽃과 잎 등의 구체적인 대상에 대한 묘사가 아닌 빛에 따른 추상의 세계를 묘사한 것이다. 오랑주리 미술관 특별 전시실의 둥글고 긴 거대한 벽을 하늘과 물과 수련이 있는 연못 그림들로 가득 채웠다.

♠ 수련 프로젝트 후기 작품들

이 작품들은 인상주의의 틀과 자신의 한계를 뛰어 넘어 내면의 깊이를 표현하고 있음을 느끼게 한다. 최후의 수련 연작 시리즈는 구상에서 추상으로 변해가는 모네 예술의 극치라는 찬사에서부터, 아무런 형태가 없는 장식적인 미술밖에 되지 않는다는 혹평에 이르기까지 다양한 평가를 받았다.

모네는 자신의 일생에 걸쳐 그림을 통해 순간순간 모습을 달리하는 자연을 빛과 대기의 아름다움으로 묘사하면서 인상파의 흐름을 주도하였다. 또한 하나의 주제에 대한 끊임없는 탐구와 노력이 다른 많은 예술가들에게 자연을 새롭게 보는 눈을 열어주었고, 자연에 대한 인간의 감성 표현에 대한 다양한 영감을 불어넣어 주었다. 모네의 수련 연작 프로젝트 작품들은 오늘도 많은 이들에게 마음의 안정과 영혼의 정화를 맛보게 하며 사랑받고 있다.

구스타브 에펠의 에펠탑
: 철에 마술을 걸어 예술로 탄생시키다

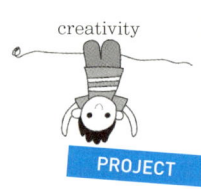

건축가 구스타브 에펠, 일생을 철 구조물에 바치다

파리를 대표하는 랜드마크로 단연 손꼽는 것이 있
다면, 그것은 에펠탑일 것이다. 프랑스 파리의 한복판
에 우뚝 솟아있는 에펠탑, 프랑스의 상징물이 되어버
린 에펠탑은 한 공학자의 끊임없는 노력과 열정의 결
과로 얻어진 산물이다.

구스타브 에펠이라는 건축가는 일생을 철 구조물
건축에 바쳤고, 그의 철 프로젝트는 오늘날에도 남아
세계인들의 눈을 즐겁게 하고 있다. 일생을 한 가지 프로젝트에 전념하여 많은
작품을 남겼고, 수행 도중 닥친 난관을 자신감과 열정으로 극복해 내어 결국은
세계인의 칭송을 듣게 된 것이다. 그는 일선에 물러나서도 자신의 꿈을 담은 철
건축물 설계를 위해 끊임없는 제안서를 작성하였고, 실행에 옮기기 위해 부단히
노력하였다.

철의 마술사, 온갖 비난 속에서 에펠탑을 세우다

프랑스의 상징물이 된 에펠탑, 철제 구조물로 된 이 기이한 탑은 1889년 파리 만

국박람회 개최에 맞춰 건설된 것으로 그 당시 세계의 가장 높은 건축물로 프랑스의 자부심과 열정이 과시된 건축물이다. 건설자인 구스타브 에펠은 공사를 시작하기도 전에 예술가들이 탄원서를 제출하는 난관에 부딪혔고, 산업과 예술이라는 거대한 논쟁에 휘말리게 된다. 그의 탑 건설에 대한 추진력과 열정은 그러한 논쟁을 불식시킬 정도로 대단했으며, 그 결과 오늘날 전 세계인의 사랑을 받게 된 것이다.

에펠은 철을 이용한 새로운 건설의 신화를 일으킨 인물이다. '철의 마술사' 라는 수식어가 붙을 정도로 철로 된 교량 건설에서 국제적인 명성을 얻고 있었다. 그런데도 에펠탑 건설 당시 갖은 모함과 비난을 받아야 했고 재정적인 어려움에 부딪쳤다. 특히 당대 문학계의 거장인 모파상은 종종 에펠탑의 2층에서 점심을 먹었는데, 그 이유를 묻는 기자들에게 "이곳이 파리에서 유일하게 에펠탑이 보이지 않기 때문이다" 라고 말할 정도로 에펠탑의 건설을 반대했고, 평생 그 생각을 바꾸지 않았다고 한다. 하지만 에펠은 어떤 비난에도 굴하지 않고 공사를 밀어붙였다.

치밀한 계획과 자신감으로 위기를 극복하다

우리는 어떤 일을 수행할 때 자신과 반대의견을 가진 사람을 만나게 되기도 하고, 실행상 어려운 난관에 부딪치기도 한다. 자신이 옳다고 믿는다면, 난관을 지혜롭게 헤쳐 나가며 일단 밀어붙여 보는 것이 어떨까? 그렇다고 프로젝트에 대한 무모한 확신으로 주변의 의견을 무시한 채 추진하는 것은 금물이다.

때로는 자신의 프로젝트와 반대의 외부적 상황에 직면하거나 확신과 추진력이 부족하여 프로젝트를 끝까지 진행하지 못하는 경우가 많다. 수행하고자 하는 프로젝트가 정확한 지식과 많은 경험기반 위에 세워져서 충분히 실행가능성이 있다는 확신이 선다면, 자신감을 가지고 임하는 것이 무엇보다도 중요하다. 수행도중에 마주하는 난관을 헤쳐 가다가 자신의 주장이 개선할 점을 발견하게 되면 프로젝트의 방향을 유연하게 수정하는 것도 필요하다.

에펠은 건설되고 있는 에펠 탑이 추악한 철 덩어리라는 비난을 받으면서도 오히려 자신감을 가지고 사람들을 설득하기 위해 부단히 애썼으며, "이 탑이 완성됨으로써 프랑스는 300m 되는 높이의 깃대에 국기를 휘날릴 수 있는 유일한 국가가 될 것이다"라는 유명한 말을 남겼다. 또한 이 탑은 전쟁 시 시야를 확보할 수 있어 적의 움직임을 관찰할 수 있는 전략적 요새 역할, 대기의 기상상태를 관측할 수 있는 훌륭한 관측대, 물리적 천문학적 관찰에 유용한 장소 등이 될 것이라고 주장하며, 자신의 건축물에 우수성과 필요성을 주장하였다.

실제로 탑이 세워지기도 전에 관찰과 실험을 위한 계획을 가지고 있었고, 이런 생각이 단순히 가능성을 가진 일시적인 발상이 아니라 높은 탑을 건설함으로서 과학에 많은 도움이 될 것이라는 확신을 갖고 강력한 주장을 펼 수 있었다. 결국 탑은 에펠의 소원대로 건설되었고, 20년이라는 수명을 보장받았다. 에펠의 주장대로 제1차 세계대전에서 에펠탑은 통신용으로 사용가능하다는 것이 증명되었으며, 병력 수송용으로 파리 시내의 택시들을 전선에 투입할 때 에펠탑이 이용되었다. 20년의 수명이 영원한 수명으로 연장되어 오늘날에 이르게 된 것이다.

어떤 프로젝트도 치밀한 계획과 자신감이 뒷받침 된다면 수행 중 다가오는 수많은 어려움을 잘 극복할 수 있을 것이라는 것을 시사해 준다.

탁월한 진로 결정이 성공의 열쇠다

철에 관한한 누구도 따라올 수 없을 만큼 훌륭한 발자취를 남긴 에펠도 학교에서 우등생은 아니었다고 한다. 학교수업에서 암기하는 것을 싫어했고, 성적도 우수하지 못해 두각을 나타내지 못했다. 그러나 그는 자신이 학문보다는 실용적인 것에 능력이 있다고 믿었으며, 자신의 길을 스스로 선택했다. 공부에는 흥미가 없었지만, 학교를 벗어난 곳에서는 상상하기를 즐겼던 에펠은 고등공예학교에 입학하게 되면서 실용적인 학문을 접하게 되고, 졸업 후 처남의 공장에서 일하면서 철 산업에 흥미를 갖게 되었다. 자신의 장점과 자신 있는 분야를 파악하고 시대의 흐름을 정확하게 읽을 줄 알았기 때문이다.

학교생활에서는 큰 두각을 나타내지 못한 에펠은 자신이 어떤 일을 하고 살아야 할지 무척 고민하였다. 그런데 그 당시 유럽에 가장 역동적인 산업으로 철도산업이 급부상하고 있었고, 그 시대의 흐름을 읽은 에펠은 철도회사에 입사하게 되었다. 철도를 건설하고 그 기술을 연마하면서 세계 곳곳에서 건설 중인 철로 된 교량사업 에 뛰어들면서 '철의 마술사' 라는 수식어가 붙게 된다.

이런 수식어가 붙기까지 에펠은 남다른 노력파였고, 특유의 치밀함으로 일을 수행하였다. 늘 회사에서 밤늦게까지 남아 건축에 대한 생각을 했고, 뛰어난 상상력과 기발한 발상으로 새로운 분야에 철을 이용하기 시작하였다. 활발한 철도산업을 응용하여 철을 사용한 최초의 다리 건설을 획기적으로 시도했던 것이다. 아직도 세계 곳곳에 그가 설계하고 건설한 다리가 아름다움과 독창성을 간직한 채 남아 있다.

◆ 포르투갈에 놓은 마리아 피아 다리

◆ 트뤼에르에 놓은 가리비 고가교

철에 대한 그의 연구와 집착은 대단한 것이었다. 수많은 철제 다리를 건설했던 경험과 철저한 분석 및 계산은 산업과 예술의 경지를 한 층 높인 에펠탑의 건설을 가능하게 했던 것이다.

평생, 고집스럽게 철에 대한 집착으로 후대에 멋진 이름을 남긴 에펠의 삶을 통해 많은 것을 생각하게 된다. 자신의 능력을 정확히 파악하는 것도 중요하고, 정해진 길에서 최선을 다하는 것 또한 중요하다.

맨해튼 원자폭탄
: '경쟁'은 프로젝트 수행에 영향을 미친다

히틀러보다 먼저 원자폭탄을 만들어야 한다

미국의 로스앨러모스 산중에는 외부에 격리된 연구소가 있었다. 어느 날 그곳으로 맨해튼 프로젝트 (Manhattan Project) 라는 암호명의 특명을 받은 세계적인 과학자들이 가족에게조차 알리지 않고 비밀프로젝트를 진행시키기 위해 집합되었다. 맨해튼 프로젝트는 원자폭탄을 만드는 프로젝트였으며 히틀러

🔹 1945년 9월 맨해튼프로젝트에 참여한 과학자들
(test site in Alamogordo)

보다 먼저 원자폭탄을 만들어야 하는 절대 절명의 동기와 목적을 가지고 있었다.

연구가 진행된 미국의 로스앨러모스 외에도 원자폭탄을 만드는 장소는 곳곳에 흩어져 있었다. 거대한 시설이 요구되었기에 참여한 인원은 13만 명에 이르렀으며 20억 달러의 연구비가 사용된 인류 최고가의 과학프로젝트였다. 이 연구의 책임자는 오펜하이머였다.

세계 제2차 대전이 발발하면서 맨해튼 프로젝트는 최우선적인 프로젝트가 되

었다. 절대적인 사명감을 가졌던 많은 학자들은 원자
폭탄의 개발이 인류에게 어떤 악영향을 끼칠 것인지
판단할 겨를도 없이 연구에 몰두하였다. 그들은 원자
폭탄의 원료인 우라늄235를 천연 우라늄에서 분리하
였고 그 과정 중 우라늄238이 플루토늄239로 변환된
다는 것을 발견하여 플루토늄을 이용한 폭탄을 만들
게 되었다.

🔷 오펜하이머
(J. Robert Oppenheimer)

프로젝트의 결과는 원하지 않는 방향으로 가기도 한다

히틀러의 자살과 독일의 패배로 전쟁은 끝났고
과학자들은 본인들이 만든 원자폭탄에 대하여 회
의감을 갖기 시작하였다. 원자폭탄의 존재만으로
전쟁 없는 세상을 만들겠다는 꿈은 1945년 7월 16
일 5시 30분에 끝났다. 로스앨러모스에서 남쪽으로
340km 떨어져 있는 알라모고도에서 최초의 원자폭
탄 폭발실험이 실시되었고 폭탄을 얹어놓은 강철
탑은 증발해 버렸다. 아스팔트는 유리재로 변했다.
5,000톤의 TNT와 맞먹는 폭발의 예상은 빗나가 그
위력은 20,000톤의 TNT에 이르렀다. 원자폭탄의 사

🔷 Alamogordo에서 최초의 원자
폭탄 폭발실험 실시. 폭탄을 얹
어놓은 강철 탑은 증발해 버림

용을 막고자 맨해튼 프로젝트에 참여한 과학자들은 청원서에 서명을 했다. 서명
과 청원에도 불구하고 히로시마에 떨어진 원자폭탄은 한 순간에 7만 명의 목숨
을 빼앗아갔고, 방사능에 오염되거나 화상을 입은 10만 명이 넘는 사람들을 서서
히 죽어가게 만들었다.

맨해튼 프로젝트에 참여한 과학자들은 자신들이 한 일이 인류에게 평화가 아
닌 파멸을 가져올 수 있다는 것 때문에 프로젝트의 결과에 대하여 매우 불안해했

다. 그들은 원자폭탄이 평화적인 목적으로 사용되기를 간절하게 바랐지만 주변은 그 기대와 달랐다.

맨해튼 프로젝트는 한 가지 방향의 프로젝트 결과가 전혀 다른 양면성으로 사용될 수 있다는 것을 보여주는 대표적인 예이다. 일반적으로 프로젝트는 긍정적이고 생산적인 결과를 의도하지만 최종 산출물을 활용하는 대상에 따라 전혀 다른 방향으로 진행되기도 한다. 가장 상위의 목표를 추구하는 집중적인 노력은 인류의 미래를 책임질 수 있는 기본적인 마인드로부터 시작되어야 한다.

정주영의 서산 간척사업

: 아무도 하지 않은 것에 도전하다

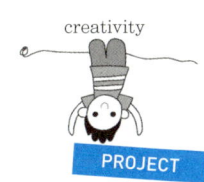

얼토당토않은 생각이 프로젝트의 성공을 일궈낸다

우리나라의 손꼽는 대기업의 회장이었던 정주영의 일화는 창의성을 기반으로 한 프로젝트의 성공이 세계적인 결과를 얻은 사례라 할 수 있다.

1980년대 초 정주영은 바다를 메워 옥토를 만들겠다는 '서산 간척사업'의 대규모 프로젝트를 설계하였다. 6.4㎞에 달하는 방조제를 세우기 위해 오랜 세월 노력했고 완공을 앞두고 있었으나 서산의 조수간만의 차가 커서 방조제 공사의 마지막 270m의 물막이 공사가 난제에 부딪혔다. 4.5t의 바위에 구멍을 내서 철사로 2~3개씩 묶어 바지선으로 운반, 투하했지만 역부족이었다. 엄청난 크기의 바위들도 바다에 들어가는 순간 엄청난 압력의 물의 흐름에 쓸려나갔다. 많은 사람들이 여러 가지 방법을 제안하고 시도했지만 모두 허사였다.

정주영 회장이 생각해 낸 독창적인 해결방법은 양쪽 방조제 사

● 방조제 공사 사진

이에 바닷물을 채운 폐유조선을 가라앉혀 급류를 막고 유속이 느려진 방조제에 바위덩어리를 채운 후 폐유조선을 빼내는 것이었다. 이를 실현하기 위해 세계적으로 유명한 토목 공학자들에게 자문을 구했지만 전문가들은 모두 불가능하다는 결론을 내리며 반대를 했고 심지어 초등학교를 겨우 졸업한 정주영 회장의 무지함이 불러온 얼토당토않은 생각이라고 치부하기까지 했다.

유조선 공법 프로젝트, 세계로 나가다

그러나 정주영 회장은 자신의 생각을 실현하였다. 물론 과정은 순탄하지 않았다. 겨우 성공하고 만세를 부른 다음날 폐유조선은 바닷물에 쓸려 멀리 흘러가 있었다. 몇 번의 실패에도 포기하지 않고 '서산 간척사업'의 프로젝트를 시도하여 드디어 성공적인 결과를 얻게 되었다. 이 공법이 세계적으로 유명해진 '유조선 공법(일명 정주영 공법)'이다. 이 프로젝트의 결과 절약된 공사비가 290억 원에 이르렀고 폐유조선은 원래의 목적대로 고철로 재활용되었다. 이 결과 우리나라의 국토는 4,700만 평이 늘어났고 1987년 이후부터 벼를 심어 연간 50만 섬에 가까운 쌀을 얻을 수 있게 되었다. 정주영 회장의 이 기상천외한 발상은 세계에서 유명한 토목공사의 사례가 되었다.

01 교사와 학부모는 학생들의 개성과 재능을 알아보고 키워낼 수 있는 백락과 같은 조력가가 되어야 한다.

02 새로운 이론이 탄생하기 위해선 충분한 실험적 증거를 통한 이론적 뒷받침을 위해 오랜 기간의 프로젝트 수행이 필요하다.

03 하나의 주세에 대한 끊임없는 탐구와 노력이 사물을 새롭게 보는 눈을 열어 준다.

04 어떤 프로젝트도 치밀한 계획과 자신감이 뒷받침 된다면 수행 중 다가오는 수많은 어려움을 잘 극복할 수 있다.

05 자신의 능력을 정확히 파악하고, 정해진 길에서 최선을 다해라.

06 프로젝트는 긍정적이고 생산적인 결과를 의도하지만 최종 산출물을 활용하는 대상에 따라 전혀 다른 방향으로 진행되기도 한다.

07 가장 상위의 목표를 추구하는 집중적인 노력은 인류의 미래를 책임질 수 있는 기본적인 마인드로부터 시작되어야 한다.

08 프로젝트의 시작은 창의성이다.

PROJECT

쉽게 터득하는 리얼 프로젝트 학습

creativity

02

CHAPTER 01
테마별 프로젝트를 찾아라

최근의 화제거리를 주목하라

프로젝트 학습은 주제를 찾는 것으로부터 시작된다.

"선생님... 며칠을 꼬박 생각해도 주제가 떠오르지 않아요. 어떡해요?"

과학 프로젝트 학습의 운영을 위해 주제를 찾아오도록 안내하면 대부분의 학생들은 몇 번의 제출 기한을 어기고 주제를 못 찾아 힘들어 한다.

교사들은 "어렵게 생각하지 말고 생활 속에서, 주변에서 찾아봐~"라고 지도하지만 사실 경험이 전혀 없는 학생들은 그것조차 매우 힘들게 느낄 수밖에 없다.

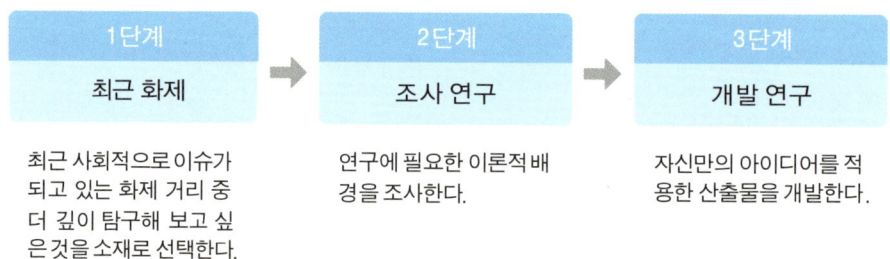

1단계	2단계	3단계
최근 화제	조사 연구	개발 연구
최근 사회적으로 이슈가 되고 있는 화제 거리 중 더 깊이 탐구해 보고 싶은 것을 소재로 선택한다.	연구에 필요한 이론적 배경을 조사한다.	자신만의 아이디어를 적용한 산출물을 개발한다.

뭔가 굉장한 주제를 찾고 싶어 했지만 많은 고민에도 불구하고 찾아내지 못했던 한 팀이 있었다. 그들은 주변에서 한 번도 다루지 않은 신선한 아이디어를 떠올리고 싶어 했다. 늦은 시간까지 몇 날 며칠을 과학실에서 살며 인터넷을 뒤지고 책을 읽었지만 쉽게 주제를 선택할 수 없었다.

필자는 그 학생들이 생각을 스스로 정리하도록 충분한 시간을 주었지만 결론이 나오지 않은 채 지나치게 날짜가 지나가고 있었다.

:: 1단계   최근 화제 거리를 소재로 선택

◯ 화제 거리를 가지고 토론해 보자.

면담을 통해 주제의 방향을 정하기 위해 모인 어느 날 그들에게 최근의 화제 거리 중 생각나는 것이 무엇이냐고 물어보니 '5만 원권 지폐의 발행'을 얘기했다. 화제 거리를 가지고 팀 안에서 토론하도록 한 결과 그들은 '지폐의 위조방지법'을 주제로 선정하게 되었고 이것에 맞는 연구방법을 찾아 프로젝트를 진행하게 되었다.

프로젝트를 진행하는 방법에는 찾아낸 소재에 따라 여러 가지가 있을 수 있다. 그 중 한 가지 방법은, 관심 있는 부분을 깊이 있게 조사하는 조사연구와 이를 기반으로 새로운 개발로 연결해 보는 개발연구를 한 프로젝트 속에 같이 연결해 보는 방법이다.

지폐 속 위조 방지 장치에 깃든 과학적 원리와 위조 방지법을 구상해 보자!

가. 연구동기

최근 들어 나온 '5만 원'권 지폐, 5만 원권 지폐는 나오기 전에 5만 원권 위조지폐가 생기게 된다면 엄청난 액수의 손해를 입을 것이라고 몇몇 사람들이 주장했다. 하지만 5만 원권의 위조지폐 수는 상당히 적었다.

우리는 여기서부터 궁금해졌다. 어떻게 지폐를 만들었는데 위조지폐까지 구별해낼 수 있는 걸까?

그래서 우리 조는 지폐 속엔 어떤 과학적 원리가 숨어있고, 그 과학적 원리가 지폐 말고 다른 실생활에서 어디에 쓰이는지 알아보기로 했다. 또한 우리들만의 지폐 위조 방지법을 창의적으로 개발해 보기로 하였다.

:: *2단계* 조사연구

○ 무엇을 조사할 것인가?

먼저 위조지폐가 무엇인지 알아보고 위조지폐 이용에 대한 처벌, 발견시 행동요령 등 일상생활과 연관된 기본적인 사실들을 조사한다. 현재 사용되고 있는 국내·외 위조지폐의 판별법을 조사하고 이를 이해하여 개발연구의 기초를 마련한다.

위조지폐 판별법은 비추어 보기, 기울여 보기, 만져 보기 등 여러 가지 방법이 있다. 다각도로 위조를 막기 위해 노력하고 있기에 5만 원권의 위조가 매우 적은 것을 확인할 수 있었다.

다음은 한국은행의 5만 원권 위조지폐 판별법을 조사하여 정리한 것이다. 이와 같이 조사한 내용을 목적에 맞게 체계적으로 정리하는 일은 프로젝트 수행에 있어서 중요한 과정이다.

나. 한국은행의 5만 원권 위조지폐 판별법

비추어 보고	숨은그림	돌출은화	숨겨져 있는 신사임당 초상. 그 아래 오각형 무늬속의 액면숫자 '5' 숨은 은선 앞면과 뒷면의 무늬가 합쳐져 태극무늬가 완성됨(앞뒷면 맞춤) 앞면 왼쪽 위와 오른쪽 아래에 있는 기호 및 번호의 문자와 숫자 크기가 오른쪽으로 갈수록 커짐(가로확대형 기 번호)	
	기 타			
기울여 보고	띠형 홀로그램		보는 각도에 따라 ① 태극 ② 우리나라 지도 ③ 4괘의 3가지 무늬가 띠의 상·중·하 3곳에 번갈아 나타나고, 그 사이에 세로로 표시된 액면 숫자 '50000'이 보임	
	입체형 부분 노출 은선		지폐를 상하로 움직이면 띠 안에 있는 태극무늬가 좌우로, 지폐를 좌우로 움직이면 태극무늬가 상하로 움직이는 것처럼 보임	
	색변환 잉크		지폐 뒷면 액면 숫자를 기울여 보면 색상이 자홍색에서 녹색(또는 녹색에서 자홍색)으로 변함	
	요판잠상		눈높이에서 지폐를 비스듬히 기울이면 숨겨져 있는 숫자 '5'가 보임	
만져 봅시다	볼록인쇄		인물초상. 문자와 숫자 등을 만져보면 오톨도톨한 감촉이 느껴짐	

◐ 조사한 사실을 내 연구에 필요한 것과 연결지어 완성하자.

학생들은 위조방지에 쓰이는 과학적 원리를 알아보기 위해 인쇄한 지폐 복사본과 실제 지폐를 비교하여 보았다. 컴퓨터의 인쇄능력이 한계가 있어 미세 문자를 나타내지 못했기 때문에 확실한 차이를 모두 찾아내는 것은 어려웠지만 분명히 두 가지 사이에 차이점을 발견할 수 있었다.

그림과 같이 조사한 자료를 근거로 복사본을 이용해 문제점들을 검토하였다.

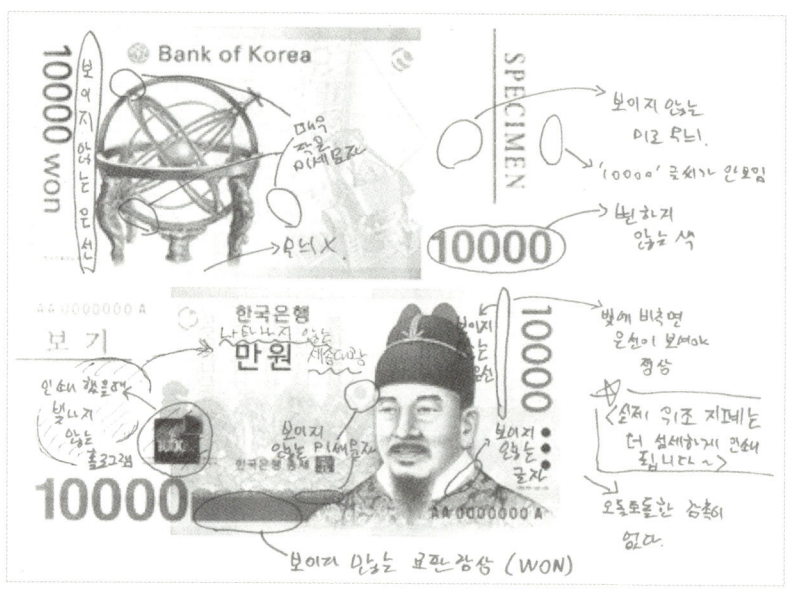

◐ 실제 상황을 만들어 경험해 보자.

개발 연구에 앞서 실제 상황을 가능한 범위에서 경험해 보는 것은 현실감 있는 연구가 되도록 해 주며 진행과정에 몰입할 수 있도록 해 주는 장점이 있다.

🔶 학생들이 만든 위조지폐

1. 위조지폐에 속는 사람이 왜 있을까?

일반적으로 생각해 보면, 위조지폐는 우리 생활에 친숙(?)하지 않다. 우리 주변에서 쉽게 일어날 수 있는 일이 아닐 뿐더러 위조지폐는 구분하기가 꽤 어렵다. 예를 들어 계산할 때에 돈 계산은 순식간에 이루어지고 판매원들은 돈을 거의 자세히 보지 않는다. 실제로 '이 돈이 위조지폐일까?'라고 생각해 보는 사람들은 거의 없다. 이렇게 짧은 시간 안에 그것도, 위조지폐에 대한 생각조차 해 보지 않은 상태에서 위조지폐를 골라낼 수 있을까?

먼저 우리 학교 학생들을 대상으로 실험을 해 보았다.

준비물

프린터, 돈 사진, 풀, 가위 등

실험 방법

1. 돈 사진을 인쇄하여 돈처럼 만든다.

   주의 : 꼭 한국은행에 있는 표본으로 만든다. 그렇지 않으면 경찰서에 갈 수 있다.

2. 진짜 돈과 만든 돈을 섞어서 준다.

3. 얼마인지 세어 보라고 요구한다.

4. 여러 명에게 똑같은 방법으로 실험한다.

   주의 : 먼저 실험에 대해 눈치 채게 하거나, 얘기해서는 안 된다. 또한 될 수 있는 한 위조지폐를 오래된 것처럼 보이게 한 후 진짜 돈과 겹쳐서 준다.(정말 위조지폐를 만들면 위의 법에 걸려서 허접하게 만들 수밖에 없다. 우리가 만든 위조지폐는 그냥 A4 용지에 양면으로 붙여서 만든 것이기 때문에 눈치 채기 상당히 쉽다. 즉 최대한 눈치 채지 못하게 해야 한다. 구깃구깃!)

실험결과

총 학생 40명을 대상으로 28명인 대부분의 학생들이 위조지폐를 골라내지 못하고 위조지폐가 있는 것도 인식하지 못했다.(진짜 위조지폐였다면, 구별 못하는 인원 수가 더 많았을 것이다.)

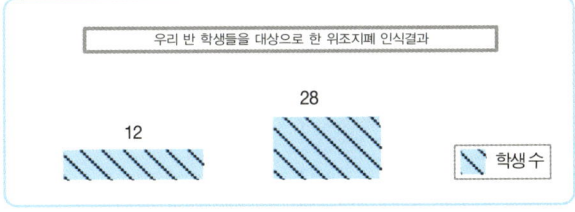

◯ 프로젝트에서 개발연구는 '발명품 제작'보다는 포괄적인 의미를 갖는다.

프로젝트 학습에서 요구되는 개발의 의미는 발명품 제작에서 요구되는 것과는 조금 차이가 있다. 발명품에 비하여 의미가 훨씬 포괄적이다. 개발연구는 세상에 없는 새로운 것을 만들어 내거나 기존제품을 개선한 발명품을 만드는 의미보다는 그동안 연구해온 지식과 개념들을 내 것으로 변환시켜 보는 의미로 해석될 수 있다.

학생들은 현재의 기술에 자신들의 기술을 추가해 보기 위해 광간섭 무늬 넣기, 복사가 안 되는 특수 재질 사용, 야광물질 사용 등의 새로운 아이디어를 내어 놓았다. 간편하게 빛을 비추기만 해도 식별할 수 있는 기계가 마련되어 보급되면 좋겠다는 등의 아이디어도 나왔다.

학생들은 자신의 생각을 다음과 같이 그림으로 설명하였다.

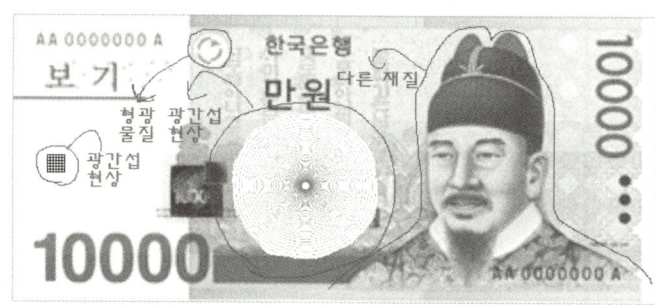

우리가 만든 지폐 앞면(만 원권)

우리가 만든 지폐 뒷면(만 원권)

실제로 만든 지폐를 복사해 보았을 때 야광물질은 인쇄되지 않았고, 재질도 다르지 않았으며 광간섭 현상으로 인하여 인쇄가 제대로 되지 않았다. 평소에 관심조차 갖지 않던 위조지폐에 대하여 여러 각도에서 고민해 보고 체계적인 연구를 하면서 재미있는 결과가 나올 수 있었다. 학생들은 프로젝트 수행 후 소감에서 지폐 사용에 대한 바른 생각을 정리해 볼 수 있는 좋은 기회가 되었다고 하였다.

놀이 과정을 주시하라

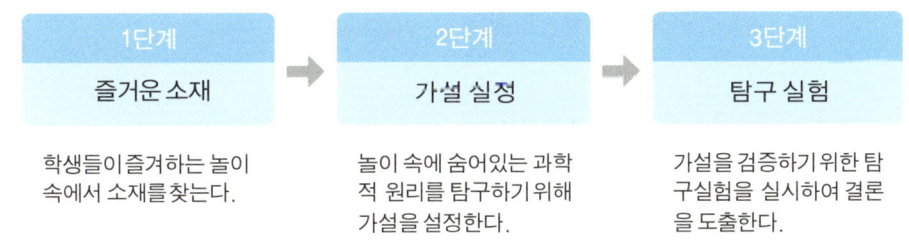

1단계	2단계	3단계
즐거운 소재	가설 실정	탐구 실험
학생들이 즐겨하는 놀이 속에서 소재를 찾는다.	놀이 속에 숨어있는 과학적 원리를 탐구하기 위해 가설을 설정한다.	가설을 검증하기 위한 탐구실험을 실시하여 결론을 도출한다.

:: 1단계 즐거운 소재

○ 여러 번의 고민 끝에 선택한 주제는 즐거운 놀이 '부메랑'이었다.

주변에서 일어나는 현상에 대해서 서로 토의하며 탐구 주제를 찾던 학생들은 에너지를 다른 에너지로 바꾸는 것에 대하여 프로젝트를 진행하자고 의견을 내었다. 이를 연구하기 위해 방향을 모색하였지만 도무지 흥미로운 연구 방향을 찾을 수 없었다. 또 다시 '눈에 관한 모든 현상'으로 주제를 바꾸어 토론을 이어나갔지만 내용이 어렵게 느껴졌다. 그러던 중 운동장에서 놀던 친구들의 모습을 보고 즐겁게 탐구할 수 있는 주제를 선택하자고 결정하였다. 자주 가지고 놀던 '부메랑'으로 최종 결정하고 이와 연관된 과학 원리인 양력부터 알아보기 시작하였다.

이러한 과정을 살펴보면 학생들이 주제를 한 번에 찾아내는 것이 아니라는 것을 알 수 있다. 어린 학생들일수록 어려운 주제보다는 쉽고 즐거운 주제를 선택하는 것이 프로젝트 연구를 완성할 수 있는 하나의 방법이 될 수 있다.

주변에서 일어나는 현상에 대해서 서로 토의함
↓
세상의 에너지를 다른 에너지로 바꾸는 것에 대해 토의함
↓
눈에 관련된 모든 현상에 대해 서로 토의를 함
↓
지금까지 토의한 것들이 어려워 즐겁게 할 수 있는 것을 알아 보기로 함
↓
즐겁게 할 수 있는 주제를 토의하는 중 부메랑이라는 좋은 주제 발견
↓
부메랑에 관련된 양력이라는 주제 결정!

:: 2단계 연구문제와 실험에 대한 가설설정

◉ 연구문제를 정리하고 일관성 있게 탐구하자.

주제를 선택한 후에는 무엇을 어떤 방법으로 연구할 것인가에 대한 고민을 하여 연구문제를 정한다. 처음에 정한 연구문제는 탐구를 진행하는 동안 수정되고 보완될 수 있다. 그러나 결론에 맞춰 연구문제를 바꾸는 것은 바람직하지 않다. 일관성 있는 탐구를 위해 프로젝트의 시작 단계에서 주제에 맞는 연구문제가 결정되어야 하며 그에 따른 결론을 얻어야 한다. 연구문제와 결론이 전혀 다르다면 그 프로젝트는 방향성 없이 진행되었다는 것을 알 수 있다. 주제에 대한 잠정적인 가설을 설정하여 보는 것은 탐구실험에 있어 매우 중요한 단계이다. 또한 설정된 가설을 검증하기 위해 알맞은 탐구방법이 설계되어야 한다.

재질 모양 각도에 따른 부메랑의 높이, 체공시간 변화량 비교 및 최적화 조건 찾기

가. 연구문제

어떤 요인으로 부메랑이 하늘을 나는가?

부메랑의 운동은 각 재질에 따라 어떤 영향을 받는가?

부메랑의 모양에 따라 공기에 대한 저항 정도는 다른가?

부메랑의 재질, 모양, 출발 각도에 따라 부메랑 운동에 필요한 힘은 차이가 있는가?

부메랑이 운동하는 정도를 변화시킬 수 있는 다른 요인들은 무엇인가?

나. 가설설정

1) 가장 높이 날 수 있는 부메랑은 X자 모양이다.

2) 가장 오랫동안 날아오르는 것은 Y자 모양이다.

3) 하드보드지로 만든 부메랑이 우드락으로 만든 것보다 높이와 날아오른 시간에서 더 좋은 결과를 나타낼 것이다.

4) 약 60° 각도일 때 가장 우수한 결과를 얻을 것이다.

5) 부메랑을 날리는 동작 중 바깥쪽에서 안쪽으로 곡선을 그리면 던지는 것이 안쪽에서 바깥쪽으로 던지는 동작보다 부메랑이 더 쉽게 자신에게 돌아오는 동작일 것이다.

6) 손을 밖에서 안쪽으로 들어오면서 던지는 동작으로 나온 부메랑의 높이, 날아오른 시간 등이 안쪽에서 밖으로 나가는 동작보다 더욱 결과가 잘 나올 것이다.

다. 실험계획

1) 실험 전 기본상식(이론적 배경) 알기

2) 실험 요약

· 여러 가지 종류의 부메랑을 만들어 보고 부메랑의 재질, 모양에 따른 부메랑

이 날 수 있는 높이, 날아오른 시간을 재고 그 결과를 서로 비교한다.

· 글라이더를 날려 부메랑과는 어떤 특별히 차이를 보이는지 알아보고 그것에 대해서 서로 토의해 본다.

3) 실험과정

· 여러 재질로 각각 네 가지 모양의 부메랑을 만든다.(그리고 일반 글라이더를 하나 더 만든다.)

· 디지털 카메라 측정을 위한 장치로 길이가 1m인 막대를 부메랑을 날릴 곳 주변에 세로로 세워 놓는다.

· 부메랑을 각도에 따라 날려 날아오른 시간과 높이 각자 떨어진 장소, 디카로 찍은 자료를 분류한다.

· 각자 다시 한번 날려 오차를 줄일 수 있는 결과를 얻는다.

· 결과를 확인해 보고 가설을 검증하여 본다.

☙ 실험을 하기 위해 부메랑 제작 중!　　　　☙ 실험 중 찍은 부메랑

※실험을 정확하게 하기 위해서 바람이 거의 없는 강당에서 실험을 하였다.

4) 실험결과

부메랑을 날렸을 때 높이 및 날아오른 시간을 조건의 변화에 따라 정리하였다. 그 예시로 두꺼운 도화지를 사용하였을 때의 결과를 소개한다.

두꺼운 도화지								
	30도(밖)	30도(안)	45도(밖)	45도(안)	60도(밖)	60도(안)	90도(밖)	90도(안)
높이(m)	4.8	3.2	5.3	3.7	2.7	3.2	4.3	3.7
채공시간(s)	2.25	1.54	2.21	1.87	1.43	2.21	3.42	2.22
높이(m)	2.3	0.6	2.1	0.2	1.5	0.2	2.1	0.1
채공시간(s)	2.34	0.37	1.24	0.1	1.43	0.34	1.31	0.22
높이(m)	0.5	0.7	1.6	1.7	1.8	1.3	1.8	0.7
채공시간(s)	0.93	1.03	1.53	1.17	1.32	1.08	1.25	0.76

다음 그래프는 각도를 변화시켜 가며 안으로 던진 경우와 바깥으로 던진 경우에 대한 결과를 그래프로 나타내어 결과를 한 눈에 알아볼 수 있도록 한 예시이다.

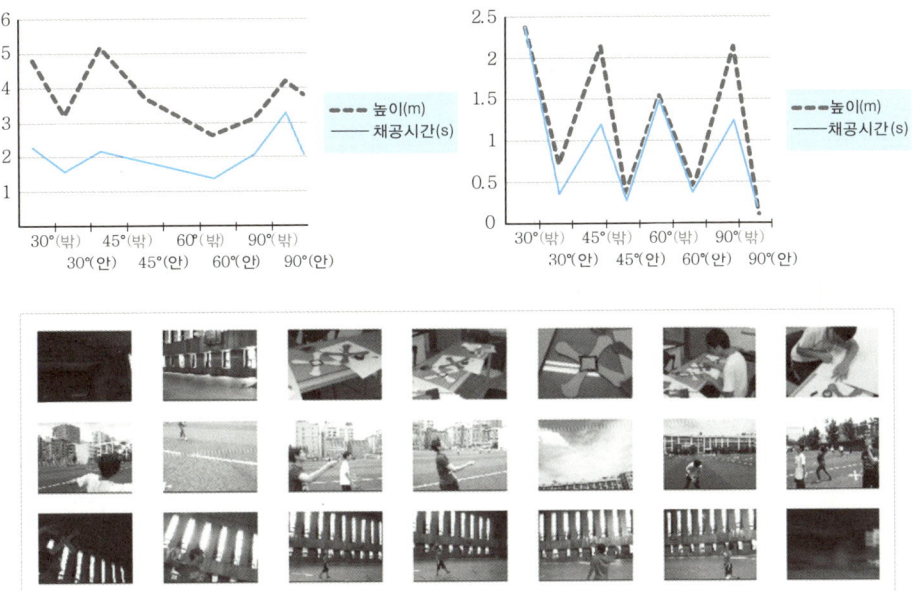

● 탐구과정 사진 기록

5) 결과 해석 및 결론

· 두꺼운 도화지는 각도를 45°로 던지면 높이 올라간다는 것을 알 수 있었고, 90°로 던졌을 때 가장 오래 난다.

· 하드보드지는 45°에서 60°로 던지면 높이 올라간다는 것을 알게 되었다. 또한 30°에서 45°로 던지면 오래 난다.

· 상자는 30°에서 60°로 날리면 높이 올라가고 60°에서 90°로 날리면 오래 난다.

· 우드락은 45°에서 60°가 가장 높이 올라갔고 날아오른 시간은 바깥쪽으로 던졌을 때는 60°였지만 안쪽에서는 비슷하게 나왔다.

밖에서 안쪽으로 던지는 것이 결과가 좋게 나왔으며 대부분 60°에서 던졌을 경우 높은 기록이 나왔다. 상자로 만든 부메랑이 제일 높이 날았으며 날아오른 시간은 두꺼운 도화지로 만든 부메랑이 가장 많이 날았다. 높이와 날아오른 시간이 가장 많이 나온 것은 Y자 모양의 부메랑이었다.

탐구보고서에 나타난 문제점

◉ 통제된 변인에 대한 고찰이 이루어져야 한다

학생들은 부메랑이 날아갈 때 바람의 영향을 받아 실험결과가 달라질 수 있다고 판단하여 강당에서 실험을 하였다. 여러 번의 측정으로 평균값을 사용하는 등 다양한 각도에서 오차를 줄이기 위해 노력하였다. 그럼에도 부메랑을 날리는 힘과 각도를 통제하는데 한계가 있었고 제작한 부메랑의 크기(넓이)가 각각 달라 결과가 바뀔 수 있는 요소를 없앤(변인-變人) 추가적인 실험 계획이 요구되었다.

계절에 맞는 주제는 다양하다

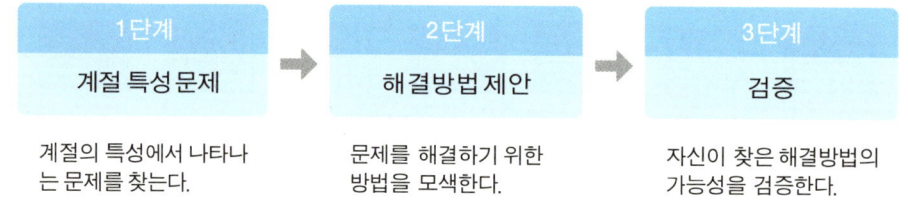

1단계	2단계	3단계
계절 특성 문제	해결방법 제안	검증
계절의 특성에서 나타나는 문제를 찾는다.	문제를 해결하기 위한 방법을 모색한다.	자신이 찾은 해결방법의 가능성을 검증한다.

:: 1단계 계절 특성 문제 찾기

◉ 계절의 특성에서 겪고 있는 문제를 재미있게 풀어나가 보자

우리나라는 사계절이 있어 계절마다 발생하는 여러 가지 특징들이 있다. 예를 들어 봄에는 황사, 여름에는 장마와 태풍, 가을에는 안개, 겨울에는 한파와 같은 계절의 현상들은 매우 좋은 프로젝트의 소재가 될 수 있다. 아열대지방으로 가고 있는 우리나라의 현안 문제를 소재로 잡는 것과 같이 큰 틀에서 주제를 선정하는 방법도 있겠지만 그 속의 작은 얘깃거리를 찾아내어 연구해 보는 것도 좋은 방법일 수 있다.

다음 프로젝트는 어느 무더운 여름날 모기에게 물려 고생했던 기억을 떠올려 엉뚱한 실험에 도전한 중학교 1학년 학생들의 사례이다. 친환경 모기 방어 제품을 만들어 보겠다는 의지로 개발을 하고 이를 확인하기 위해 실험자가 직접 모기에 물린 후 산출물인 제품을 사용해 보는 등 어린학생다운 즐거운 발상이 숨어 있다. 연구동기는 매우 단순했지만 작은 소재도 즐거운 프로젝트가 될 수 있다는 것을 보여주고 있다.

학생 프로젝트 연구 사례 03

모기와의 대격돌

가. 연구동기

모기약이 강력해질수록 새로운 형태의 전천후 공격성과 번식력을 갖춘 모기들이 출현하고 있는 요즘, 모기들은 계절이 따로 없고 빌딩의 높낮이도 개의치 않는다. 환경파괴로 인한 지구온난화의 이유도 한몫 거들어 모기가 더욱 극성이다. 또한 에콰도르의 갈라파고스섬에 관광 오는 사람들을 통해 모기가 많이 옮겨져 다양한 종들이 멸종위기에 처해 있다고 한다. 시중에서 모기를 막기 위해 판매되는 모기약과 연고는 너무 독한 화학성분으로 중무장해 우리의 피부를 괴롭히고 환경을 오염시키기도 한다.

우리는 우리 신체에도 안전하고 환경오염도 막으면서 불청객 모기를 방어하는 친환경 모기방어 제품을 만들어 보기로 했다.

● 조사연구를 기반으로 나만의 해결방법을 제안하여 보자

연구동기를 엿볼 수 있는 실험목표가 세워지고 이에 대한 해결방법을 찾는 과정에서 반드시 필요한 것은 이론적 배경과 사전 조사 연구이다. 모기방어 제품을 만들기 위해서는 무엇보다 모기가 어떤 특성을 가지고 있는지 알아보는 것과 시중에 나와 있는 제품들을 분석하고 이들의 특성을 알아보는 것이 필수적이다.

다음은 조사된 연구를 기반으로 가설을 설정하고 검증하기 위한 실험방법을 설계한 것이다.

나. 실험목적

1) 우리 몸에 해로운 모기를 없애거나 물리지 않게 하기 위한 물질을 연구한다.
2) 모기에 물렸을 때 가려움을 없애기 위한 물질을 연구한다.
3) 연구 결과를 근거로 친환경 모기 방어 제품을 제작한다.

다. 이론적 배경

1) 모기 : 파리목[雙翅目] 모기과 곤충의 총칭이다.

   학명 : Culicidae, 분류 : 파리목, 모기과 종수 : 전 세계 약 3,500종(한국9속56종)

2) 모기는 적색, 청색, 검은색을 좋아한다. 또한 동물이 내뿜는 이산화탄소에 민감하게 반응하는 모기는 후각 또한 민감하다. 여성호르몬 냄새, 땀냄새, 아미노산 냄새, 발냄새, 향수, 로션 냄새 등을 좋아한다. 더운 것과 습한 것을 좋아하는 모기로부터 거리를 두려면 여름철, 항상 몸을 잘 씻어서 냄새를 없애고 몸을 차게 하는 게 중요하다. 또 모기는 움직이는 사람에게 더 달려드는데 수백 개의 감지 센서로 모든 방향으로 생물체를 정확히 인지할 수 있기 때문이다.

라. 준비물

1) 모기 물린 곳 치료제
· 시어버터, 라벤더에센셜오일, 티트리에센셜오일, 저먼카모마일

---

2) 모기 퇴치제

· 허브(로즈마리 라벤더 구문초), 과일(토마토 레몬), 아로마, 알로에, 초피나무

모기 약의 화학 성분

◦ 모기 살충제
  · '스메트린'은 주로 신경계를 마비시켜 곤충의 호흡 근육과 신경계 마비 등을 일으켜 죽게 하는 작용을 한다
  · 흡수성이 강한 점막 이나 내장 기관에 다량 사용 되면 일종의 독극물이게 위험하다

◦ 연기
  · 염산 디펜이드라민,염산 디부카인,살리실산메칠,글리시레틴산 등
  · 과다 사용시 피부에 좋지 않은 영향을 까침

사전조사

◦ 모기 퇴치제
  ◦ 토마토는 토마토에는 모기가 싫어하는 DEET성분이 있다.
  ◦ 초피나무는 산시올(sanshol)과 크산톡신 성분이 국소마취 작용과 살충 효과가 있어 모기가 나무 주변에 오지 않도록 해주는 역할을 하고
  ◦ 라벤더,로즈마리,구문초,아로마는 모기는 후각이 민감하기 때문에 독특한 향으로 모기를 차단하고 레몬은 그 자체로는 성분이 나오지 않았지만 레몬즙을 짜서 넣으면 모기가 오지 않는다.

마. 가설

1) 모기 물린 곳

· 시어버터는 피부를 보호하기 때문에 모기에 물린 곳의 2차 감염을 막아줄 것 이다. 또한 보습효과가 탁월하기도 하다.
· 라벤더에센셜 오일은 살균효과, 반흔형성 작용을 한다.
· 티트리에센셜 오일은 벌레 물린 데, 살균, 진균, 곰팡이균 제거에 효과적이다.
· 저먼카모마일은 건조하고 가려움증이 있는 피부에 좋으며 덧난 상처를 호 전시키고 조직을 강화하며, 피부세정제로서도 탁월한 역할을 한다.

2) 모기 퇴치

· 모기는 후각이 민감하고 토마토에는 모기가 싫어하는 DEET 성분이 있다.
· 초피나무는 산시올(sanshol)과 크산톡신 성분이 국소마취 작용과 살충 효과 가 있어 모기가 나무 주변에 오지 않도록 해주는 역할을 한다.
· 라벤더는 독특한 향으로 모기를 차단한다.

바. 실험방법

1) 모기 물린 곳 치료제

· 시어버터 30g, 라벤더에센셜 오일 3ml, 티트리에센셜 오일 3ml를 준비한다.
· 시어버터를 계량하여 데워서 녹인다.
· 녹인 시어버터에 티트리에센셜 오일과 라벤더에센셜 오일 저먼카모마일을 넣고 잘 섞어준다.

· 용기에 넣는다.

2) 모기 퇴치제
· 물에 실험 재료들을 하나씩 넣어 관찰해 본다.
· 적절하게 비율을 맞추어 섞어서 용기에 넣어 완성한다.

3) 퇴치제 실험 아이디어
· 수조 밑에 흙을 깐다.
· 칸막이로 반반 차단한 후 한쪽 흙에는 모기 퇴치 준비물을 적시고 다른 쪽
  에는 그냥 물로 촉촉이 적셔준다.

4) 칸막이를 걷고 개미(모기는 구하기 쉽지 않으므로)를 넣고 10분 정도가 흐른 후
  그 퇴치능력이 어느 정도인지 확인한다.

:: 3단계 검증

◎ 때로는 단순한 실험방법이 확실한 방법일 수 있다

조사를 통한 사전연구를 기반으로 세워졌던 가설은 구체적인 실험에 의해 검
증되어야 한다. 이 프로젝트는 실제 만들어낸 모기 방어 제품을 자신이 직접 모기
에게 물려 그 성능을 알아본 무모한 설정이 재미있다. 위험을 초래하는 수준까지
진행해서는 안 된다는 기본 전제하라면 '제품을 사용해 보니 그 결과는 어떻더라'
는 식의 해결은 매우 단순해 보이지만 확실한 방법일 수 있다.

사. 실험과정
● 뿌리는 모기약 - 1
1) 허브잎에서 향기를 추출한다.(에탄올을 섞은 물에 허브잎을 넣고 가열하거나 막자사
   발에 갈았음)
2) 추출한 허브향들을 한 곳에 모은다.

3) 체에 걸러 용기에 담는다.

1)

2)

3)

● 뿌리는 모기약 - 2

1) 레몬과 토마토를 짜서 즙을 얻는다.(기계가 없어서 손으로 해결하였음)

2) 체에 걸러서 섞는다.

3) 깔때기에 걸러서 용기에 넣는다.

1)

2)

3)

● 바르는 모기약

1) 시어버터 30g을 계량해서 녹인다.

2) 시어버터에 티트리에센셜 오일 3ml와 라벤더에센셜 오일 3ml를 넣고 잘 섞는다.

3) 저먼카모마일을 계량한 후 녹인다.

4) 저먼카모마일을 섞어준다.

5) 실제로 모기 물린 부위에 발라본다.

1)

2)

3)

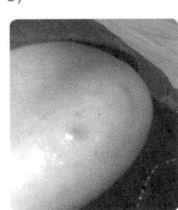

5)

프로젝트를 진행하면서 그 과정을 사진으로 기록해 놓는 것은 매우 중요하다. 적절한 범위에서 사진을 올려 설명하면 자신의 프로젝트를 보다 효과적으로 설명할 수 있다.

다음은 자신들이 만들어낸 모기 퇴치제를 실제로 사용해본 결과이다.

아. 실험결과

1) 모기 퇴치제

· 허브로 만든 모기 퇴치제 1과 과일로 만든 모기 퇴치제 2가 완성되었지만 주어진 환경에선 모기를 구할 수 없어 실제로 효과가 있는지 실험을 하지 못하였다.

2) 바르는 모기약

· 천연 재료들로 이루어진 연고를 만드는 것에 성공했다. 실제 실험한 결과는 바른 후 가려움이 사라지고 상처부위가 거의 없어지는 등의 효과가 나타났다.

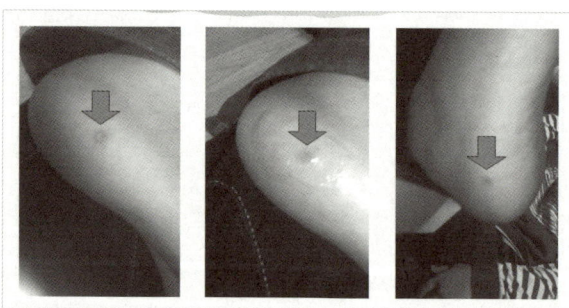

⬆ 사진에는 잘 나타나 있지 않지만 바른 후 가려움이 사라지고 많이 가라 앉았다

나의 생활이 곧 주제이다

우리는 종종 일상의 스트레스에 지친 두뇌를 편히 쉬게 하기 위해 또는 피곤한 눈을 정화시키기 위해 집 가까운 공원을 찾거나, 인근 산으로 산책을 간다. 초록으로 물든 숲과 공원의 나무를 바라보면서 머리도 식히고, 함께 한 사람과 정다운 대화를 나눌 수 있는 시간을 갖는다. 자연과 함께 크게 숨을 쉬고 난 후 조금만 관심어린 눈으로 풀과 나무를 바라보자. 봄이라면 나무마다 맺힌 '꽃 눈'을 볼 수 있을 것이다. 가시 사이에 콕 박힌 눈, 솜털에 쌓인 눈, 비늘모양의 눈 등 모양도 크기도 다른 나무의 눈을 관찰하다 보면 자연의 신비로움에 다시 한 번 감탄하게 될 것이다. 여름이 되어 초록으로 물든 숲을 걸으며 주위를 돌아보면 새로운 사실을 알게 될 것이다. 주변에서 늘 보는 자연이지만 한번쯤 '신기하다, 어머, 모양이 어쩌면 저렇게 생겼을까?' 등 작은 변화에까지 생각이 미친 적이 있을 것이다. 이런 평소의 시선과 생각으로부터 프로젝트 주제를 찾을 수 있다.

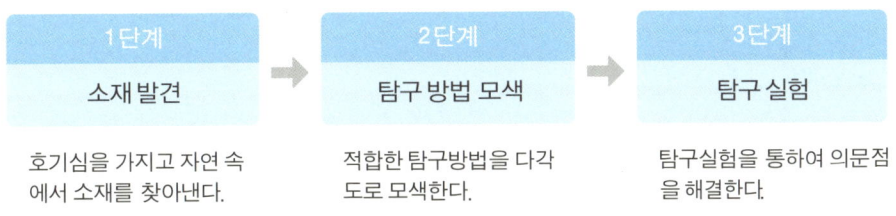

1단계		2단계		3단계
소재 발견	→	탐구 방법 모색	→	탐구 실험
호기심을 가지고 자연 속에서 소재를 찾아낸다.		적합한 탐구방법을 다각도로 모색한다.		탐구실험을 통하여 의문점을 해결한다.

| 강아지 똥에 사는 세균 |

한 학생은 동네의 하천 주변을 엄마와 함께 산책하다가 우연히 주인 없는 떠돌이 개가 하천 주변에 변을 보는 장면을 보게 되었고, '저 강아지는 주인이 없나? 저기에 버려진 변은 누가 해결하지? 변이 인간에게 해가 되지는 않을까?' 라는 의문이 생겼다고 한다. 그 의문이 계기가 되어 프로젝트 주제로 연구를 하게 되었다.

◉ 공원주변을 돌아다니는 유기동물을 발견하다

이 학생의 프로젝트의 발단은 동네 근처 공원을 우연히 산책하다가 시작되었다. 최근에는 가족의 일원으로 반려견을 키우는 집이 많아지고, 그에 따라 버려지는 애완견도 많다는 방송보도를 자주 접하게 된다. 필자도 산책하던 중 강아지 변을 발견한 적이 있어도 기분이 나쁜 것으로 끝났는데, 이 학생은 그 변을 보고 걱정이 생겼다는 것이다. 유기견이 날로 늘어갈수록 그 유기견에 의해 생기는 변의 양도 늘어갈 것이고, 특히 놀이터나, 탄천, 공원 등 사람의 왕래가 많은 곳에 버려진 변에서 생긴 균이 사람들에게 전염될 수도 있지 않을까 생각을 하게 된 것이다. 또한 길고양이의 수도 늘어가고 있는데, 그들에 의한 세균감염은 심각하지 않을까 등을 생각하게 된 것이다.

다음은 프로젝트를 시작하게 된 동기의 일부분이다.

학생 프로젝트 연구 사례 01

공공장소에서 발견할 수 있는 인수공통전염병에 대한 과학적 고찰

가. 연구동기

얼마 전 우리나라에 유행했던 신종플루에 대해 인터넷 검색을 해보았더니 그 병균이 돼지에게서 사람으로 감염되었다는 사실을 알게 되었고, 이런 전염병을 '인수공통전염병'이라 한다는 사실도 알게 되었다. 인수공통전염병은 사람과 가축 양쪽으로 이환되는 전염병을 뜻하지만 보통 우리가 이해하는 뜻은 좁은 의미로써, 가축에서 사람으로 전염되는 전염병을 뜻한다. 현재까지 발견된 종류만 100가지가 넘으며, 그 위험성은 사스와 조류독감, 신종플루 등의 예에서 본 바와 같이 상상을 초월한다.

우연히 엄마랑 공원을 산책하던 중 유기견이 배설하는 장면을 많이 보았고,

그 배설물이 치워지지 않고 버려져 있는 것도 자주 보았다. 악취가 나는 것도 있었다. 그렇다면 그곳에서 발생하는 세균은 없을까? 그 세균이 사람에게는 영향이 없을까 궁금해졌고, 주제로 삼아 조사도 하고 실험도 해보기로 했다.

:: 2단계 탐구방법 모색

○ 전문서적과 인터넷을 통해 자료를 조사해 보자

정해진 주제를 해결하기 위해 도서관으로 가서 관련서적을 찾는 일부터 시작했고, 서적을 뒤지던 중 어떤 방향으로 프로젝트를 연구해 나가야 할지를 정하게 되었다. 지도교사에게는 현미경이며 샘플을 담을 수 있는 기구 등이 있는지도 문의하였다. 다음은 학생들이 프로젝트를 위해 조사한 자료 중 일부이다.

나. 알게 된 사실

1) 대표적인 인수공통전염병

· 중증급성호흡기증후군[Severe Acute Respiratory Syndrome]

약칭은 영문 머리글자를 따서 사스(SARS)로 부르며, 급성호흡기증후군이라고도 한다. 2003년 3월 중순 홍콩의 미국인 사업가가 사망하면서 처음으로 보고되었고, 이후 빠르게 세계 전역으로 확산되었다. 발병 초기에 발견할 경우 완치가 가능하나, 병원균이 16일간 잠복기를 갖기 때문에 초기발견이 어렵다. 초기에 발견하지 못할 경우 3.5%의 높은 사망률을 보이며, 치료 후 6개월간 병을 옮기기 때문에 2003년 발생 이후로 약 만 명의 피해자를 발생시켰다.

· 조류독감

2003년 최초 발생 이후, 학자들 사이에서 '21세기형 흑사병'이라고 불리었으며, UN의 여러 학자들은 500만 명에서 1억 5000만 명의 피해자가 생길 것이라고 예측했을 정도로 악명이 높았다. 닭과 오리, 칠면조 등에서 감염되는 조류독감은 2003년부터 현재까지 계속해서 변이를 하여, 인류를 위협하고 있다.

· 신종 인플루엔자[신종 플루]

2009년 전 세계적으로 사람에게 감염을 일으키고 있는 호흡기 질환이다. 인플루엔자 바이러스는 2009년 3월 말 미국 캘리포니아 주 10세 소아의 비인두 흡입 검체에서 처음으로 검출되었다. 이후 병원균은 멕시코를 거쳐 전 세계로 퍼져나갔으며, 우리나라에서만 75만 명의 감염자와 252명의 사망자를 발생시키고, 전 세계적으로 약 만 칠천여 명의 사망자가 나오면서 전 지구적인 질병으로 한동안 인류를 위협하였다.

2) 용인시 수지구의 유기동물 증가율

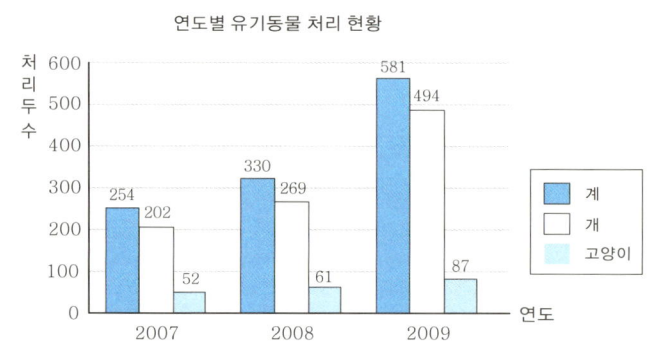

:: *3단계* 탐구실험

⬤ 조사한 내용에서 소주제를 잡아 탐구실험을 실시할 수 있다

우리지역에서 발견되는 유기견과 길고양이의 수가 해마다 증가하고 있다는 조사 사실로부터 유기견의 배설물 속에 어떤 세균이 있는지 실제 실험을 통해 알아보기로 했고, 탐구실험에 들어갔다. 공원과 학교놀이터 등을 돌면서 동물의 변을 모아보기로 했으나, 이미 부패한 상태가 많아 모으기가 쉽지 않았다. 이 팀에서 머리를 모아 생각한 것은 유기견 보호소에 가서 직접 변을 채취하는 것이었다. 유기견 보호소의 전화번호를 찾아내어 직접 위치를 알아내었고, 채취용 준비물을

가지고 가서 다음과 같은 방법으로 분변 샘플을 모았다.

1. 유기동물의 항문으로 분변 채취봉을 밀어 넣는다.

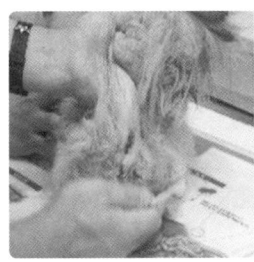 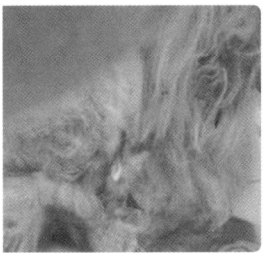

2. 분변 채취봉을 꺼내서 슬라이드글라스에 묻힌다.

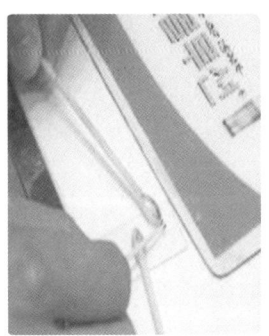  

3. 유기동물 30두(개 13두, 고양이 17두)의 분변 샘플을 만든다.

4. 순번이 매겨진 분변 샘플을 차례대로 현미경(멀티미디어 영상현미경)으로 관찰한다.

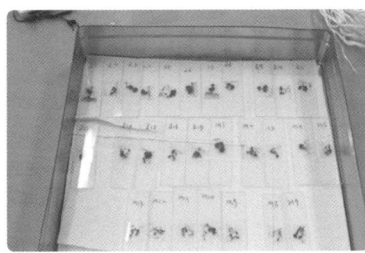 

관찰 결과를 다음과 같이 정리하였다.

● 우리가 분변 샘플에서 발견한 기생충

사진	기생충명	사진	기생충명
	Dipylidium caninum (개조충)		(회충)
	Ancylostoma spp. (십이지장충)		Isospora spp. (회충)
	Stronglyle-type (구충의 애벌레)		Angiostrongylus Vasorum (편모충)
	Strongyloides Stereoralis (구충의 애벌레)		Strongyloides Larvae (구충의 애벌레)

● 수지지역 공공장소에서 발견된 기생충의 종류

구분		장소	발견한 인수공통전염 병원체
놀이터	초등학교	정평 초등학교	—
		신리 초등학교	Strongyloides spp.(사자회충)
	아파트	임광 아파트	—
		보원 아파트	Toxocara cati(고양이회충)
		동일 아파트	—
공원		라이온스 공원	—
		체육 공원	Strongyloides spp.(분선충) Toxascaris leonina(사자회충) Trichuris vulpis(개편충) Dipylidium caninum(개조충)
		토월초 앞 공원	Toxocara canis(개회충)
하천		정평천	Toxocara canis(개회충) Ancylostoma caninum(개구충)

집요한 탐구실험결과 유기견의 분변에서 많은 종류의 기생충이 발견되었으며, 특히 사람들의 왕래가 많은 공원과 하천주변의 흙이나 모래에서도 상당히 많은 종류의 기생충이 발견되었다. 특히 유아나, 어린아이들이 많이 왕래하는 초등학교와 아파트 단지 내 놀이터의 흙과 모래에서도 인체에 해로운 기생충이 발견되어 매우 놀라웠다. 자칫 방심하면 어린아이들이 흙장난으로 병원균에 감염되는 사태도 발생할 가능성이 있기 때문이다.

이 학생들은 공공장소의 흙이나 모래가 어떻게 관리되고 있는지를 알아보았고, 우리나라의 경우 별다른 관리법이 알려져 있지 않은 반면 선진국의 경우 관리를 철저히 하고 있음을 알게 되었다.

◆ 공공장소에서 모래를 관리하는 선진국의 예

나라	관리 방법
독일	· 지방자치단체가 6개월마다 놀이터 모래를 전량 교체 · 공원과 놀이터에 애완동물의 출입을 제한하는 실정
영국	· 지방정부가 공공놀이터 및 특정 공원에 애완동물이 출입하지 못하도록 규정 · 입구에 안내문 부착
일본	· 모래가 있는 공원과 놀이터에 울타리를 쳐서 동물이 들어가지 못하도록 함. · 입구에 안내문 부착 · 모래를 정기적으로 소독

공공장소의 모래나 흙이 체계적으로 관리되지 않고 있다면, 놀이터와 공원을 찾는 사람들이 유기동물로 인한 인수공통전염병에 노출될 수 있다. 학생들은 우리가 할 수 있는 일은 없을까를 고민하였다. 그래서 인수공통전염병의 발생가능성과 예방법을 알리는 홍보물을 게시하고 각 가정에도 안내문을 배포할 것을 제안하였다.

공공장소를 관리하는 방법

시민들에게 공공장소에서의 애완동물의 분변 문제와 인수공통전염병의 발생 가능성을 강조하고 홍보한다.

홍보방법
1) 공공장소 모래에 대한 주기적인 검사를 실시하고 표지판 안내문을 이용하여 결과를 게시한다.
2) 다음과 같은 홍보자료를 동물병원에 비치하고 각 가정에도 안내한다.

공원을 산책하다가 우연히 보게 된 유기동물의 분변이 인체에 영향을 줄 수 있다는 걱정에서 이 프로젝트는 시작되었고, 집요하고 심도 있는 탐구결과 공공장소에서 유기견에 의한 기생충이 많이 있음을 알게 되었다. 인수공통전염병인 '사스'의 공포를 느꼈던 것을 생각하면, 이런 탐구결과는 유기동물의 분변에서 발견되는 기생충이 무서운 감염의 위험성을 가지고 있다는 것을 시사한다. 이 학생들은 예방법이 없을까를 고민하게 된 것이다. 심도 있는 조사와 깊이 있는 탐구실험으로 장기간에 걸쳐 진행된 본 프로젝트는 학생수준에 맞는 [안내문]을 제안하면서 마무리 되고 있다.

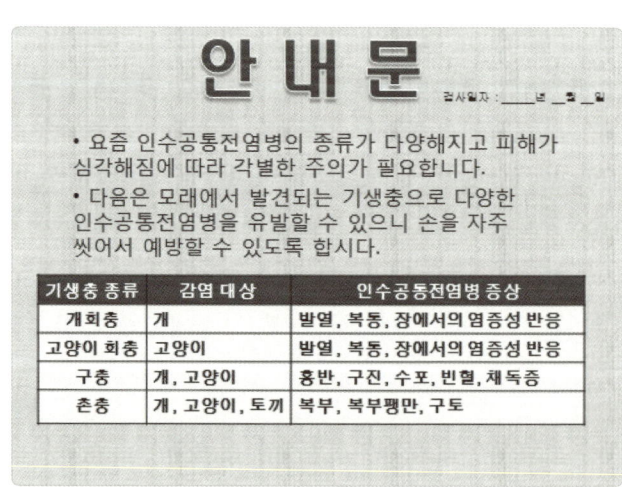

| 탄천의 수질오염 |

주변 하천에 흐르는 물의 오염정도를 측정하여 오염정화에 대한 프로젝트를 진행하는 것도 많은 학생들이 흥미로워 하는 주제 중의 하나이다. 다음은 어떤 모둠의 프로젝트 연구동기이다. 단순한 호기심이 아닌 하천의 오염을 걱정하는 이 모둠의 연구동기는 나라를 걱정하는 애국심까지 엿볼 수 있다.

::: 1단계 소재 발견

● 주변 산책 중 탄천이 얼마나 깨끗한 물일까? 궁금해졌다

동네를 가로질러 흐르는 하천의 오염정두를 알아보기 위해 이 프로젝트는 시작되었다. 자치단체에서 탄천 살리기 운동을 진행하고 있다는데, 정말 그 효과가 있는지 궁금해졌고, 그 궁금증을 해결해 보고자 탄천의 수질오염을 조사하게 되었다. 다음은 프로젝트 동기부분이다.

학생 프로젝트 연구 사례 02

수지지역 탄천의 수질오염과 오염원인 분석

가. 연구동기

경기도 용인시 기흥구에서 발원하여 서울 송파구와 강남구를 거쳐 한강으로 흘러드는 길이 35.6km의 준용하천인 탄천은 한강의 제1지류이다. 하지만 1990년대 말, 용인지역의 난개발로 인해 생활하수가 유입되고 공사장 토사가 유입되면서 수질이 급속도로 악화되었다. 이로 인해 더 이상 탄천은 주민들의 생활여가의 기능을 상실하고 생활용수로도 사용이 불가능하게 되었다. 이에 수도권 자치단체는 2000년부터 2014년까지 탄천 살리기 운동을 진행하고 있다. 2010년인 현재, 탄천 살리기 운동의 효과를 과학적으로 알아보고자 이 주제를 선택했다.

◎ 탄천의 오염 정도를 알아보기 위해 여러 가지 탐구실험을 설계하다

어느 정도의 오염이 정화되고 있는지 탐구실험으로 알아보기 위해 탄천 곳곳을 다니며 유속과 수온을 측정하고, 물을 채취해서 오염과 관련된 다양한 실험을 수행하기로 하였다.

먼저 오염정도를 알아볼 탄천 3곳(A, B, C 지점)의 장소를 정하였고, 같은 날 세 곳을 돌아다니며 수온과 유속을 측정하였다. 각각의 물을 병에 담아 와서 DO, COD, 탁도 등을 실험으로 알아보았다. 다음 지도는 오염정도를 알아본 장소를 나타낸 것이다.

나. 이론적 배경

● 저니토 : 호수, 바다, 늪, 강 따위의 바닥을 이루고 있는 물질. 침전과 퇴적에 의하여 생김.

● 탁도 : 탁도(Turbidity)라는 용어는 '혼탁하다', 또는 '탁하다' 라는 정도를 나타내는 뜻이다. 빛의 통과를 방해하거나 가시 심도를 제한하는 부유물질을 포함하는 물에 대해 사용하는 용어로, 시료에 빛을 투과하였을 때 빛이 통과되지 않고 산란되거나 흡수되는 정도라고 정의할 수 있다.

● COD : 화학적 산소 요구량(化學的酸素要求量)은 물의 오염 정도를 나타내는 기준으로 약칭은 COD(Chemical Oxygen Demand)이다. 유기물 등의 오염물질이 산화제로

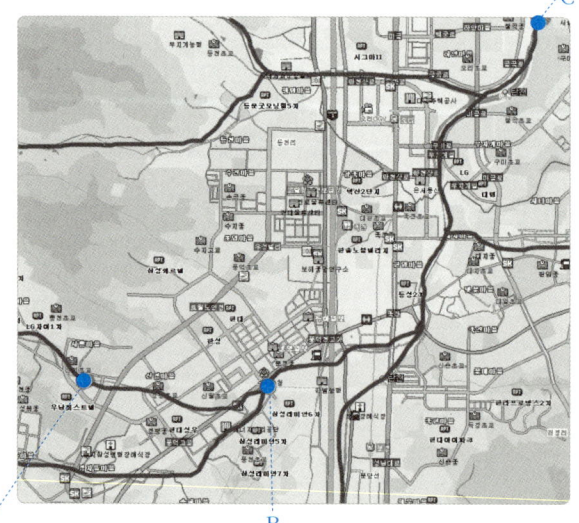

산화할 때 필요한 산소량으로 ppm으로 표시한다. 이 숫자가 클수록 물의 오염이 심한 것이다.(수질 오염 검사방법 중 화학적 방법)

● DO : 용존 산소량은 "물속에 녹아있는 산소의 양"으로, 단위는 mg/L인 ppm으로 나타낸다. 이것은 수온과 유기물의 양에 의해 영향을 받는다.

다. 실험 장소

탄천 A

탄천 B

탄천 C

리. 탐구실험결과

1) 수온

7월 27일 2시경에 측정한 탄천 A의 수온은 25℃, 3시 경에 측정한 탄천 C의 수온은 26℃, 4시 경에 측정한 탄천 B의 수온은 약 27.5℃였다. 모두 동일한 조건에서 측정되었으며, 탄천 B의 수온이 가장 높게 나타났다.

2) 유속

7월 27일 2시경에 측정한 탄천 A의 유속은 0.9㎧ , 3시 경에 측정한 탄천 C의 유속은 0.6㎧, 4시 경에 측정한 탄천 B의 유속은 0.5㎧로 측정되었다.

3) 탁도

탄천 A에서 채집한 시료는 악취가 별로 없었고 침전물이나 불순물도 거의 없었고 다른 두 곳의 하천에 비해 맑은 편이었다. 탄천 B에서 채집한 시료는 심하지 않은 악취가 났고, 탁했으며 눈으로 볼 때 세 하천에서 채취한 시료 중 가장 불순물과 침전물이 많았다. 탄천 C에서 채집한 시료는 색깔이 가장 탁했고 불순물과 침전물 또한 많았다.

4) COD

탄천 A는 COD가 약 4ppm 정도로 측정되었고, 호소수질환경기준에 의하면 탄천 A의 수질 등급은 '약간 좋음'으로 나타났다. 탄천 B는 COD가 약 13ppm 정도로 측정되었고, 수질등급은 '매우 나쁨'으로 나타났고, 탄천 C는 COD가 약 20ppm 이상으로 측정되었고, 수질등급은 '매우 나쁨'으로 나타났다.

5) DO

탄천 A의 DO는 약 6ppm으로 호소수질환경기준에 의하면 수질은 2등급인 것으로 판명되었다. 탄천 B의 DO는 약 4ppm으로 수질은 4등급인 것으로 판명되었고, 탄천 C의 DO는 약 3ppm으로 수질은 4등급인 것으로 판명되었다.

탐구실험결과를 도표화 하여 보기 좋고 설명도 쉽게 할 수 있도록 하였다.

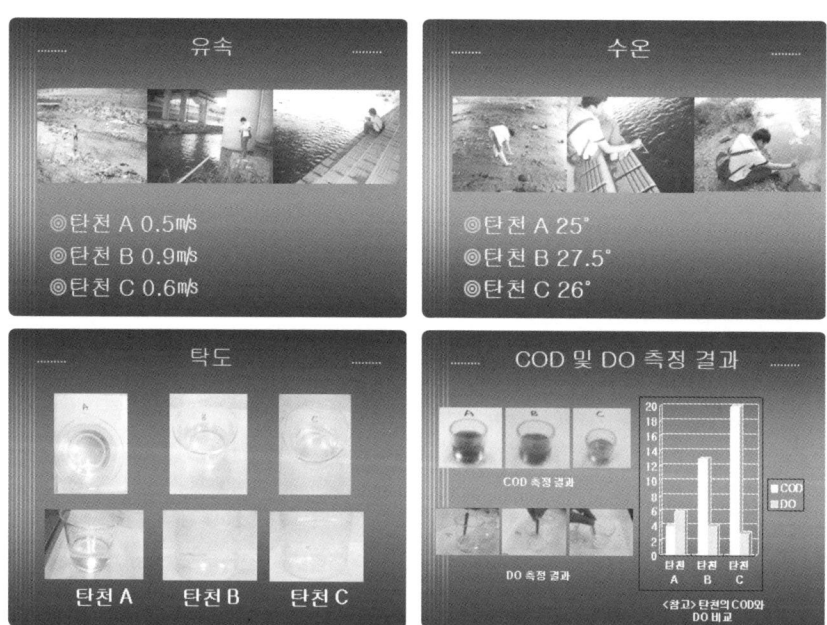

◎ 저니토를 이용한 무씨 발아 탐구실험을 하다

탄천 각 지점의 오염정도가 다르다면 탄천 바닥 저니토의 오염정도도 다를 것이고, 이 흙에 식물을 키운다면 서로 다른 생장을 보일 것이라는 생각을 하게 되었다. 학생들이 가장 쉽게 키울 수 있는 씨앗이 무엇인지 물어와 필자는 무씨가 어떠냐고 제안해 주었다. 학생들은 탄천의 세 지점에서 각각 저니토를 채취하여 무씨 발아 실험에 착수하였다.

1. 세 하천에서 저니토를 채집한다.

탄천 A

탄천 B

탄천 C

· 탄천 A의 저니토 : 모래의 입자가 크고 자갈이 많았다.
· 탄천 B의 저니토 : 자갈과 모래가 섞여 있었으나 모래가 자갈보다 많았고 자갈이 작았다.
· 탄천 C의 저니토 : 입자가 곱고 자갈이 거의 없었다. 저니토의 색깔이 진했다.

2. 각각의 탄천에서 채집한 저니토를 샬레에 적당량 담았다.

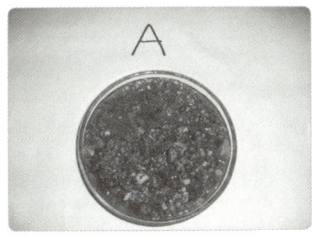 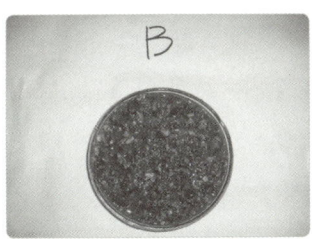 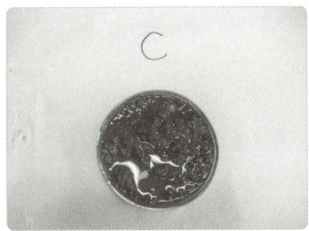

3. 샬레에 무씨를 나누어 담았다.

 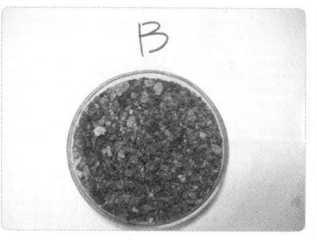 

※ 세 개의 샬레는 모두 같은 장소, 같은 온도, 같은 습도에 노출되었고, 하루에 2번 동일한 시간에 물을 주었다.

4. 실험결과 : 8월 3일 최종 관찰결과

탄천 A   탄천 B   탄천 C

실험결과는 다음과 같이 PPT를 정리하여 발표하였다.

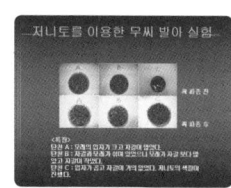 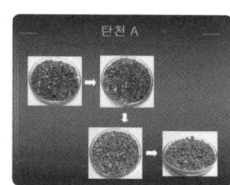 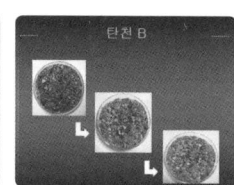 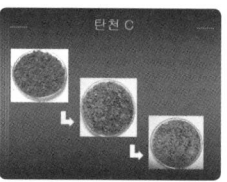

탄천의 상·중·하류의 세 장소에서 채취한 저니토를 이용한 식물의 발아실험은 오염정도를 간접적으로 예측할 수 있게 하였다. 예상대로 하류로 갈수록 오염이 심하다는 결론을 내리면서 '탄천 살리기 운동'의 실효성이 의심스럽다는 의견까지 덧붙여졌다. 다음은 한 학생의 느낀 점이다.

태어나서 처음으로 내가 직접 주제를 정하고 실험을 정하고 실험에 필요한 도구를 고르고 보고서를 쓰는 작업을 했다. 말도 못하고 어디 나서지도 못했던 과거를 떠올려보고 지금과 비교해 볼 수 있었던 계기가 된 것 같아 묘한 기분이었다.

실험은 성공적으로 끝난 편이었지만 아쉬웠던 점이 너무 많다. 우선 계획했던 실험이 굉장히 많았다. pH 측정도 했어야 했고 하천의 상·중·하류에서 동식물들의 생태가 어떤 점이 다르고 또 어떤 점이 같은지 비교 실험도 하고 싶었다. pH 측정은 기구의 사용법이 익숙하지 않아 정확한 값을 계산하기 어려워 실패했고 동식물 생태 비교 실험은 근처의 도서관에 습지 생물 도감을 찾을 수가 없었기에 실패했다. 또 발표하는 것에 있어서도 미련이 많이 남는다.

PPT를 만들 때는 스티브 잡스를 외쳤으면서 정작 발표할 때에는 자연스럽게도 못하고 입에 침이 바짝 말라서 발음도 불분명하게 했다. 하지만 이런 실패로 후에 발표할 일이 생기거나 대학이나 회사에서 프레젠테이션을 할 때나 도움이 많이 될 것 같다.

이래나 저래나 느낀 것 많고 하고 싶은 것도 많이 생긴 경험이었다. 다음에 이런 기회가 생긴다면 더욱 열심히 좀 더 체계적으로 무게 있게 연구를 하고 싶다.

초등학교 시절 필자는 뒷산을 산책할 때 고사리 비슷한 풀을 보면서 늘 신기해 했었던 기억이 있다. 가을쯤 되면 잎 뒷면에 벌레 같은 검은 점들이 빼곡하게 생기는데, 그 검은 점들이 얼마나 많고, 징그럽던지...... 어린 나이에 궁금증이 생겼고, 많은 자료를 찾아본 결과 내가 본 풀은 고사리류에 속하는 '양치식물'이긴 하나, 먹을 수는 없는 풀이고, 뒷면의 검은 점은 자손을 퍼뜨리기 위한 포자가 들어있는 포자낭이라는 사실을 알게 되었다. 가끔 다른 사람과 산책을 할 때도 그때를 생각해 같이 가는 사람에게 그 풀을 꺾어 보여주고 내가 알게 된 사실을 이야기해 주곤 한다. 조금만 눈을 돌려 주변을 돌아보자. 평소에 그냥 지나쳤던 주변의 나무와 길거리 풍경을 세심히 바라보면 작지만 충분히 훌륭한 주제를 생각해낼 수 있다.

우연히 엄마와 공원을 산책하던 한 영재교육원의 학생이 식물의 생존본능에 대한 산출물을 훌륭하게 만들어낸 것을 본 적이 있다. 생존을 위해 다양한 방법으로 줄기를 퍼뜨려야 하는 식물들의 이야기를 소설처럼 엮어나가던 학생의 산출물은 그 동안 만나보지 못했던 이색적인 작품이었다. 담쟁이가 벽을 타고 기어 올라가야만 하는 생존방법 때문에 더 오랜 시간 햇빛을 받고 충분한 광합성을 할 수 있다고, 꽃의 색은 벌을 유인하기 위해 화려할수록 그 식물은 약한 식물일 수밖에 없다고... 다분히 철학적인 듯 하지만 주위에서 볼 수 있는 몇 가지 식물들을 그들의 입장에서 서술해 나가는 작품이었다. 잘 다듬어 지지 않았고, 발표기술도 부족하여 생각보다 높은 점수를 받지는 못했지만, 이런 특별한 주제로도 나름의 방법으로 프로젝트를 수행할 수 있다는 것을 시사해 주었다.

주변의 자연 환경을 좀 더 깊숙이 들어가서 다른 각도에서 생각해 보면 이처럼 많은 주제를 생각할 수 있다. 프로젝트를 수행하면서 나와 함께 살아 숨 쉬는 자연의 소중함을 함께 느껴보자.

여행은 소재의 밭이다

일상의 스트레스에서 벗어나 여행을 하게 되면 편안한 몸과 마음에서 좀 더 창의적인 프로젝트 주제와 만날 수 있다. 길을 걷거나 차를 타고 가면서 무심코 주변을 바라보다가 문득 떠오르는 궁금증이나 호기심을 잘 다듬고 가꾸면 훌륭한 주제가 될 수 있다. '어~ 저 집은 지붕에 이상한 원통이 매달려 있네', '저 나무는 신기하게 생겼네, 이름이 뭐지?', '저 운동 경기장의 모양은 원형이 아니고, 타원형이네, 원형보다 좋은 점이 있을까?' 등...

필자는 언젠가 로마를 여행하던 중 콜로세움을 보게 되었는데, 그의 웅장함에도 놀랐지만, '과연 황제의 자리는 어디였을까' 라는 궁금증이 생겼다. 황제의 자리는 어떤 자리로 했을까? 특정좌석을 황제 좌석으로 지정했다면, 눈부신 햇빛이나 비, 또는 바람으로부터 좀 더 안정적인 자리로 만들기 위해 어떻게 설계했을까? 콜로세움의 모양은 원형이 아니고 타원형으로 만든 이유는 무엇일까? 등등 여러 가지 의문점이 떠올랐다.

지금부터라도 여행을 하게 되면 스쳐 지나가는 많은 사물들로부터 뭔가 의문점을 찾으려고 노력해 보자. 그 의문점이 남들도 생각할 수 있는 평범한 것이어도 좋다. 의문점이 생겼으며, 그것을 수첩에 적어 보자. 장기간의 여행을 하다 보면, 여행 중 문득문득 떠올랐던 생각이나 의문점이 잊혀질 수 있으므로 기록을 해두는 것이 필요하다. 때로는 감성이 무르익어 감상문이 될 수도 있고 일기처럼 기록되기도 할 것이다. 그래도 좋다. 수첩에 하나씩 적어가다 보면, 나름대로 대견하고, 정말 연구가치가 있다고 판단되는 주제가 생길 것이다. 장시간의 버스나 기차로 이동 중에 문득 떠오르는 수제가 생기면 수첩을 꺼내서 적고, 여러 관광지를 둘러보고 신기하거나 질문하고 싶었던 것들을 기록으로 남기는 것이다. 그렇게 남긴 기록을 여행 후 펼쳐 보면서 정말 연구하고 싶은 주제를 정하면 되는 것이다.

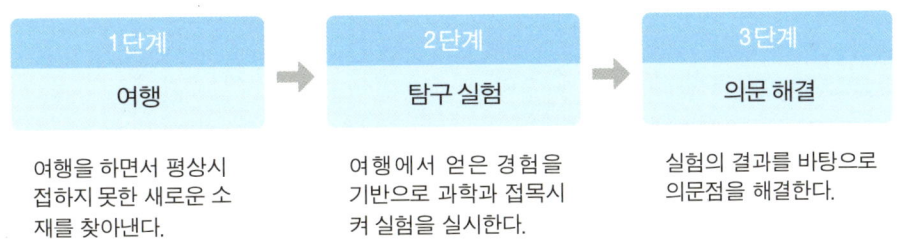

1단계	2단계	3단계
여행	탐구 실험	의문 해결
여행을 하면서 평상시 접하지 못한 새로운 소재를 찾아낸다.	여행에서 얻은 경험을 기반으로 과학과 접목시켜 실험을 실시한다.	실험의 결과를 바탕으로 의문점을 해결한다.

| 유럽의 아치형 구조물 |

다음은 유럽여행에서 주제를 찾아 프로젝트를 수행한 어떤 학생의 사례이다. 이 학생은 유럽여행에서 흔히 마주할 수 있는 아치형 건물을 보면서 의문이 생겨 프로젝트 주제로 정했고, 이와 연관된 주제로 가설을 설정한 후 탐구실험을 하여 결론을 도출하였다.

○ 여행 중에 스쳐지나가는 풍경에서 소재를 발견하다

여행 중 생긴 의문에서 출발하여 다양한 주제를 정하고 프로젝트를 수행할 수 있다. 물론 의문점이 곧바로 프로젝트 주제가 되지는 않는다. 그 의문이 너무 단순해서 사전을 찾거나 인터넷 검색을 통해 쉽게 그 해답이 얻어지는 수준 정도라면 주제에서 제외해야 한다. 반면 여러 권의 책을 읽고 종합해야 한다든지, 실험을 통해 증명해 볼 수 있다든지 좀 더 조사 연구 등을 할 수 있는 주제라면 프로젝트 주제로 손색이 없을 것이다. 또한 의문을 해결하기 위해 다양한 자료를 찾고 공부하는 동안 더 깊고 훌륭한 주제로 변화할 수도 있다.

이 학생은 여행 중에 발견한 의문점과 호기심을 해소하고자 적극적으로 백과사전에서 관련 지식을 조사하였고, 아치형 구조의 특성을 알게 되었다. 아치형 구조물의 특성을 눈으로 직접 검증하고자 하는 욕구로 다음과 같은 연구동기를 밝히고 프로젝트를 수행하였다.

학생 프로젝트 연구 사례 01

과연 아치형 구조물이 가장 튼튼할까?

가. 연구동기

겨울 방학 때 가족과 함께 유럽 여행을 가게 되었는데, 이탈리아에서 콜로세움, 개선문 등과 같은 많은 건축물을 둘러보다가 아치형 구조의 건축물들을 많다는 것을 알게 되었다. 그래서 백과사전을 찾아보았더니 아치형 건축물이 가장 튼튼한 구조물이라는 것을 알게 되었다. 정말 아치형 구조물이 다른 구조물에 비해 튼튼한지 알아보고 싶었고 직접 비교해 보려고 여러 가지 구조물을 만들어 보고 실험해 보기로 하였다.

나. 아치형 구조의 역사

아치구조는 로마시대의 유행한 구조로 다리나 터널, 건물을 지을 때 동그랗게 휘어진 모양으로 짓는 경우가 많은데 그것을 아치형 구조라고 한다. 아치형구조는 예전부터 쓰이기 시작했지만 사실 로마시대 이전에는 많이 쓰이지 않았다. 이집트나 그리스 사람들은 아치형 구조보다는 다른 모양을 더 좋아했기 때문이다. 아치형 구조가 널리 쓰이기 시작한 것이 바로 로마시대였다. 2000년 전의 유럽은 로마가 지배하고 있었는데, 그들은 자신들의 힘을 과시하기 위해 커다랗고 멋진 건물들을 많이 지었다. 콜로세움과 판테온 신전이 그의 예이다. 로마시대 이후 아치구조는 거의 2000년 동안 서양의 건축에 널리 쓰였다.

🔷 일본의 이누나키 터널　　🔷 콜로세움　　🔷 팔미라 아치형 석조문

다. 아치구조 속의 과학원리

● 아치의 원리

아치가 수직방향의 하중을 받으면 지점은 바깥쪽으로 이동하려고 하지만 이것을 지지하는 지반이 이동시키지 않도록 누르고 있으므로 결국 아치 자신이 압력을 받게 되고 이것으로 중량물을 지탱할 수 있게 된다.

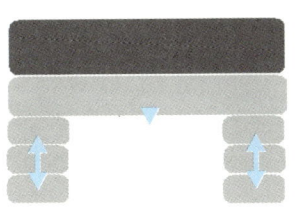  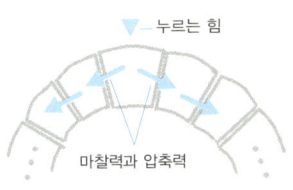

아치의 기본은 사다리꼴 모양으로 생긴 여러 개의 돌을 둥근 형태로 꼭 맞게 맞물려 놓은 것이다. 아치를 이루는 사다리꼴의 돌들이 서로 맞물리면서 위쪽 벽돌이 쏟아져 내리려는 힘(중력)의 방향을 바꾸어준다. 그 힘은 아치의 둥근 모양을 타고 흘러내리면서 자연스럽게 땅으로 전달되기 때문에 거대한 받침석 없이도 큰 힘을 지탱할 수 있다.

:: 2단계 **탐구실험**

● 아치형 구조물의 비밀을 밝히기 위한 탐구실험을 하다

아치형 구조물의 특성을 검증해 보기 위해 다음과 같은 실험주제를 정하고 실험설계 후 탐구실험을 수행하였다.

라. 실험주제
어떠한 구조의 구조물이 무게를 잘 버텨낼까?

마. 실험설계
· 실험재료 준비 : 두꺼운 도화지, 스카치 테이프, 휴지, 자 등
· 4가지 구조물을 각각 가로 24.5cm 세로 12.5cm 높이 17.5cm가 되도록 두꺼운 도화지로 만들고 그 안에는 휴지를 넣는다.

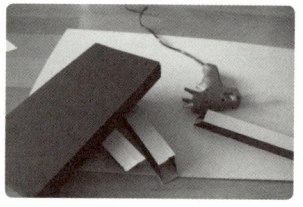 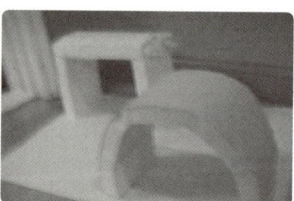 

· 휴지박스를 준비하여 개수를 늘려 가면 같은 조건에서 하나씩 올려본다.
· 휴지박스를 올렸을 때 최대로 안전한 모양을 유지할 때, 찌그러지기 시작할

때, 무너졌을 때의 휴지 박스의 개수를 각각 측정한다.

바. 실험결과

박스개수 구조물종류	최대로 안전했을 때	찌그러지기 시작할 때	무너졌을 때
X자형 기둥	1개	2개	3개
11자형 기둥	3개	4개	6개
반 원통 아치형	2개	3개	7개
크로스볼트	7개	8개	11개 이상

:: **3단계** 의문 해결

● 결과 해석을 통해 의문을 해결하다

이 프로젝트는 여행에서 고대 로마 건축물들이 대부분 아치형 구조로 설계된 것에 의문을 가지고 시작되었다. 탐구실험을 통해 의문을 해결하였다.

사. 실험결론

가장 많은 무게를 버틴 구조물 순서는 다음과 같다.
크로스볼트 〉 반 원통 모양의 아치형 〉 11자형 기둥 〉 X자형 기둥

실험결과 아치형 구조물이 다른 구조물에 비해 튼튼하였다.
그 중 여러 개의 아치를 교차시켜서 힘을 더욱 여러 곳으로 분산시키는 크로스볼트가 월등하게 튼튼했으며 반원통 모양의 아치가 그 다음이었다.

아치형 구조의 특징을 정리하였으며, 실제 아치형 구조의 장점을 알아보기 위해 두꺼운 종이를 이용해 아치형 구조를 포함한 각종 구조물을 제작하고, 어떤 구조물이 가장 많은 무게를 견디는지를 실험결과를 얻어 도표화 하였다. 그 결과 아치형 구조물이 다른 구조물보다 튼튼하다는 결론을 얻었다.

| 도시와 시골의 빗물 산성도 |

이 학생은 어느 여름날 시골 할머니 댁에서 맞았던 장맛비를 소재로 프로젝트를 수행하였다. 도시에서 비를 맞은 옷은 얼룩이 지고 더러워졌는데 시골에서 비를 맞으니 옷이 덜 더러워진다는 것을 발견하였다. 이런 경험이 발단이 되어 대도시와 시골에서 내리는 빗물의 산성도와 오염도를 비교해 보게 되었다. 대도시에 위치한 학생의 집에서 받은 빗물과 시골 할머니 댁에서 받은 빗물의 오염도를 측정하고, MBL을 이용해 pH를 측정하는 등 다양한 방법으로 실험을 수행하였다.

:: 1단계 여행

◉ 대도시 vs 시골, 빗물의 차이점을 발견하다

이 프로젝트는 빗물을 바라보며 할머니께서 '우리 어머니가 어렸을 때에는 큰 통에 빗물을 받아 그 물로 머리를 감았고 빗물로 머리를 감으면 오히려 머릿결이 좋아졌는데... 요사이 빗물은 머리카락을 빠지게 할 정도로 독하다니.....' 하시던 말씀에서 탐구주제를 발견하였다. 다음은 프로젝트에서 제시한 연구문제이다.

도시와 변두리 지역, 장맛비의 산성도 차이

가. 연구문제

1) 장마철에 연속해서 내리는 많은 양의 비는 날마다 같은 양의 pH를 띄고 있을까?

2) 빗물을 받아서 시간이 경과될 경우 빗물의 pH는 변화할까? 빗물을 각각 모양이 다른 용기에 담아 두고 관찰했을 때 실험 용기의 표면적에 따라 pH 변화에 차이가 있을까?

3) 황사는 빗물의 산성도를 높이는데 효과가 있을까?

4) 같은 날 도시와 변두리 지역에 내리는 비는 pH에 차이가 있을까?

나. 주제선정 이유

물 부족국가인 우리나라가 장마철에 내리는 많은 양의 비를 잘 정화시켜 활용할 수만 있다면 가뭄에 대한 대비는 물론이고 여러 가지 경제적인 면에 도움이 될 것이다 과제를 그냥 비가 아닌 장맛비로 잡은 이유는 이 과제를 앞둔 시점이 장마철이었고 특히 연속해서 내리는 많은 양의 빗물이 날마다 같은 양의 산성을 띄는지 궁금했기 때문이다. 또 도시와 변두리지역의 비를 같은 날 수집해 비교하려면 아무래도 강수량이 많은 장마철이 유리하다고 생각했기 때문이다.

:: **2단계 탐구실험**

◉ 연구문제를 해결하기 위한 정확한 실험설계와 측정이 중요하다

네 가지의 연구문제를 해결하기 위한 실험설계를 하는 과정에서 어려움이 발생했다. pH 시험지의 색변화로는 정밀한 산성도의 변화를 알 수 없는데, 중학교 학생의 경우 pH 시험지를 사용해본 경험밖에 없기 때문에 정밀한 측정도구가 필요했고, 지도교사는 MBL이라는 컴퓨터를 기반으로 하는 실험기구의 사용을 제안하였다.

　MBL을 사용하면 pH 변화를 표와 그래프로 변환하여 쉽게 변화의 추이를 알수 있다. MBL을 처음 접해보는 학생이었기 때문에 사용법이 익숙해질 때까지 시간이 소요되었지만 측정방법을 배우고 얻어진 데이터를 그래프로 변환하는 방법을 익혀나갔다.

다. 실험 전 준비사항

이번 실험을 위해서는 날마다 내리는 장맛비를 정확하게 수집하는 일이 우선되어야 했다. 먼저 빈 생수병을 수거해 물기를 제거하고 깨끗이 말린 다음 비가 많이 내리는 날, 하늘에서 쏟아져 내리는 빗물을 아무 장치 없이 그대로 받기로 하였다. 그래야만이 순수한 빗물을 받을 수 있기 때문이다.

2005/11/15

● 빗물 수집이 끝난 후의 사진

　특히 도시와 변두리 지역의 빗물 산성도를 비교하기 위하여 내가 살고 있는 성남시 분당구와 할머니 댁인 화성시 남양동을 선택하였다. 비는 같은 날 비슷한 시간대에 수집을 하였고 수집한 병에는 날짜와 시간을 기록하였다.

라. 실험과정

실험 1) 성남시 분당구와 화성시 남양동의 빗물의 pH 정도 차이
· 떨어지는 빗물을 남양시와 분당구에서 받는다.(마개는 꼭 막아둔다.) 두 장소에서 동시에 장맛비가 내리는 날 비슷한 시간대에 빗물을 받아 날짜를 기록해 둔다.
· 날짜별로 MBL을 활용하여 pH를 측정한다.
· 표와 그래프로 정리하여 비교한다.

실험 2) 용기에 따른 빗물의 산성도 변화

· 묽은 황산과 산성비를 준비한다.
  (황산을 쓴 이유는 산성비에 황산이 포함
  되어 있기 때문이다.)
· 비커, 샬레, 메스실린더, 진흙을 담
  은 비커에 각각 산성비와 묽은 황
  산을 넣는다.
· 일정기간(10일)을 정해 pH를 측정
  한다.
· 결과를 표와 그래프로 정리하여 비
교 분석한다.

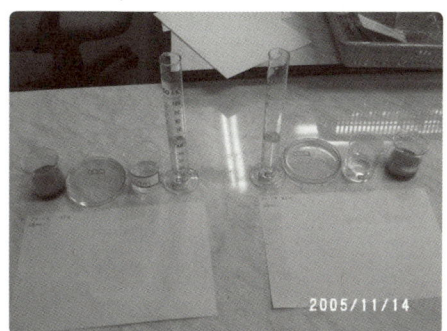
2005/11/14
🔺 사용된 다양한 실험용기

:: 3단계 의문해결

⭘ 결과를 분석하여 궁금증을 해소하다

실험으로 얻어진 데이터를 표와 그래프로 정리하였다. 결과를 정리하는 것뿐
아니라 그 결과를 바르게 해석해서 연구문제를 해결하여 결론을 얻는 것이 중요
한 과정 중 하나이다.

마. 실험결과

· 성남시 분당구와 화성시 남양동 빗물의 pH 정도 차이

pH \ 날짜	7월 20일	7월 25일	7월 26일	7월 27일	7월 28일	7월 29일
성남시분당구	6.18	6.55	6.11	5.71	6.23	6.35
화성시	6.12	6.09	5.92	5.77	5.62	4.04

· 용기(표면적)를 달리하였을 때 나타나는 빗물의 pH 변화

pH \ 지난 일수	1일	2일	3일	4일	5일	6일	7일	8일	9일	10일
비커	5.44	6.08	6.17	6.26	6.34	6.39	6.47	6.52	6.57	6.6
샬레	5.44	6.18	6.31	6.41	6.49	6.53	6.55	6.57	6.59	6.61
메스실린더	5.44	5.78	6.07	6.14	6.21	6.28	6.37	6.45	6.53	6.59
모래 +비커	5.44	6.21	6.28	6.38	6.43	6.49	6.52	6.56	6.59	6.62

· 황산의 pH 변화

pH \ 지난 일수	1일	2일	3일	4일	5일	6일	7일	8일	9일	10일
비커	0.41	0.57	0.63	0.74	0.82	0.92	1.03	1.12	1.25	1.36
샬레	0.41	0.81	1.02	1.22	1.4	1.58	1.74	1.86	1.96	2.1
메스실린더	0.41	0.52	0.62	0.68	0.74	0.83	0.94	1.06	1.14	1.21
모래 +비커	0.41	0.73	1.04	1.28	1.48	1.66	1.82	1.96	2.09	2.19

실험결과를 표로만 타나내는 것은 그 변화추이를 해석하기에 어려움이 많기 때문에 결론을 얻기 위해서는 그래프로 변환하는 과정이 필요하다. 이 과정에서 이 학생은 변화의 추이를 살펴봐야 하는 목적에 맞게 꺾은선 그래프를 잘 사용하여 그래프를 그렸다.

바. 실험결론

· 성남시 분당구와 화성시 남양동 빗물의 pH 정도 차이

실험전 예상했던 것과 다르게 화성시 남양동의 빗물이 성남시 분당구의 빗물보다 오히려 수질이 안 좋게 나타난 경우도 있어 당황스러웠다. 비는 하늘에서 수증기가 모여 구름이 형성된 후에 수증기의 양이 많아져 내리는 것이고, 산성비는 공기 중의 화학

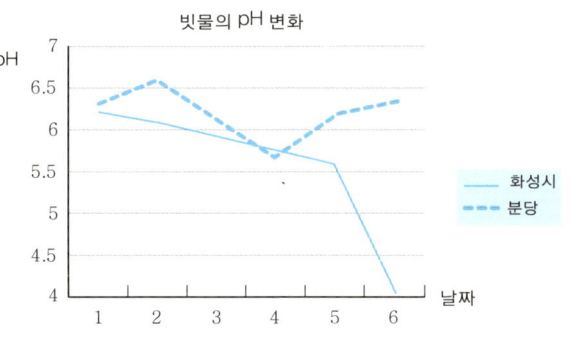

물질들이 빗물에 녹아 들어가 산성비가 되는 것이다. 그러므로 내 생각에는 남양이란 지역도 그 지역자체는 오염물질이 많지 않다 하더라도 화성시 내에 위치해 있기 때문에 주변의 공단지역에서 오염된 공기가 날아와 남양동 하늘 위에 머무를 수 있었을 것 같다.

· 용기(표면적)를 달리하였을 때 나타나는 빗물의 pH 변화

단면적이 클수록 공기와 닿는 면적이 커지기 때문에 중화가 더 잘 된다는 것을 알 수 있는 실험이었다. 이 실험을 통하여 알게된 사실은 시간이 갈수록 pH가 조금씩 늘어난

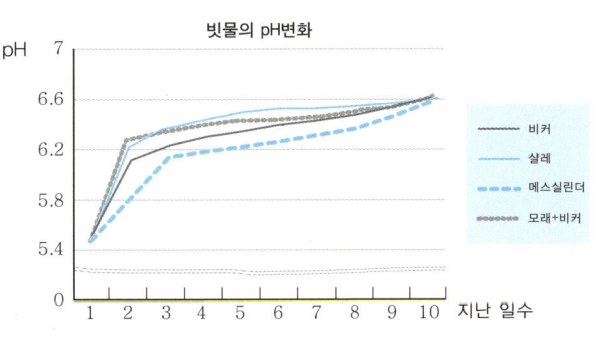

다는 것이었다. 진흙, 모래를 넣은 산성비는 더 빨리 중화가 진행되지만 결국에는 비슷한 수준이 된다는 것도 실험을 통해 알게 된 점이었다.

· 황산의 pH 변화

황산도 시간이 지남에 따라 공기와의 접촉으로 산성도가 꾸준히 지속적으로 올라가는 모습을 보였다.

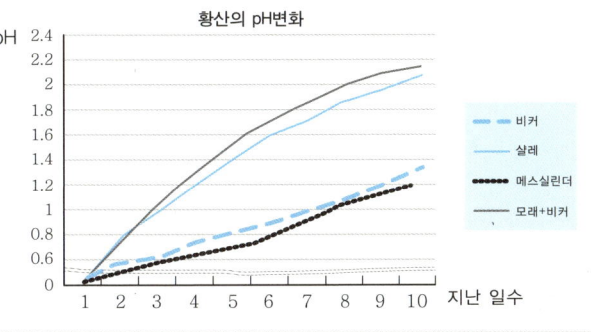

위 프로젝트를 수행하면서 이 학생은 시골과 대도시에서 같은 시기에 내리는 장맛비에도 산성도의 차이가 있음을 스스로 찾아내게 되었고, 빗물을 오래 두면 둘수록 pH가 높아져서 산성도가 낮아진 물로 변화하는 것으로 보아 옛날에 빗물을 받아두었다가 머리를 감으셨다는 할머니의 말씀이 요즘에 와서도 가능할 수 있겠다는 생각을 했다.

또한 산성도를 낮추는 방법으로는 빗물에 진흙과 모래 등을 넣어두는 것이 효과가 크게 나타났다는 결과로부터 황사가 산성비를 약화시킨다는 사실도 입증

하게 되었다. 이 학생은 여행 중에 우연히 비를 맞았던 경험으로부터 주제를 찾아서 다양한 실험결론을 이끌어내어 훌륭한 산출물을 완성했다. 거기에 다음과 같은 아쉬움을 이야기 하였다.

이번 과제를 진행하면서 한 가지 아쉬웠던 점은 두 장소의 공기 청정도를 미리 측정해 보지 못했다는 점이다. 실험 전 두 지역의 공기오염도를 측정할 수 있었더라면 대기오염과 산성비의 연관성을 구체적으로 파악할 수 있었을 것이다. 또 여러 가지 여건이 허락되었다면 성남시와 화성시라는 같은 경기도권이 아니라 강원도 청정지역과 서울시내 교통량이 가장 많은 강남지역의 장맛비를 수집하여 비교해 보는 것이 환경오염에 따른 산성비의 pH 차이를 좀 더 정확하게 알 수 있었을 것이다.

이번 실험에 사용된 흙은 정확하게 황사라고 보기엔 부족한 부분도 있지만 황사는 호흡기 질환을 유발하는 귀찮은 존재가 아니라 산성비를 중화시키는 중요한 역할을 한다는 사실도 알게 되었다. 황사는 오일유출 사고로 인해 바닷물이 오염되었을 때에도 피해를 최소화하고 바닷물을 중화시키는 작용을 한다고 밝혀진 바 있다 만약 봄철 불어오는 황사를 잘 수집하였다가 여름 장맛비를 중화시키는데 이용할 수 있다면 경제적인 면에서 도움이 될 것이다.

프로젝트를 수행하다 보면 더 많은 것을 알게 되고, 수행 중 더욱 호기심이 가는 일들도, 더 연구하고 싶은 것들도 생기기 마련이다.

어떤 학생은 강원도로 떠난 가족여행에서 너무나 밝고 또렷하게 떠 있는 보름달을 보면서 달 모양이 매일 다른 이유는 무엇일까? 왜 우리는 달의 똑같은 면만 보게 되는 것일까? 의문이 들었다고 한다. 이 학생은 집으로 돌아와 그 때의 달에 대한 기억을 떠올리며, '달의 공전과 위상변화의 수학적 접근'이라는 주제로 프로젝트를 수행하기도 했다.

이처럼 여행 중 문득 떠올랐던 작은 생각이 또는 체험했던 작은 일이 발단이 되어 좋은 프로젝트 주제가 되기도 하는 것이다.

여행 중에는 평상시 보지 못했던 것들을 볼 수 있기 때문에 눈과 마음이 즐겁고 편안해진다. 감성도 풍부해져서 늘 보이지 않던 많은 것들이 보이기도 한다. 좀 더 세심한 관심만 기울인다면 프로젝트를 위한 좋은 주제가 나올 수 있을 것이다.

체험활동은 프로젝트의 핵심이다

우리가 짧은 시간 동안 가장 의미 있고 쉽게 체험활동을 할 수 있는 곳을 꼽으라면 아마 박물관, 과학관, 미술관 등을 들 수 있을 것이다.

이 장소들은 하나의 주제에 따라 연관성 있는 내용들이 체계적으로 잘 정리되어 있어 전체적으로 한번 훑어보는 것만으로도 많은 지식을 경험하고 습득할 수 있다. 구경삼아 부담 없이 긴 탐방활동에서 호기심이 생기는 흥미로운 주제를 만나게 되고 프로젝트를 진행한다면 더없이 좋을 것이다.

박물관, 과학관, 미술관 등을 활용해 다양한 탐구주제를 찾아 다음과 같이 프로젝트를 진행해 보자.

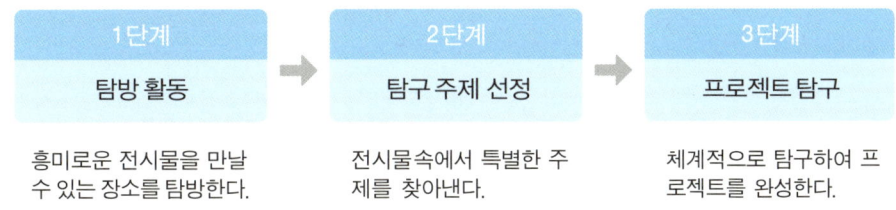

1단계	2단계	3단계
탐방 활동	탐구 주제 선정	프로젝트 탐구
흥미로운 전시물을 만날 수 있는 장소를 탐방한다.	전시물속에서 특별한 주제를 찾아낸다.	체계적으로 탐구하여 프로젝트를 완성한다.

| 파리 퐁피두 현대미술관의 작품 'Extreme tension' |

:: 1단계 **탐방활동**

◯ 호기심 가득 안고 흥미로운 세계와 만나다

탐방활동을 위해 어디로 떠날까? 학생들마다 관심 있는 분야가 다르므로 탐방활동을 위한 장소는 다를 것이다.

탐방활동이 가능한 미술관을 간략히 소개하면 다음과 같다.

> **탐방활동을 위한 미술관**
> 국립현대미술관, 서울시립미술관, 덕수궁미술관, 예술의전당 한가람미술관,
> 성곡미술관, 삼성미술관 리움, 국립중앙미술관, 간송미술관, 대전시립미술관,
> 대구미술관 등

미술관의 전시물을 보면서 프로젝트의 아이디어를 얻거나 호기심이 생기는 문제를 찾아 깊이 탐구해 보면 좋을 것이다.

:: *2단계* 탐구주제선정

◉ 미술관에서 만난 소재로 흥미로운 주제를 선정하다

미술관은 다양한 미술의 세계를 접하면서 화가들의 창의력을 만날 수 있는 좋은 탐방 장소이다. 화가가 작품을 통해 독창적으로 보여주는 의미들을 느끼면서 다양한 아이디어들을 얻을 수 있다. 미술관에서 소재를 찾아 직접 탐구를 한 사례를 살펴보자.

필자는 여행 중 들른 파리 퐁피두 현대미술관에서 전시관의 방 하나를 가득 채우고 있던 심장과 혈관을 주제로 한 'Extreme tension'이라는 아주 인상적인 작품을 만났다.

◉ 탐구동기가 된 미술 작품 : 작품명 'Extreme tension'(파리 퐁피두 현대미술관)

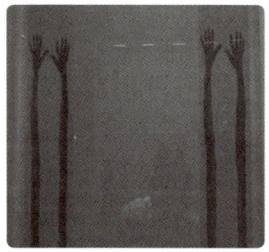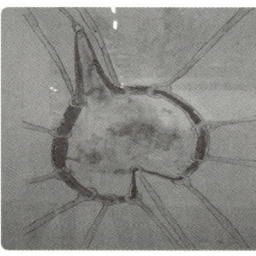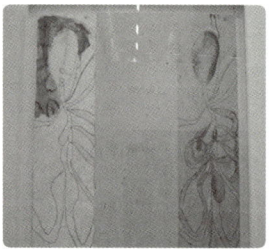

학생들에게 이 작품을 보여주면서 무엇을 느꼈는지 서로 이야기해 보는 시간을 가졌다. 학생들은 '화가는 이 그림을 통해 무엇을 말하고 싶었을까?', '인간의 존엄성과 생명의 소중함을 심장을 통해 표현하고 싶었던 건 아닐까?', '왜 우리 몸의 여러 기관 중 심장을 생명의 근원으로 떠올리게 되는 걸까?' 등을 말하면서 이런 주제도 예술 작품으로 표현할 수 있다는 것을 흥미로워하였다.

과학적 사실을 미술작품으로 표현한 'Extreme tension'에서 발상을 전환하여 미술작품을 소재로 과학적 탐구주제를 찾아보자고 제안하였다.

학생들은 이 작품과 연관하여 사람의 몸을 따라 흐르고 있는 혈액과 생명의 근원이라고 부르는 심장을 자세히 탐구해보면서 미술작품을 더 깊이 이해해 보고 싶다고 하였다.

:: 3단계 프로젝트 탐구

◯ 심장과 혈액순환에서 여러 가지 소주제를 찾아 탐구하다

학생들은 심장과 혈액순환에 대해서 조별로 다른 주제를 선정하여 다음과 같이 탐구하였다.

● 심장의 구조에 대한 실험

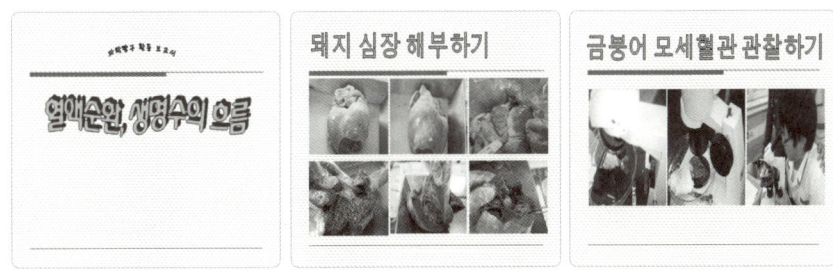

심장의 구조와 특징에 대해 실험을 통해 탐구해 본다.

인간의 심장과 유사한 돼지 심장 해부실험을 해 봄으로써 심장의 구조와 각 구조별 특징을 알아볼 수 있으며, 금붕어 모세혈관 관찰을 통해 적혈구의 이동 모

습을 관찰함으로써 혈액이 순환하는 것을 눈으로 확인해 본다.

이를 통해 심장의 구조에 대해 알 수 있고 혈관을 따라 혈액이 순환함을 눈으로 확인할 수 있다.

● 심장의 구조에 대한 이론적 탐구

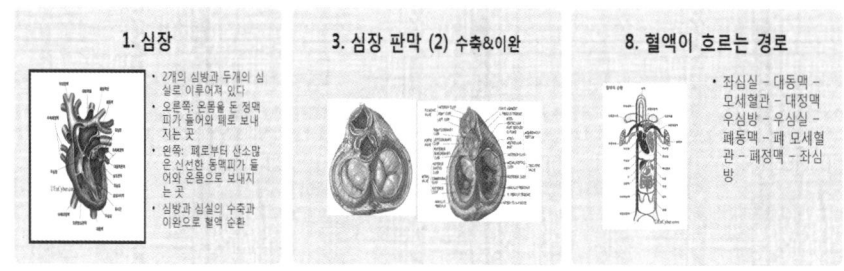

심장의 구조와 특징에 대한 자료 조사를 실시한다.

책이나 인터넷 등을 참고로 2심방 2심실의 심장의 구조와 특징 및 혈액순환의 경로 등에 대한 자료 조사를 실시하여 이론적 내용을 탐구한다.

이때 심장과 혈액순환 이론이 나오기까지 여러 과학자들의 이야기를 조사해 보는 것도 흥미로울 것이다.

● 혈액의 구조와 성분에 대한 탐구

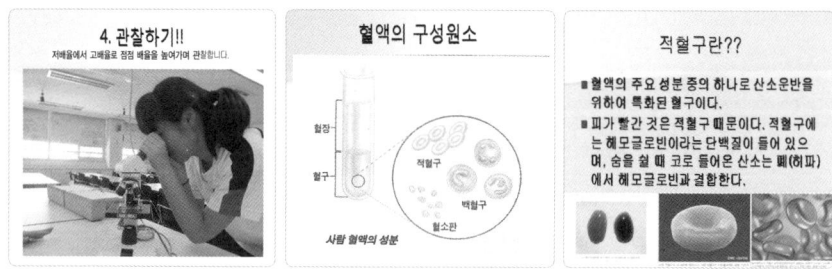

혈액을 구성하는 적혈구, 백혈구, 혈소판, 혈장의 성분과 구조에 대해 알아본다. 혈액의 프레파라트를 만들어 현미경으로 관찰해 보는 것도 좋은 방법이며 여러 가지 자료를 활용해 혈액에 대해 탐구해 본다.

위와 같이 학생들 스스로 소주제를 정해 심장과 혈액에 대한 탐구를 하면서 매우 재미있어 했고 조별 활동의 결과 발표를 하면서 보다 효과적인으로 내용을 전달하기 위해 창의력을 발휘하기도 하였다. 이외에도 혈관과 혈압, 심장과 관련된 질환, 운동량에 따른 심장 박동의 변화 등 꼬리에 꼬리를 무는 프로젝트 탐구도 재미있을 것이다.

탐방활동을 통해 만난 주제들을 스스로 깊이 있게 탐구해 가다 보면 그 주제와 관련된 내용에 대해서는 누구보다도 자신감을 가질 수 있다. 그리고 처음에 탐구하던 하나의 주제에서 다음 주제로 연결되어 탐구할 거리들이 늘어날 수도 있다.

| 매염제에 따른 천연염색 |

과학관에서 만나는 여러 가지 전시물과 체험 프로그램은 프로젝트 탐구활동에 다양한 아이디어를 제공해줄 수 있다. 과학적 원리를 알 수 있게 해주는 여러 가지 자료들이 함께 전시되어 있어서 창의적이면서도 전문적인 소재를 만날 수 있으므로 프로젝트 탐구에 과학관을 활용해 보면 좋을 것이다.

:: 1단계 과학관 탐방

⬤ 새로움과 과학지식으로 가득 찬 과학관을 탐방하다

과학관은 정말 많은 소재들을 흥미롭게 전시하고 있는 교육적 목적을 가진 곳이므로 탐구주제를 찾기에는 최적의 장소라 할 수 있을 것이다. 탐방활동이 가능한 과학관을 간략히 소개하면 다음과 같다.

> **탐방활동을 위한 과학관 소개**
> 국립 서울과학관, 국립중앙과학관, 국립과천과학관, 인천과학관, 경기도과학관, 서울삼성과학관, 로봇박물관, 엑스포과학공원, LG 사이언스홀, 한생연 실험누리과학관 등

◎ 과학관에서 흥미로운 주제를 만나다

누구나 한번쯤 가보았을 과학관, 무심코 둘러보던 과학관을 다른 각도에서 들여다보면 미처 알지 못했던 흥미로운 과학원리가 재미있게 다가온다.

과학관을 탐방하던 중 어느 하나의 전시물을 통해 새로운 사실을 발견하게 되기도 하고, 평소 관심 있던 내용을 활용한 전시물을 보게 되기도 하며, 전혀 몰랐던 새로운 사실을 경험하게 되기도 한다. 그 중에서 더 깊이 있게 탐구해 보고 싶은 주제를 만나게 될 수 있다.

◎ 매염제에 따른 천연염색의 색상 변화를 탐구하다

다음은 중학교 2학년 학생이 국립중앙과학관을 탐방하던 중 천연염색과 관계된 퀴즈 코너에서 문제를 풀면서 천연염색에 대해 흥미를 갖게 되어 이를 주제로 선정하여 탐구한 사례이다.

학생 프로젝트 연구 사례 01

매염제에 따른 천연염색의 색상 변화

가. 탐구동기

국립중앙과학관 탐방활동 중 2층 전통문화 관련 과학코너 중에서 염색에 관한 퀴즈를 풀고 기념품을 받는 코너가 있었다.

퀴즈를 풀다가 천연 염색에 대해 호기심이 생겼다. 대부분의 화학염색은 여러 가지 아름다운 색을 낼 수 있고 편리하지만 아토피를 유발하기도 하는 등 인체에 이롭지 않은 경우가 있다. 이런 점 때문에 많은 사람들이 천연염색에 관심을 갖기 시작했다. 천연염색은 색이 자연스럽게 우러나기 때문에 은은하며 안정된 색을 띄어 아름답기도 하다. 이렇게 자연과 조화되는 천연염색에 대해 자세히 알아보고 은은한 색상을 내는 방법에 대해 탐구해 보고 싶어졌다.

나. 이론적 배경조사

1) 천연염색의 장·단점

장점	단점
· 자연스럽고 은은한 색상 · 항균성, 소취성, 항알러지 등의 기능 지님 · 인체에 무해하고 환경오염이 적음	· 염색 견뢰도가 낮으며 동일한 색상 내기 어려움 · 대량생산이 어렵고 많은 비용 소요

2) 천연염색 사용용도

· 천연염색 소품과 생활 용품 : 일반의류, 속옷, 잠옷, 침구류

· 천연염료 응용상품 : 샴푸, 비누, 바디클렌저, 화장품, 미용제품

· 자연친화적이고 무해한 천연색소식품 : 차, 술, 빵

· 건강을 생각하는 천연염색 상품 : 한약재료, 의약품 부자재인 붕대, 거즈

· 자연과 함께하는 예술작품 : 옹기, 단청, 종이, 조각보, 도자기, 각종 공예의 채색도료

3) 매염제

· 정의 : 대부분 금속이온을 이용해서 염료에 있는 여러 가지 색소들 중 특성 색소와 결합해 그 색소를 발색시키고 섬유와의 결합력을 높여주는 중간자 역할을 한다.

· 매염 방법
  - 선 매염법 : 매염제 처리를 한 후 염액에 넣는 방법
  - 동시 매염법 : 염액과 매염을 동시에 처리하는 방법
  - 후 매염법 : 염액에 넣은 후 매염제를 처리하는 방법

다. 탐구 과정

1) 준비물 : 포도껍질, 매염제(백반, 소석회, 유산동, 황산제일철), 천, 기타 준비물

2) 과정
· 포도껍질만을 모아 준비한다.
· 포도껍질이 잠길 정도로 물을 넣은 후 끓인다.
· 처음에는 센 불에 끓이다가 끓기 시작하면 약한 불로 20분 정도 더 끓여준다.
· 포도껍질을 걸러내고 즙만 따로 담아낸다.
· 천에 각 매염제(백반, 소석회, 유산동, 황산제일철)로 선매염을 하고 말린다.
· 후매염을 한 후 말린다.
· 각각의 천에 매염제종류의 이름표를 붙인다.

라. 탐구결과

1) 무매염일 경우 연보라색을 띈다.

2) 백반을 사용하면 선 매염일 때 색이 더 진해져 진한 보라색이 나오고 후 매염일 때는 염색물이 조금씩 빠지면서 연한 파랑색이 된다.

3) 소석회를 사용하면 선 매염일 때는 처음에는 진한 파랑색을 띄었지만 물에 헹궜더니 연한 파랑색으로 변했다. 후 매염일 때는 넣자마자 색이 초록이 되었다가 물이 빠져 연두색이 되었다.

4) 유산동을 사용하면 선 매염일 때 진한 파랑색이 되고 후 매염일 때 역시 파랑색 계열인 밝은 파랑색을 띄었다.

5) 황산제일철을 사용하면 선매염일 때 천천히 변화가 생겨 청회색을 띄게 되고, 후 매염을 할 경우 처음에는 변화가 없다가 점점 느리게 색이 변하여 연한 회색을 띄게 된다.
대체적으로 선 매염이 후 매염보다 색이 더 선명하고 진하게 나왔다.

마. 결론

천연염색은 동일한 색상을 내기 어렵다. 하지만 은은하고 안정된 색상을 나타낸다. 또한 매염제에 따라 색상을 조금씩 바꿀 수 있어 독특한 색을 낼 수 있다. 천연염색은 비용이 많이 들어간다는 단점이 있지만 자연친화적인 생활에

도움이 될 것이다. 따라서 앞으로는 천연염색을 좀 더 대중화시킬 필요가 있을 것이다.

천연염색 탐구의 과정을 간단히 보여주면 다음과 같다.

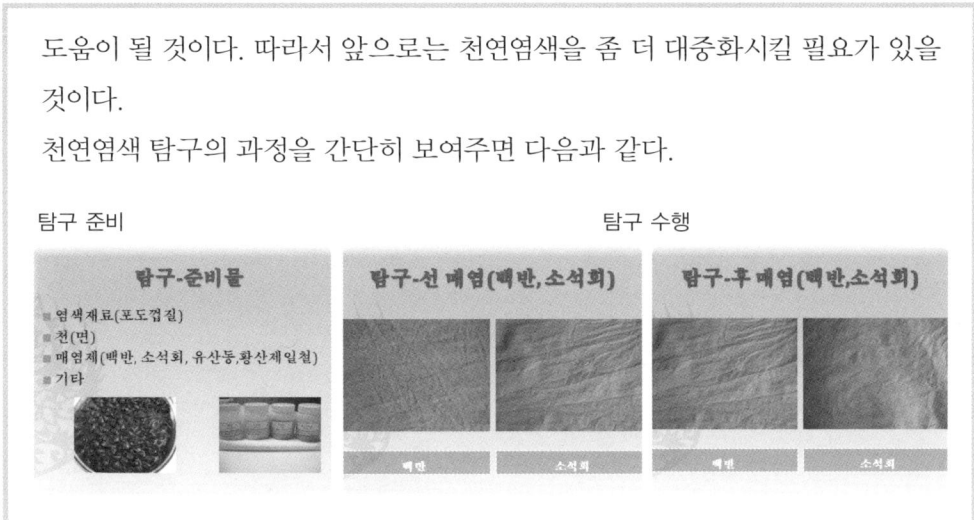

이와 같이 과학관을 탐방하다가 호기심이 생긴 주제에 대해 탐구해 보면 스스로 탐구방법을 배우게 된다. 탐구주제에 관한 문헌 조사를 통해 구체적인 탐구 계획을 세우고 직접 실험을 진행하면서 문제를 해결해가는 것은 과학적 사고의 폭을 넓히게 되는 결과를 가져온다.

| 우리나라 최초의 비행기 비거 |

국립과천과학관의 전통과학관 천정에는 우리나라 최초의 비행기 '비거'가 설치되어 있다. 서양에서보다 훨씬 이전인 임진왜란 때 만들어진 비거를 보고 우리 조상의 우수한 과학기술에 감탄하며 탐구주제로 선정하여 프로젝트를 진행하였다. 이 학생은 과거 우리 조상들이 사용했던 방법대로 비거를 직접 제작하였다. 또한 최초로 비거를 날렸던 진주성을 탐방하여 당시에 상황을 재연해 보면서 비거가 잘 날 수 있는 조건을 탐구해 보았다.

우리의 날개 비거

가. 탐구목적

우리나라 최초의 비행기 비거를 직접 제작해 보고 비거가 잘 날 수 있는 조건을 탐구하여 그 우수성을 탐구해 본다.

나. 탐구내용

1) 비거에 대한 조사

2) 비거의 설계도 탐구

3) 비거 제작

4) 비거가 가장 잘 날 수 있는 조건 탐구

다. 탐구과정

1) 문헌조사

· 비거에 대한 사전조사

비거의 역사적 배경과 구조적 특징, 비거와 라이트형제의 플라이어호의 비교 등을 문헌 자료를 참고로 조사하였다.

2) 비거가 날 수 있는 원리 탐구

비행기가 날 수 있는 조건에 대해서 이론적으로 알아보았다.

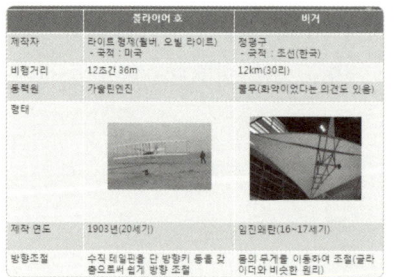

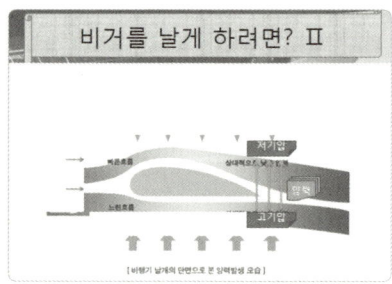

[비행기 날개의 단면으로 본 양력발생 모습]

이와 같이 탐구의 과정 중 주제와 관련된 문헌조사의 과정은 앞으로의 탐구계획을 수립하는 데 있어서 이론적 근거가 되므로 아주 중요한 단계 중 하나라고 할 수 있다. 이렇게 탐구의 주제는 조금만 관심을 갖고 살펴보면 우리 주변에서 쉽게 찾을 수도 있다.

3) 비거의 설계도 조사 및 제작

비거의 설계도에 대해 탐구해 보고 기본 구조를 참고로 비거를 직접 제작해 보았다.

탐구의 여러 방법 중 구조물의 특징이나 여러 가지 변인에 따른 변화 및 효과를 알아보기 위해 모형을 제작하는 것도 좋은 방법 중 하나이다.

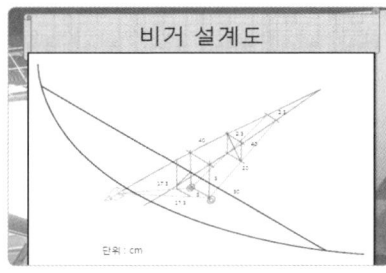

4) 최초로 비거의 비행실험을 한 진주성 탐방

탐구실험을 하던 중 실제 비거 비행실험을 한 진주성을 직접 찾아가 어떤 지형적 특징을 가지고 있었는지를 알아보면서 진주성이 비거의 비행 실험장소로 채택된 이유를 알아보았다.

5) 비거가 잘 날 수 있는 조건에 대한 탐구실험의 실시

만든 모형 비거로 나는 조건을 달리하여 실험을 실시해 보면서 비거의 비행조건에 대해 알아보았다. 그리고 제작한 모형의 개선해야 할 점을 알아보았다.

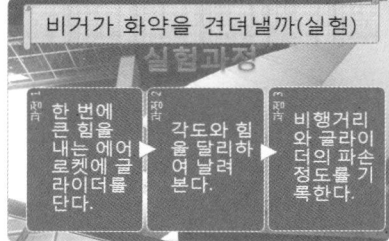
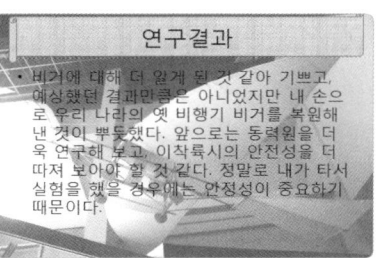

6) 비거 탐구를 통해 느낀 점

비거의 설계도에 따라 직접 제작해 보면서 우리나라 최초의 비행기에 대한 자긍심을 느낄 수 있었다. 앞으로는 비거의 동력원에 대한 것과 이착륙시 안전성을 유지할 수 있는 방법 등에 대해 더 탐구해 보고 싶어졌다.

이와 같이 탐구의 말미에 탐구를 통해 알게 된 점과 느낀 점 및 후속 연구주제에 대한 계획 등을 언급하면서 마무리할 수 있다.

위에서 살펴본 바와 같이 탐방활동을 통해 탐구할 수 있는 많은 주제와 자료들을 만날 수 있다. 미술관과 과학관 이외에도 나들이를 겸하여 새로운 것을 만나는 탐방활동의 장소로 적합한 곳을 간략히 소개하면 다음과 같다.

탐방활동을 위한 박물관 소개

1. 우리문화와 연관된 박물관
국립 민속박물관, 세종대왕박물관, 김치박물관, 떡·부엌살림 박물관, 국악박물관, 쇳대박물관, 화장박물관, 마사박물관, 세중 옛돌 박물관, 국립고궁박물관, 수도국산 달동네 박물관 등

2. 주제별로 찾아가는 전문 박물관
거미박물관, 한국만화박물관, 신문박물관, 경찰박물관, 삼성교통박물관, 항공우주박물관, 로봇박물관, 물박물관, 전기박물관, 세계유명건축박물관 아인스월드 등

3. 경제관련 박물관
한국은행 화폐금융박물관, 신세계 한국상업사박물관, 서울 역사박물관, 농업박물관, 한국금융사박물관, 우리은행 은행사박물관 등

대중매체 속 흥미로운 주제 찾기

오늘 날 우리는 다양한 대중매체의 홍수 속에서 살고 있다고 해도 과언이 아니다. 인쇄 매체뿐만 아니라 영상 매체와 전자 매체의 비중이 점점 더 높아지고 있다.

대중문화는 다수가 누리는 문화로 사회변화에 민감하게 반응한다. 대중매체는 언어, 영상, 소리 등을 결합하여 대중의 관심과 기호에 맞게 변화되고 있다.

자녀가 공부하기를 바라는 부모와 텔레비전을 보고싶어 하는 아이들의 매체를 대하는 입장은 다양하다.

대중매체는 생각과 취미를 획일화시키고 일탈행동을 조장할 수도 있기 때문에 부모는 아이들이 대중매체와 가까워지기를 바라지 않는다. 아이들은 재미와 즐거움, 정보와 새로운 문화를 공유하고 싶은 마음 때문에 대중매체를 가까이 하고자 한다.

어차피 우리의 삶 속에 깊이 자리 잡고 있는 대중매체를 더 이상 멀리하고 피할 수 없다면 다양한 대중매체에서 얻게 되는 정보를 새롭게 해석하고 그 의미를 찾아보면서 활용하여 좋은 교육활동자료로 이용하는 것이 바람직하다고 본다.

| 3D에 숨어 있는 과학원리 |

한 편의 영화를 부모와 자녀가 함께 감상하면서 매체를 활용하는 프로젝트 활동을 시작해 보자.

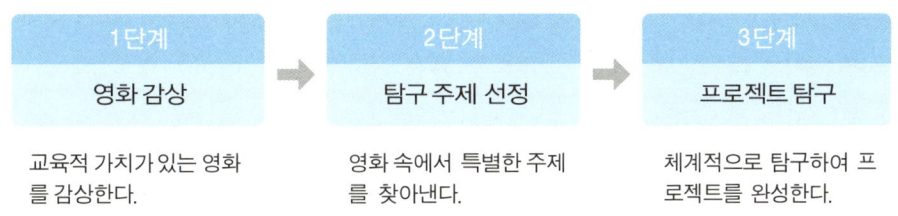

1단계	2단계	3단계
영화 감상	탐구 주제 선정	프로젝트 탐구
교육적 가치가 있는 영화를 감상한다.	영화 속에서 특별한 주제를 찾아낸다.	체계적으로 탐구하여 프로젝트를 완성한다.

대부분의 프로젝트는 경험이 없는 학생들에게는 어려운 활동이기도 하지만, TV나 영화를 보면서 부모와 자녀가 대화를 통해 부담 없이 즐기며 할 수 있는 프로젝트도 있다. 매체를 활용한 프로젝트 활동은 대화가 부족한 부모와 자녀 사이에 공감대를 형성하여 상호 간의 관계를 돈독히 할 수 있는 장점이 있다. 물론 부모의 역할을 교사나 친구가 대신할 수도 있다.

:: 1단계 영화감상

● 영화를 보면서 사고력 훈련을 할 수 있다

우리는 영화 속에서 새로운 인물과 다양한 사건들을 만나면서 현실에서 경험할 수 없는 색다른 세계를 만나게 된다. 이러한 영화나 비디오 등 다양한 매체를 활용하여 자신의 생각을 정리하고 객관적으로 표현하면서 문제의식을 찾아보는 훈련을 할 수 있다. 이러한 훈련을 통해 어떤 사물에 대한 문제의식을 기를 수 있어 매체를 활용하는 프로젝트 활동의 첫 단계라 할 수 있다.

영화나 비디오 매체를 활용한 사고력 기르기 활동

매체 활용 프로젝트 1단계! – 주관적 판단에서 객관적 사고로의 전환!

영화나 비디오를 보면서 느낀 '좋다, 나쁘다, 별로다, 재미있다' 등 자신의 주관적 감정을 그대로 표현해 보도록 한다. 이렇게 어떤 영화에서 느끼는 자신의 주관적인 판단을 인정하고, 같은 주제를 다룬 다른 영화들을 보면서 각 영화의 잘된 점과 나쁜 점 등을 생각해 보면서 객관적으로 사고할 수 있는 훈련이 된다.

매체 활용 프로젝트 2단계! – 줄거리를 요약한다.

영화나 비디오를 보고 줄거리를 써 보면서 자신의 감정을 객관화 할 수 있다. 이때 부모나 교사는 줄거리 정리에서 누락된 것과 인물들의 행위에 대한 판단, 사건의 전환 등에 대해 질문하여 학생들이 자신이 정리한 글을 다시 검토해 보도록 한다.

매체 활용 프로젝트 3단계! – 문제의식을 찾는다.

학생들은 같은 영화를 보더라도 어디에 초점을 맞추어 보느냐에 따라 느낌이나 생각이 전혀 달라질 수 있다. 요약해 본 줄거리의 내용에서 중심적인 주제를 찾고, 왜 그 주제를 중요하게 생각했는지에 대해 토론하면서 문제의식을 찾아갈 수 있을 것이다. 이때 찾아낸 문제의식에서부터 출발하여 새로운 프로젝트 탐구가 시작되기도 한다.

이렇게 영화의 내용 전개 과정에서 나타나는 의문점을 찾고 현실적으로 그것이 가능한지, 어떤 오류가 있는지 탐구해 보면 재미있는 프로젝트 탐구활동이 될 것이다.

:: 2단계 탐구주제선정

◉ 영화 속에서 탐구소재를 찾다

대부분의 학생들은 실감나는 공상과학 영화를 보면서 즐거움을 느낌과 동시에, 경험하지 못한 미래세계를 상상하는 것을 좋아한다. 영화 속에는 과학적 소재도 숨어 있고, 최첨단의 기술도 엿볼 수도 있다. 이러한 것을 다른 시각으로 들여다 보고 분석하면 또 다른 프로젝트의 탐구소재를 찾을 수 있다. 다음은 과학적 탐구소재를 제공할 수 있는 영화의 예이다.

● The Day after Tomorrow

2004년에 개봉한 영화로 지구온난화로 인해 지구에 닥치는 기후변화의 심각성을 다룬 영화.

지구온난화의 원인과 기후변화의 영향에 대해 탐구해 볼 수 있다. 동시에 주인공이 온도가 낮은 물체를 맨손으로 만지고 쉽게 들어 올리지만 주변의 다른 물체들은 금방 얼어버리는 모습에서 영화 속에서 나타나는 온도와 관련된 여러 가지 과학적 오류를 찾아볼 수 있다.

● Armageddon

지구를 향해 돌진해 오는 거대한 소행성을 막는 지구 수비대의 스토리를 담은 1999년 제작된 공상과학영화.

영화를 통해 소행성의 크기와 궤도 등에 대해 탐구해 보면서 영화의 엉성한 표현을 찾아보는 것도 재미있다. 무중력에서 생활하다 돌아온 우주비행사의 이동하는 모습을 통해 영화 속에서의 일관적이지 못한 중력 묘사를 찾아볼 수 있다.

● Contact

우주 외계 생명체의 존재를 찾는 과학자의 경험을 다룬 과학영화.

천문학자가 된 주인공이 전파망원경을 통해 외계 생명체의 신호를 기다리는 내용의 영화이다. 영화 초반 보여지는 NASA와 전세계 천문대의 모습은 매우 흥미롭다. 이 영화를 통해 망원경과 무선통신의 원리를 탐구해 볼 수 있고, 우주의 탄생이나 은하와 성간물질 또는 상대성 이론과 시간여행 등을 탐구해 보는 것도 재미있다.

이외에도 공룡의 멸종을 다룬 '잃어버린 세계'와 쥐라기 공원, 사이버 문화의 경계를 넘나드는 '매트릭스', 우주여행을 꿈꾸게 하는 '아폴로 13호', 고대 문명의 신비를 찾아보게 하는 '스타게이트', 로봇에 대해 생각하게 하는 '바이센티니얼 맨'과 '터미네이터', 최첨단 물리학 이론을 영화에 등장시킨 '체인 리액션' 등 수많은 영화들이 우리에게 즐거움과 동시에 과학적 사고를 해보게 하는 좋은 기회를 제공할 것이다.

:: 3단계 프로젝트 탐구

◉ 아바타 영화를 보고 3D에 숨어 있는 과학원리를 탐구하다

다음은 영화 '아바타'를 보고 난 후 3D 영화에 관심을 갖고 그 원리를 탐구한 예이다.

아바타는 현실과 가상의 세계를 넘나드는 내용을 3D로 제작한 공상과학영화로 이 영화를 통해 3D의 과학적 원리와 다양한 사용용도 등을 탐구해 보는 것도 재미있는 프로젝트가 될 수 있다.

학생 프로젝트 연구 사례 02

3D에 숨어 있는 과학원리 탐구

가. 탐구동기

영화 '아바타'를 3D 안경을 쓰고 볼 때와 쓰지 않고 볼 때 많은 차이가 나는 것을 느끼게 되었다. 3D는 어떻게 만들어지고 어떤 원리로 그렇게 입체적으로 보이게 할 수 있는 것인지 탐구해 보고 싶어졌다.

나. 탐구목적

3D 영화나 3D 사진을 볼 때 적용되는 원리를 알아보고 3dmax 프로그램을 이용해 직접 3D 그래픽 모형을 만들어 본다.

다. 사전 조사

1) 3D란?

3D는 3차원(Three Dimensions)의 약자로 컴퓨터 분야에서 3차원 컴퓨터 그래픽스를 이르는 말이다.

2) 차원이란?

공간 내의 점을 지정하는 데 필요한 독립좌표의 수를 일컫는 말로 공간 내의 점은 세 실수 (x, y, z)로 지정되면 차원의 수는 각각 1, 2, 3으로 나타낸다. 보통 1차원은 선, 2차원은 면, 3차원은 입체라고 볼 수 있다.

3) 3D의 용도

3D는 영화, 게임, 박물관, 미술관, 건물 시뮬레이션 등에 주로 사용되어 입체감 있고 생생하게 정보를 전달하는 데 주로 이용되고 있다.

4) 3D의 과학적 원리 탐구

· 사람의 두 눈이 입체를 인식하는 원리

오른쪽 눈은 오른쪽에서 읽은 정보를 뇌로 전달하고 왼쪽 눈은 왼쪽에서 읽은 정보를 뇌로 전달하여 두 정보가 뇌에서 합쳐져 입체를 인식하게 된다.

· 3D 영상을 입체적으로 인식하는 원리

- 실제는 평면인 3D 영상과 사진을 입체적으로 보이기 위해 카메라 두 대를 이용해 영상과 사진을 찍는다. 위 그림에서 A와 B는 카메라의 역할이다.

- A카메라는 오른쪽 눈의 역할로, B카메라는 왼쪽 눈의 역할로 실제 눈과 같이 거리를 서로 다르게 해서 찍는다. 그 후 영상이나 사진을 프로그램을 이용해 합성시키면 흐릿하고 또렷하지 않은 영상과 사진을 만들어 낼 수 있다.
- 얻어진 영상과 사진을 적청 렌즈(좌-붉은색, 우-푸른색)로 보게 되면 우리의 왼쪽 눈과 오른쪽 눈은 읽힌 정보를 뇌로 전달해 합성을 하게 된다. 이와 같은 원리로 뇌가 3D 영상이나 사진을 입체로 인식하게 되는 것이다.

· 3D 안경의 원리

3D 안경은 편광필터를 이용한 양안시차 방식으로 사물을 입체적으로 인식하도록 한다. 편광필터란 일정한 방향의 빛만 통과시키는 것으로, 오른쪽 눈에 보이는 영상은 오른쪽 눈의 렌즈에만, 왼쪽 눈에 보이는 영상은 왼쪽 눈의 렌즈에만 통과시켜 입체로 보이게 한다.

마. 3D를 만들어 보자!

1) 3dmax 프로그램을 활용해 3D 그래픽 만들기

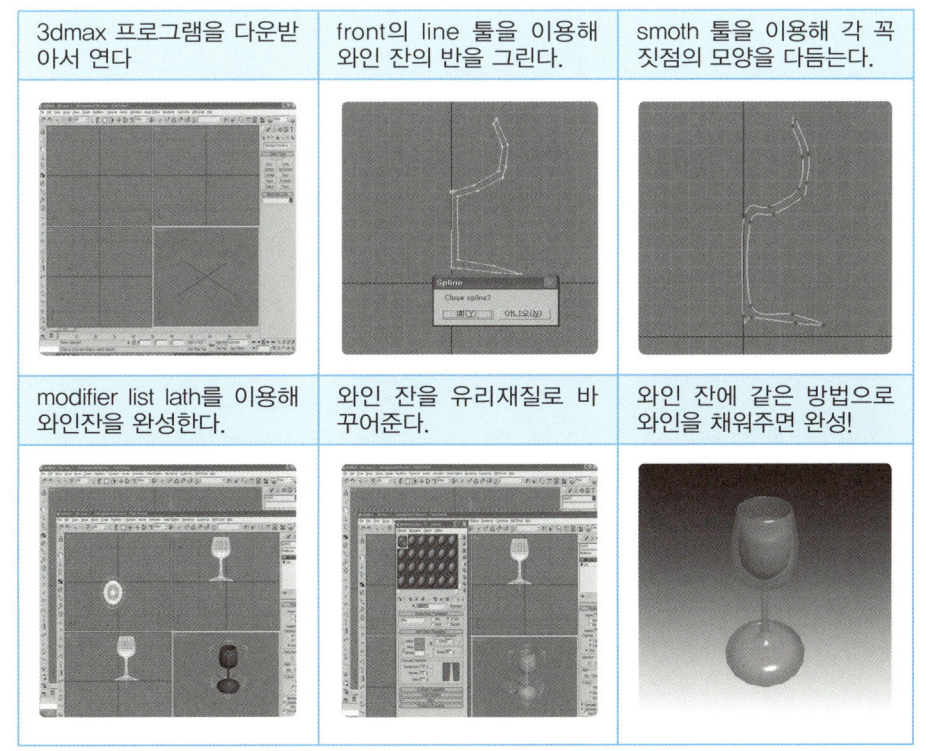

3dmax 프로그램을 다운받아서 연다	front의 line 툴을 이용해 와인 잔의 반을 그린다.	smoth 툴을 이용해 각 꼭짓점의 모양을 다듬는다.
modifier list lath를 이용해 와인잔을 완성한다.	와인 잔을 유리재질로 바꾸어준다.	와인 잔에 같은 방법으로 와인을 채워주면 완성!

2) stereo photo maker 프로그램을 활용한 3D 사진 만들기

화살표 부분을 클릭해 3D를 만들 사진 두 장을 선택한다.	두장의 사진을 합쳐준다.	수평을 맞춰주면 사진이 완성된다.
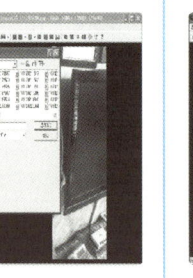	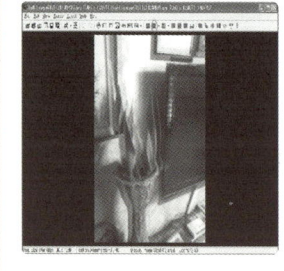	

바. 느낀 점

3D는 착시현상의 원리를 활용해 마치 우리 눈이 오른쪽과 왼쪽에서의 영상을 따로 보는 듯 뇌에 착각을 일으켜서 입체감 있게 보이도록 하는 것이다. 3D의 이러한 원리는 각종 영상물과 사진 등 다양한 분야에 활용되어 더욱 생생하게 내용을 전달해 주고 있다.

컴퓨터의 다양한 프로그램을 활용해 직접 3D를 만들어 보는 것이 흥미로웠다.

이와 같이 영화를 활용해 프로젝트 활동을 위한 정보를 수집하고 과학적 오류를 찾아보거나, 과학적 원리를 탐구해 보는 것도 매우 흥미로운 활동이 될 수 있다.

| 창의력의 창고인 광고 |

신문 사이에 끼여 들어온 광고지나 TV, 라디오 광고 등을 이용해서도 광고의 특성을 이해하고 광고를 보면서 비판하고 평가할 수 있는 능력을 기를 수 있는 활동을 할 수 있을 것이다. 단계를 따라 가면서 광고를 활용한 프로젝트를 경험해 보자.

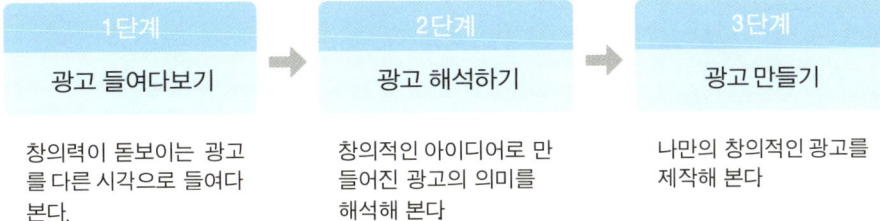

1단계	2단계	3단계
광고 들여다보기	광고 해석하기	광고 만들기
창의력이 돋보이는 광고를 다른 시각으로 들여다 본다.	창의적인 아이디어로 만들어진 광고의 의미를 해석해 본다	나만의 창의적인 광고를 제작해 본다

:: 1단계 광고 들여다보기

◎ 광고를 들여다보면 창의력이 보인다

TV 광고, 신문광고, 잡지 광고 등 다양한 광고를 비교해 보면서 대상에 따라 광고가 어떻게 다른지 생각해 보고 대상의 관심과 반응을 고려한 표현에는 어떤 것들이 있는지 찾아보면서 그 광고의 느낌은 어떤지 표현해 본다.

광고 활용 프로젝트 01

생활 주변에서 늘 만나게 되는 광고들 중 인상적인 것을 찾아 그 광고를 자세히 들여다 보면서 광고를 활용한 프로젝트 활동을 할 수도 있고, 아래와 같이 광고를 제시하면서 함께 그 광고의 의미를 찾아보는 방식으로 진행할 수도 있다. 이러한 과정을 통해 광고 속에 숨어 있는 창의력과 독특한 표현 방식을 배울 수 있게 된다.

1) TV, 신문, 잡지 등 다양한 매체를 활용하는 광고가 갖추어야 할 요소는 무엇이 있을지 조사해 보자.

2) 각자 관심을 끄는 광고를 찾아 그 광고의 의미를 적어보자.

3) 다음의 공익광고를 보고 그 의미를 찾아보자.

4) 위의 공익광고 속에서 찾아낸 독창적인 아이디어를 말해 보자.

5) 위의 공익광고를 보고 느낀 점을 말해 보자.

위에 제시된 공익광고는 자원 절약을 홍보하고 피부색에 대한 편견을 버리자는 의미와 직접 쓰는 한 장의 편지의 소중함을 광고하고 있는 작품들이다. 전달하고자 하는 메시지를 효과적으로 표현하면서 동시에 그 의미를 천천히 생각해 보게 하는 광고이다.

:: *2단계* 광고 해석하기

🔵 광고를 깊이 들여다 보면 대중을 설득하기 위한 치밀한 계산이 보인다

광고 속에 나오는 동물, 모델, 색, 제품 등의 여러 가지 상징을 찾아보면서 제품과 모델이 가장 잘 어울린다고 생각되는 것이 있는지, 왜 어울린다고 생각하는지, 가장 어울리지 않는 것이 있다면 그 이유는 무엇인지, 어울리지 않는 것을 다른 것으로 바꾼다면 어떻게 바꿀 것인지 등을 표현해 본다.

제품의 판매량을 늘리기 위해 상품 광고는 독특한 아이디어를 사용하여 소비자의 시선을 사로잡는다. 제품과 실질적 상관이 없는 것들을 절묘하게 연결시켜 웃음을 유발시키기도 하고, 제품의 특징을 너무나 효과적으로 잘 표현하여 오랫동안 기억될 수 있게 만들어 주기도 한다.

1) 다음의 광고는 제품의 특성을 독특한 아이디어로 표현한 광고들이다. 무슨 상품을 광고하는 것일까 생각해 보자.

2) 위 광고에서 제품의 특성을 표현하기 위해 사용한 효율적인 아이디어를 찾아보자.

3) 다음의 광고는 제품의 특별한 효과를 설명하기 위한 상징적 의미가 담긴 광고들이다. 무슨 상품을 광고하고 있는지 생각해 보자.

4) 위의 광고에 사용된 여러 가지 상징들이 제품과 잘 어울린다고 생각되는가? 왜 어울린다고 생각하는지 설명해 보자.

5) 만약 어울리지 않는 다고 생각한다면 그 이유는 무엇인가? 그리고 내가 어울리지 않는 것을 다른 것으로 바꾼다면 어떻게 바꿀 것인지 표현해 보자.

위에 제시된 광고 중 첫 번째는 사자의 갈퀴도 부드럽게 할 만큼 머릿결을 부드럽게 해주는 샴푸와 숟가락이 저절로 휠 만큼 맛있는 아이스크림을 표현하면서 제품의 특성을 명료하게 보여주는 작품이다.

두 번째 광고들은 비버의 이빨과 같은 강력한 톱, 한 양동이의 물을 흡수할 만큼 강력한 흡수력을 지닌 수세미, 벽도 붙일 만큼 강력한 접착테이프 등 적절한 상징성을 가진 사물과 연관시켜 재미있게 표현한 작품이다.

이러한 광고들을 깊이 들여다보면 저절로 상상력과 창의적 표현력 등을 배워갈 수 있을 것이다.

:: 3단계 광고 만들기

◉ 내가 생각하는 좋은 광고를 나만의 독창적인 방법으로 만들어 보자

광고 활용 프로젝트 03

1) 내가 생각하는 좋은 광고는 어떤 광고인지 글로 써보자.

2) 하나의 주제를 정해 내가 생각하는 좋은 광고의 콘티를 짜보자.

광고를 활용한 프로젝트 활동은 창의적 사고력과 독창적 아이디어를 배우는데 많은 도움을 줄 것이다. 생활 속에 아주 널리 퍼져 있는 대중매체를 그냥 넋 놓고 보거나 생각 없이 흘려보내기만 할 것이 아니라 이를 활용하여 다양한 사고를 해보고 창의적으로 생각하고 표현하는 능력을 기르게 하는데 이용한다면 좋은 교육적 효과를 얻을 수 있을 것이다.

스포츠는 늘 화제를 몰고 다닌다

2011년 카자흐스탄의 아스타나-알마티에서 열린 동계 아시안게임에서 우리나라는 종합 3위를 기록했었다. 올림픽이나 아시안게임 등과 같이 국제대회에서 메달을 딴 선수들은 고액의 연봉과 인기를 얻으며 국민스타로 떠올라 관심의 대상이 되고 있다. 이러한 결과 많은 사람들이 전문적인 선수를 꿈꾸며 도전하는 경우도 증가하는 추세라고 한다.

이런 추이에 발맞추어 학교에서는 각종 스포츠 동아리가 활성화되고, 많은 학생들이 스포츠를 즐기며 활동하고 있다. 운동을 하거나 운동경기를 관람할 때 좀 더 호기심을 갖고 바라본다면 스포츠 속에서도 쉽게 주제를 찾을 수 있다.

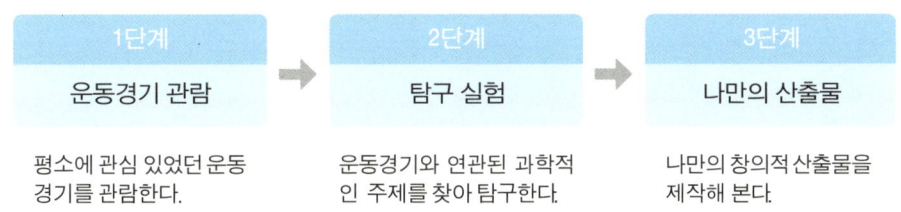

1단계		2단계		3단계
운동경기 관람	→	**탐구 실험**	→	**나만의 산출물**
평소에 관심 있었던 운동 경기를 관람한다.		운동경기와 연관된 과학적인 주제를 찾아 탐구한다.		나만의 창의적 산출물을 제작해 본다.

| 축구공의 프랙탈 구조, 바나나킥 원리 |

한 여학생은 축구경기를 관람하다가 축구공을 가까이에서 보게 되었고, 공표면의 무늬가 모두 같은 도형이 아니라 오각형과 육각형의 반복으로 되어 있다는 것을 발견하였다. 왜 그렇게 만들어져 있을까 호기심이 생겼고, 호기심을 해결하기 위해 프로젝트를 수행하게 되었다.

● 축구공의 전개도를 만들어 보자

문헌조사를 통해 축구공의 구조를 조사하였고, 다음과 같은 과정으로 축구공의 전개도를 제작하였다.

학생 프로젝트 연구 사례 **01**

프랙탈 구조

가. 축구공 전개도 만들기

1) 준비물

흰색, 검은색 2절 켄트지 각각 2장씩, 30cm자, 각도기, 가위, 풀, 1절 우드락, 본드

2) 방법

① 축구공의 전개도를 만들기 위해 필요한 육각형 20개와 오각형 12개를 그린다.
② 그려놓은 육각형과 오각형을 오린다.
③ 육각형과 오각형을 번갈아 가면 우드락에 붙여 완성한다.

--〉 축구공의 전개도는 정육각형 20개와 정오각형 12개로 이루어져 있다. 두 줄씩 반복되어서 총 10줄이 생기어서 축구공의 전개도가 완성된다. 축구공의 전개도를 만들어 보면서 우리가 흔히 주변에서 볼 수 있는 것들에도 한 형태가 반복되어 전체를 이루는 프랙탈 구조가 숨어져 있는 것에 놀라게 되었고 앞으로 관찰력을 길러야겠다는 생각을 가지게 해 주었다.

◎ 프랙탈에 대해 탐구해 보자

축구공의 모양이 번갈아 반복되는 현상은 수학의 프랙탈 구조와 관련되어 있다는 것을 조사를 통해 알게 되었고, 관련서적을 통해 프랙탈이 무엇이며, 프랙탈 연구의 역사를 살펴보았다. 더 나아가 프랙탈과 수학의 연관성 및 우리주변에서 볼 수 있는 프랙탈 구조에는 어떤 것이 있는지 조사해 보았다.

나. 프렉탈 탐구

1) 프렉탈이란?

프랙탈이란 간단하게 말하자면 작은 구조가 전체 구조와 비슷한 형태로 끝없이 되풀이 되는 구조를 말한다. 즉, 프랙탈은 부분과 전체가 똑같은 모양을 하고 있다는 '자기 유사성' 개념을 기하학적으로 푼 것으로, 단순한 구조가 끊임 없이 반복되면서 복잡하고 묘한 전체 구조를 만드는 것이다.

2) 프랙탈 구조의 특성

프랙탈 구조는 "자기 유사성"과 "소수차원"이 특징이다. 먼저 자기 유사성은 하나의 구조가 계속 반복되어 전체의 구조를 이루는 자신복제를 의미하며, 소수차원이란 프랙탈 기하에서 면을 가득 채우는 선은 선이 채워진 정도에 따라 1과 2 사이의 소수로, 공과 같이 구겨진 종이는 구겨진 정도에 따라 2와 3 사이의 소수로 그 차원을 나타낼 수 있음을 의미한다.

3) 프랙탈 구조의 예

프랙탈 구조는 우리 주변에서 쉽게 볼 수 있다. 흔히 나뭇가지를 보면 유사한 모습이 반복되어서 전체의 모습을 이루고 있음을 찾을 수 있다. 또한 눈송이의 결정모습도 프랙탈 구조를 이루고 있다. 바닷가에서 볼 수 있는 해안선도 넓게 보면 비슷한 구조를 이루고 있다. 우리가 잘 알지 못하는 것으로는 우리의 뇌, 상추, 번개 등이 있다.

우리 뇌의 모습　　　　눈 결정의 모습　　　　번개의 모습

:: 3단계　나만의 산출물

⚪ 다양한 프랙탈 체험을 통해 나만의 프랙탈을 만들어 보자

프랙탈 구조를 좀 더 확실하게 알기 위해 다양하고 쉬운 활동을 해볼 수 있는데 그 예로는 시어핀스키의 삼각형 만들기, 프랙탈 카드 만들기, 피타고라스의 삼각형 만들기 등이 있다. 다음은 다양한 프랙탈 제작 과정이다.

피타고라스의 나무 만들어 보기

피타고라스의 정리(직각삼각형에서 빗변의 제곱은 나머지 변들의 제곱의 합과 같다)를 이용하여 프랙탈 구조를 만들어 보는 활동이 바로 피타고라스의 나무를 만들어 보는 것이다.

120　리얼!! 프로젝트 학습

--> 피타고라스의 나무를 만들 때 제곱이 나와서 계산이 복잡했지만, 이번 활동으로 통해서 두 마리의 토끼를 한 번에 잡은 것 같다는 생각이 들었다. 피타고라스의 정리에 관해서도 더 알아보고 프랙탈 구조를 총정리해 볼 수 있는 시간을 가질 수 있었던 것 같다.

나만의 프랙탈 카드 만들기

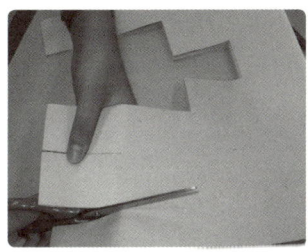

--> 프랙탈 카드는 단순한 모양의 반복의 아름다움을 보여주는 대표적인 예라는 생각이 프랙탈 카드를 완성시킨 후 들었다. 같은 구조를 반복해 나가면서 얻는 하나의 완성감은 여러 구조를 복합시켜서 복잡하게 만드는 완성체의 완성감에 못지 않다는 생각이 들었다.

남학생의 경우 축구경기에서 이기고 싶은 욕구를 떠올리며 주제를 정할 수 있다. 어떤 학생은 일명 '바나나킥'의 원리를 조사하고, 실제 학교골대에서 바나나킥을 차기 위한 거리를 조사하였다. 프리킥을 찰 때 공의 방향이 갑자기 꺾이면서 골문 안으로 빨려 들어가는 것, 일명 바나나킥은 과학의 원리가 숨어 있다. 이 남학생의 연구동기는 이렇다.

'바나나킥'의 원리

가. 연구동기

평소에 친구들과 축구를 하다보니까 자연스럽게 축구에 관심을 갖게 되었고 어차피 친구들과 축구를 하면서 그 속의 원리를 알고 공을 차게 되면 요령도 생기고 더 잘할 것 같아서이다. 이렇게 되면 축구를 더 재미있게 친구들과 놀 수 있어서 이 주제를 탐구하게 되었다.

나. 바나나킥의 원리

바나나킥이라고 한다면 1997년 6월 브라질과 프랑스의 프레월드컵 개막 전에서 브라질의 호베르투 카를로스가 환상적인 프리킥을 선보였던 것이 대표적이다. 골대에서 30m 떨어진 곳에서 찬 그의 프리킥은 벽을 치고 있는 프랑스 선수들을 피해 골문 바깥으로 나가는 듯 하다가 갑자기 방향이 꺾여 골문 안으로 빨려 들어간 것이다. 도대체 어떻게 이러한 환상적인 프리킥이 가능한 것일까. 이러한 프리킥은 과학의 힘을 빌려야만 비로소 해석이 가능해진다. 먼저 공의 회전. 공이 회전하게 되면 공을 중심으로 두 가지의 공기 흐름이 생긴다. 만약 왼발 아웃사이드로 공을 오른쪽 부분을 찬다면 공은 시계 반대 방향으로 회전하면서 진행한다. 이때 공의 오른쪽 부분은 공기의 흐름과 마찰을 빚게 되어 압력이 높아지고, 왼쪽 부분은 공의 회전 방향과 공기의 흐름이 일치해 압력이 낮아진다. 이때 축구공은 똑바로 날아가지 못하고 압력이 낮은 쪽으로 커브를 틀게 된다. 이것을 과학에서는 마그누스 효과라고 한다.

운동경기를 보거나 즐기면서 자연스럽게 프로젝트의 주제를 찾게 된 예라고 할 수 있다. 축구에 대한 많은 조사활동으로 프로젝트를 수행해 나갔으며, 학교 운동장에서 직접 바나나킥을 체험하고, 가장 잘 찰 수 있는 여러 가지 변인에 대한

연구를 하였다.

또 다른 학생은 축구선수들의 축구화가 2~3컬레는 된다는 사실을 듣고 여러 가지 축구화의 모양과 기능이 어떻게 다른지 프로젝트를 수행하였다. 일반적인 잔디에는 SG형 축구화가 적합하며, 단단한 잔디에는 FG 축구화가 알맞다는 것이다. 축구화의 그림을 그려가며 다양한 축구화의 역할을 설명하는데 축구에 관심이 적은 필자는 그저 놀라울 뿐이었다. 축구화 아래에 있는 스터드가 축구화에 따라 모양과 수가 다르게 박혀 있다는 사실을 그때 처음 알게 되었다.

이처럼 축구가 대중적인 스포츠여서 축구에 대한 프로젝트를 수행하는 학생들이 많은 편이다.

| 셔틀콕 재질에 속도의 비밀이 있다 |

배드민턴에서 사용되고 있는 셔틀콕 속에 숨겨진 과학 원리를 소재로 프로젝트를 수행한 흥미로운 연구가 있어 여기에 소개하고자 한다. 배드민턴을 자주 치던 학생이 자신이 사용하던 셔틀콕이 모양과 재질이 다르다는 것을 발견하였다. 배드민턴 경기에서 셔틀콕은 어떻게 움직이면서 날아갈까? 재질에 따라 셔틀콕의 특성은 어떻게 다를까? 라는 의문에서 프로젝트는 시작되었다.

:: 1단계 셔틀콕 과학

◉ 셔틀콕의 움직임은 어떨까?

올림픽 금메달 효자 종목으로 배드민턴은 누구나 쉽게 즐길 수 있는 스포츠이다. 셔틀콕의 빠른 속도감으로 인해 재미를 느꼈던 학생은 그 셔틀콕이 어떤 움직임을 보일지, 셔틀콕의 재질에 따라 속도가 어떻게 달라질지 궁금해졌다. 다음은 이 학생의 연구동기이다.

셔틀콕의 과학

가. 연구동기

올림픽에서 우리나라의 김동문-하태권 조가 남자 복식 금메달을 따는 등 우리나라 배드민턴은 그 실력이 세계적이다. 특히 배드민턴 선수가 대중적인 인기를 누릴 정도로 인기 스포츠도 되었다. 배드민턴 경기를 유심히 살펴보면 셔틀콕은 알아볼 수 없을 정도로 움직인다. 이 셔틀콕의 움직임이 어떻게 생기는 것인지 궁금했고, 이 움직임의 원인과 특성이 무엇인지 알아보고 싶었다.

:: *2단계* 탐구실험

◉ **재질이 다른 셔틀콕에 대한 연구에 들어가다**

셔틀콕의 재질에 따른 속도 차이를 알아보기 위해 두 가지 종류의 셔틀콕을 가지고 실험을 하였다. '셔틀콕의 과학'이라는 제목으로 가설을 설정한 후 이를 검증하기 위해 실험을 설계하였다. 이 학생은 변인에 대한 개념을 가지고 있었으며 실험에서 최대한 변인을 통제하여 결과를 얻었다.

나. 실험가설

셔틀콕의 종류에 따라서 편평한 바닥을 맞고 튀어서 오르는 높이(탄성력 실험), 한 바퀴 회전하는 데 걸리는 시간 등이 달라진다.

① 독립변인 : 셔틀콕의 종류(닭털 셔틀콕, 플라스틱 셔틀콕)

② 종속변인 : 한 바퀴 회전하는 데 걸리는 시간, 날아가는 거리

③ 통제변인 : 셔틀콕을 던지는 힘, 측정 장치

다. 실험 1 과정과 결과

과정 : 셔틀콕의 탄성력을 관찰하기 위해 배드민턴채를 이용하는 대신 딱딱하고 편평한 카펫 바닥에서 실험하였다. 이는 배드민턴채를 이용한 매 실험시 수직으로 튕겨져 나오게 하기 어려운 점이 있어서(일관된 높이 측정 어려움) 대신 사용한 실험환성이다.

① 막대자를 옆에 두고, 셔틀콕을 편평한 바닥에 튀겨서 몇 센티미터 떠오르는지 관찰하여 기록하였다.

② ①을 10번 반복하였다.

결과 :

🔶 셔틀콕의 종류에 따른 편평한 바닥을 맞고 튀어서 오르는 높이(cm)

셔틀콕의 종류	1회	2회	3회	4회	5회	6회	7회	8회	9회	10회	평균
닭털 셔틀콕	19	23	21	20	21	24	19	21	19	22	20.9
플라스틱 셔틀콕	20	22	22	21	20	19	19	22	23	20	20.8

라. 실험 2 과정과 결과

과정 : 셔틀콕의 회전수를 조사하기 위하여 배드민턴채를 이용하여 셔틀콕을 칠때 같은 힘으로 치기가 어려워 대신에 비슷한 힘과 각도 조절이 용이하도록 손으로 던져 실험하였다.

① 같은 크기의 힘으로 두 종류의 셔틀콕을 던지고, 디지털 카멜로 촬영하였다.

② ①을 10번 반복하였다.

③ 동영상을 컴퓨터로 옮기고 'VisualDub 1.6.15' 라는 소프트웨어로 모든 프레

임을 캡처하여 분석하였다. 그리하여 두 종류의 셔틀콕의 1바퀴 회전하는 데 걸리는 시간을 알아낼 수 있었다.

결과 :

셔틀콕의 종류	1회	2회	3회	4회	5회	6회	7회	8회	9회	10회	평균
닭털 셔틀콕	0.233	0.233	0.233	0.269	0.333	0.333	0.302	0.234	0.266	0.267	0.269
플라스틱 셔틀콕	1.4	1.268	1.2	1.266	1.334	1.268	1.2	1.68	1.132	1.303	1.305

마. 실험 3의 과정과 결과

셔틀콕의 회전에 따른 공기의 움직임을 관찰하기 위하여 원심분리기와 드라이아이스를 이용하였다.

① 드라이아이스가 내는 연기를 아래로 흘려보내면서 원심분리기를 돌려 셔틀콕을 회전시켰다.

② 이를 관찰하고 기록하였다.(이때 플라스틱 셔틀콕은 사용하지 않았다. 그것은 플라스틱셔틀콕의 회전이 실제로 거의 없기 때문에 측정하는 것이 의미가 없어서이다.)

:: 3단계 나만의 산출물(경기우승 조건)

● 재질에 따라 경기에 유리한 셔틀콕이 있다

두 가지 재질의 셔틀콕을 가지고 세 가지 실험을 하여 특성을 파악하였더니 눈에 띄는 결론을 얻을 수 있었다. 공식적인 배드민턴 경기에서 거위털 재질의 셔틀콕을 사용하는 이유도 알게 되었고, 플라스틱 재질 셔틀콕은 사용수명은 길지만 회전을 거의 하지 않기 때문에 경기에 재미가 없을 것이라는 결론을 얻었다. 무엇보다도 경기에 우승하기 위해서는 셔틀콕의 재질도 중요하다. 그리고 셔틀콕을 어떻게 치느냐에 따라 셔틀콕이 날아가는 방향과 움직임 달라지므로 경기의 승패를 가르게 되는 것이다.

바. 연구결론

이 실험의 목적은 두 종류의 셔틀콕의 회전과 탄성력을 알아봄으로써 경기에 미치는 영향을 알아보는 것이었다.

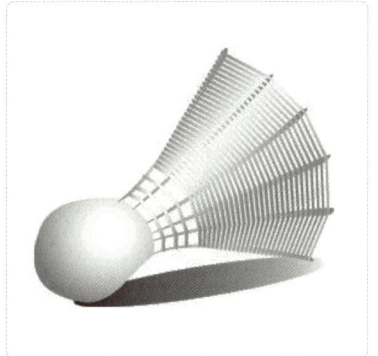

닭털 셔틀콕은 플라스틱보다 회전속도가 훨씬 빠르다는 것을 알 수 있었다. 두 종류의 셔틀콕의 머리 부분인 코크의 탄성력은 매우 비슷했다. 이 결과로 인해 '셔틀콕의 종류에 따른 편평한 바닥을 맞고 튀어서 오르는 높이, 한 바퀴 회전하는 데 걸리는 시간 등이 달라진다'는 가설을 '셔틀콕의 종류에 따른 편평한 바닥을 맞고 튀어서 오르는 높이는 거의 동일하지만, 한 바퀴 회선하는 데 설리는 시간은 달라진다'로 수정하게 되었다.

셔틀콕이 공기를 통과하면서 셔틀콕 앞쪽은 압력이 커지는 반면 뒤쪽은 작아진다. 이와 같은 압력차에 의해 셔틀콕 주변에는 셔틀콕의 진행을 방해하는 얇은 공기막이 형성된다. 그러나 셔틀콕이 회전하면서 공기 막을 깨뜨리기 때문에 셔틀콕이 오히려 더욱 빠르게 나아갈 수 있다.

나는 이 프로젝트를 수행하면서 공식경기에서 거위털 셔틀콕을 사용하는 이유를 알아낼 수 있었다. 거위털 셔틀콕은 닭털 셔틀콕이나 플라스틱 셔틀콕 보다 깃털에 틈이 없기 때문에 셔틀콕의 공기와의 마찰을 늘려 회전속도를 활성화시킨다. 플라스틱 셔틀콕은 잘 망가지지 않는다는 장점이 있지만, 회전이 거의 없기 때문에 비행 궤적이 단조로워서 경기를 흥미진진하지 못한다는 단점 때문에 실전 경기에 사용되지 않는다.

셔틀콕이 날아가는 방향과 움직임은 셔틀콕을 어떻게 치느냐에 따라 달라진다. 정 회전은 깃털 방향과 일치하는 회전이다. 정회전의 속도는 적당할 때 셔틀콕은 곧게 날아간다. 회전이 강하면 빨리 가는 듯하다가 뚝 떨어지게 된다. 회전이 약하면 느리게 날아가다 뚝 떨어지게 된다. 역회전은 깃털 방향과 반대되는 회전이다. 이는 경기에서 헤어핀이나 서브를 넣을 때 매우 중요하다. 역회전은 셔틀콕의 공기와의 마찰을 불규칙하게 하기 때문에 셔틀콕이 불규칙하게 날아가게 한다. 이처럼 셔틀콕의 회전은 셔틀콕의 움직임을 직접적으로 주도하기 때문에 경기에 매우 중요하다.

| 스포츠 종목의 우승요건 분석하기 |

2010년 벤쿠버 올림픽 스피스 스케이팅 1000m 경기에서 이승훈 선수가 금메달을 획득하면서 스케이트 경기에 대한 관심이 높아졌다. 우리는 쇼트트랙이나, 스피드 스케이트 경기에서 선수들이 구부정하게 굽은 자세로 달리는 것을 볼 수 있다. 공기와의 마찰을 줄이기 위해 스케이트 선수들의 옷은 허리를 펴지 못할 정도로 강력한 스판으로 되어 있다고 한다. 굽은 자세를 유지하기 위해 허리를 곧게 펼 수 없을 정도로 단단하게 제작한다니 놀라울 따름이다.

2009년 광저우 아시안 게임에서 치러진 박태환 선수의 경기는 0.001초의 박빙의 승부로 순위가 결정되었다. 수영복의 다양한 형태와 재질이 기록에 영향을 미친 것을 알아보는 것도 좋은 프로젝트가 될 수 있다.

또한 '스케이트복의 옷감은 수영복과 어떻게 다를까?'를 주제로 프로젝트 활동을 해보는 것도 흥미로울 것이다.

학생들은 스포츠를 보는 것뿐 아니라 참여하여 즐기는 것도 좋아한다. 직접 운동에 참여하면서 또는 운동경기를 관람하면서 궁금증과 호기심이 생긴다면 프로젝트 주제를 찾을 수 있다.

특히 관심 가는 종목이 있다면 그 종목에 대한 룰을 조사하고, 우승한 선수에 대해 알아보고, 어떤 과정으로 우승을 할 수 있는지 등을 조사하는 일에서부터 프로젝트는 쉽게 시작될 수 있다.

이번 동계 아시안 게임에서 처음으로 채택된 '매스스타트'라는 종목은 흥미로운 경기였다. 마치 마라톤처럼 한꺼번에 많은 선수들이 레이스를 펼치는데, 여자는 25바퀴, 남자는 35바퀴를 돌게 된다. 기존의 스피드 스케이팅과 달리 기록이 중요한 것이 아니라 순위가 중요한 경기로, 긴 레이스 도중 충돌 위험

성과 체력소모가 중요한 우승의 변수가 된다. 과연 이 경기에서 우승하려면 어떤 전략과 전술이 필요할까? 여러 가지 운동경기에서 우승하기 위한 전략과 전술을 분석해 보는 것도 좋은 프로젝트 소재가 될 것이다.

다음은 축구경기 중 페널티킥이 성공할 수 있는 확률에 대해 알아본 사례이다.

학생 프로젝트 연구 사례 04

축구사랑 확률 이야기

이 학생은 운동경기와 수학을 접목하여 확률에 관한 프로젝트를 수행하였다. 골대와의 거리에서 따른 성공확률, 페널티킥의 성공확률, 경기의 예상승률 등을 어떻게 예측하는지를 수학적으로 발표하였으며 결론에서 수학에서 말하는 확률은 실제치와 다르긴 하나 확률을 예측하여 자연재해에 미리 대비하는 등 실제 생활을 편리하게 이끌 수 있다고 했다.

이 학생은 페널티킥 성공확률에 대한 이야기는 매우 흥미 있다.

기본적으로 실수하지 않고 킥을 성공했을 때 공의 속도는 최소 초속 22m에 달하고 골라인에 이르기까지 약 0.55초밖에 걸리지 않는다. 축구선수들의 일반적인 슈팅 스피드는 시속 100Km(약 초속 27.78m) 정도로 알려져 있고 이 경우 골문을 통과하는 시간은 0.14초 단축된다. 하지만 골키퍼가 상대의 킥이 이어진 뒤 몸을 날리기까지의 반응시간은 약 0.66초가 걸린다. 방향만 정확하다면 페널티킥의 성공확률은 100%다. 이 학생은 그러나 실제 페널티킥의 100% 성공하지 못하는 이유는 다양하게 설명하고 있다.

스포츠 속에는 과학과 연관된 주제, 우승 확률과 연관된 주제, 창의적인 스포츠 고안 등 다양한 주제가 숨어 있다. 조금만 관심을 가지고 스포츠 경기를 하거나 관람하면 많은 주제가 보일 것이다.

독서에는 무궁무진한 주제가 숨어 있다

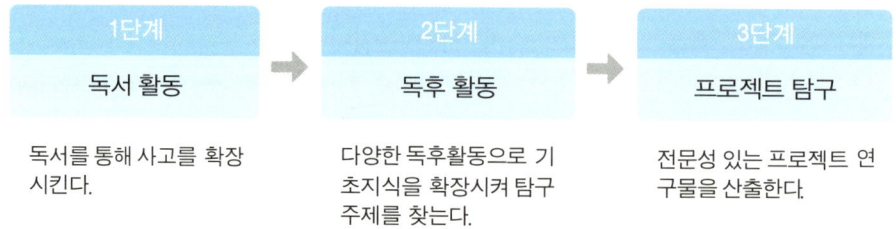

1단계	2단계	3단계
독서 활동	독후 활동	프로젝트 탐구
독서를 통해 사고를 확장 시킨다.	다양한 독후활동으로 기 초지식을 확장시켜 탐구 주제를 찾는다.	전문성 있는 프로젝트 연 구물을 산출한다.

:: 1단계 독서활동

⦿ 독서를 통해 다양한 효과를 얻을 수 있다

책을 통해 우리는 경험하지 못한 다양한 세계와 만날 수 있다. 독서는 올바른 가치관과 판단력을 기르고 사고의 깊이를 키울 수 있게 한다. 또한 창의력과 감성지수(EQ)를 높여주어 바람직한 인성을 형성하는 데도 크게 도움을 준다.

청소년기의 학생들에게 독서의 중요성을 강조하는 가장 큰 이유는 적절한 독서활동을 통해 사고력과 창의력을 증진시킬 뿐 아니라 이해력을 높여 다른 학습의 기초를 다질 수 있기 때문이다.

그렇다면 효과적인 독서를 위해서는 어떤 책을 읽어야 할까?

수준에 맞는 쉬운 문장과 적절한 분량, 그리고 관심 있는 내용의 책부터 읽기 시작하는 것이 좋다. 수많은 책 중에서 도서를 선정하기 어려운 경우에는 학생 필독서 목록을 참고하여 관심 있는 분야의 책을 선택하는 것도 좋은 방법이 될 수 있다. 보편적인 가치관이 담겨 있는 고전, 인물의 성장과정이 담긴 책 등은 올바른 가치 판단력을 기르는데 도움이 되므로 읽어줄 필요가 있다.

책을 읽은 후에는 자신의 생각을 드러내고 창의력을 표현하는 지속적인 훈련이 필요하다. 말이나 글은 생각이나 감정을 외부로 표출시키는 하나의 방법으로, 일정 시간이 지난다고 해서 자연히 습득되고 향상되는 능력은 아니다. 글은 쓰면 쓸수록 더 잘 쓰게 되고, 말은 연습하면 할수록 더 논리적으로 잘 할 수 있게 되므로 적절한 훈련을 시켜줄 필요가 있다.

무조건 많은 양의 책을 읽기만 한다고 의미 있는 독서활동이 되는 것은 아니다. 독서를 할 때 꼭 유의해야 할 점이 몇 가지 있다.

우선 처음부터 책을 읽은 후 좋은 아이디어를 꼭 얻어야 한다거나 독후감 쓰기를 해야 한다는 등을 강조하여 부담을 갖게 되는 것을 피해야 한다. 독서는 과중한 과제를 주는 것이 아니라 즐거운 것임을 느끼게 하는 것이 필요하다.

도서관이나 서점 다녀오기, 여행을 통한 독서 체험학습, 영상 문학 감상하기 등 재미있는 활동부터 시작하여 독서활동에 대한 동기를 부여해 주는 것이 필요하다.

독서기록장을 활용하는 방법에서 벗어나 다양하게 독서와 연계한 활동이 이루어진다면 효과를 더욱 높일 수 있다. 마인드맵이나 독서 퍼즐, 퀴즈 문항 만들기 등을 통해 책 내용을 이해할 수 있고, 주인공이나 저자에게 편지를 쓰거나 느낀 점을 그림으로 표현하는 활동을 통해 책 속으로 감정을 이입할 수 있다.

이러한 활동들을 발전시켜 독서토론이나 독서논술을 할 수 있으며 이는 프로젝트에 적용될 수 있는 또 하나의 좋은 방법이 될 수 있다.

● 독서교육 프로그램의 활용은 다양한 활동을 가능하게 한다

공공도서관에서는 학생들의 독서교육을 위한 특별 프로그램을 운영하는 경우가 많은데 이를 활용하면 더욱 다양한 활동을 할 수 있다. 지역사회의 도서관 홈페이지에 접속하여 운영되고 있는 프로그램들을 살펴보고 필요한 것을 이용하면 좋다. 대부분의 공공도서관이 독서회, 방학을 이용한 독서교실, 독서논술, 스토리텔링, 독서퀴즈대회 등을 도서관봉사 프로그램으로 운영하고 있다.

인터넷에서 활용할 수 있는 대표적인 독서 프로그램 운영 사이트를 소개해 보면 다음과 같다.

독서人사이트(http://www.rdcenter.or.kr)
간행물윤리위원회의 독서정보 통합센터에서 운영되며 이 사이트에서는 독서프로그램, 추천도서목록, 활용 가능한 여러 기관, 독후활동 안내 등 독서활동과 연관된 다양한 활동에 도움을 주는 내용으로 구성되어 있다.

전국 각 시도 교육청 독서교육 종합지원시스템(http://reading.go.kr)
도서검색과 독후활동에 대한 안내 및 추천독후활동, 독서토론 등에 대한 자료를 찾아볼 수 있다.

경기도 교육청 디지털 자료실 지원센터(http://dls.gglec.go.kr)의 '자료 찾기'
교과연계도서목록, 추천도서 목록 등 모든 도서를 검색할 수 있으며, '독서교육'을 이용해 다양한 독서활동노트, 독서표현활동, 독서교육사례모음, 독서관련 추천 사이트 등을 참고할 수도 있다.

독서활동을 도와주는 여러 프로그램들은 다양한 학습으로 연결시킬 수 있어 더욱 의미 있고 소중한 경험이 될 수 있다.

스스로 책에 흥미를 느껴 독서량이 많아지게 되면 관심 있는 분야가 저절로 생기게 되고, 그 분야에 연관된 여러 책들을 더 많이 읽게 된다. 인문학적으로든 자연과학적으로든 하나의 주제를 탐구해 보고 그 결과를 다양한 형식의 독후활동으로 정리해 둔다면 의미 있는 프로젝트 산출물을 제작할 수도 있다.

이러한 활동을 통해 학생들은 한 주제에 대해 보다 많은 지식을 습득할 수 있고, 그것이 내면에 자신감을 생기게 하는 긍정적 요인으로 작용할 수도 있다. 또한 작은 첫 걸음의 책읽기에서 자신의 미래 전공이나 직업을 결정하는 중요한 계기를 만나기도 한다.

◉ 독서를 통해 흥미로운 탐구주제를 만날 수 있다

독서를 통한 프로젝트 학습의 예로 개미 관련 책을 읽은 후 독후록을 쓰고 이
때 생긴 호기심에서 출발하여 개미에 대한 프로젝트 학습을 실시한 예이다.

학생 프로젝트 연구 사례 01

'숨겨진 세계를 발견하다!'를 읽고

–베르트 횔도블러, 에드워드 윌슨 저

나무에서, 흙속에서, 심지어는 사막에서도 볼 수 있는 약한 개미들. 사람들은
이런 개미들을 보며 보통 '단순한 개미 녀석들.' 또는 '하찮은 녀석들.'이라고
인식하고 있다. 그래서인지 대부분의 사람들은 개미의 세계 또한 매우 단순할
것이라고 생각한다. 나 또한 이 책을 읽기 전까지만 해도 그랬다. 이 책을 읽으
면서 흥미롭고 신비로운 개미의 세계에 대해 알게 되었다.

이 책은 어렸을 때 처음 개미를 관찰하면서부터 세계적인 생물학자가 되기까
지 베르트 횔도블러와, 에드윌슨이 바라본 개미의 세계에 대해 전문적으로 쓴
글이다. 일반인들이 어디에서도 쉽게 접할 수 없는 고급 정보를 소개하기 때문
에 전문적이라고 말하는 것이지, 지겹다거나 이해하기 어렵다는 뜻은 아니다.
책을 읽으면서 정말 인상 깊고 잊지 못할 개미의 모습들을 발견할 수 있었다.

이 책을 통해 여러 가지로 새로운 사실들을 알게 되었고 특히 좋았던 점은 나
스스로 과학에 대한 편견에서 조금이나마 벗어날 수 있었다는 것이다. 그리고
여러 가지 과학적 지혜를 얻게 된 점은 정말 의미 있었다. 평소 과학과는 거리
가 멀다고만 느꼈었는데 개미에 대해 여러 책을 읽게 되고 개미를 관찰을 하기
시작하면서 나 자신에게 놀라운 발전이 생겼다. 앞으로 더 깊이 개미를 탐구
해 보고 싶어졌다.

이와 같이 과학 도서를 읽으면서 탐구해 보고 싶은 주제를 찾게 되는 경우도 많다.

책은 자세한 설명과 그림 등으로 내용을 잘 전달해 주므로 기초지식을 쌓고 궁금증을 확장시키는 데 많은 도움을 준다. 이 학생의 경우 독서활동을 통해 개미에 대해 탐구해 보게 되었다.

:: **3단계** 프로젝트 탐구

◉ 프로젝트 활동은 독서를 통해 더 깊이 이루어질 수 있다

독서를 통해 개미에 대해 호기심을 가지게 된 학생이 개미에 대한 프로젝트를 진행한 사례이다.

학생 프로젝트 연구 사례 **02**

개미의 군집생활에 대한 탐구

가. 주제선정 및 탐구목적 설정

개미의 군집생활을 관찰해 보고 군집생활을 할 때 어떤 이점을 가지는지 탐구해 본다.

나. 실험설계

1) **탐구재료** : 일본왕개미(Camponotus japonicus Mayr)

2) **탐구방법**

· 군락 형성 및 실험실 내 유지 : 일본왕개미 군락 4개(A, B, C, D)를 형성하여 실험을 진행함

● 표-1. 실험에 사용한 개미 군락

군락	개미 수	사용 실험	비고
A	100	군집생활관찰	queenless colony
B	70	집짓기	queenless colony
D	20	온도, 진동	queenless colony
E	20	먹이의 변화	queen right colony
F	10	집짓기	queenless colony

· 관찰방법

일본왕개미의 군락을 2~3일 간격으로 관찰하였으며 하루 중 관찰 시간은 일정하게 하였다. 관찰방법은 일개미들의 행동을 일정시간 동안 관찰하면서 행동을 기록하는 방법과 개체들이 나타내는 행동을 순간적으로 포착하여 기록하는 방법을 이용하였다(Altmann 1977). 하루에 2~10회, 평균 10~15분 동안 관찰하였으며 동일한 대상이나 물체에 대해 3초 이상 지속된 행동만을 기록하면서 수시로 관찰하였다.

다. 탐구주제의 선정

탐구주제 1 : 먹이를 사냥하는 개미의 모습을 관찰하여 군집생활의 이점을 탐구한다.

탐구주제 2 : 낯선 개체가 침입했을 때 대처하는 개미의 모습을 관찰하여 군집생활의 이점을 탐구한다.

탐구주제 3 : 집 지을 때의 개미의 모습을 관찰하여 군집생활의 이점을 탐구한다.

라. 탐구의 실제

1) 탐구의 방법

● 먹이를 사냥하는 개미의 모습을 관찰하여 군집생활의 이점을 탐구한다.

- 일본왕개미 20마리의 군락에 밀웜(Mealworm)을 투입하여 일개미들의 행동을 순간 포착하여 기록하는 방법으로 관찰한다.
- 무작위로 일본왕개미 1마리를 선택하여 밀웜을 사냥하는 모습을 일정 시간 동안 관찰하면서 행동을 기록하는 방법으로 관찰한다.
- 개미가 먹이 사냥을 할 때 군집생활이 어떤 이점을 가지는지 알아본다.

● 낯선 개체가 침입했을 때 대처하는 개미의 모습을 관찰하여 군집생활의 이점을 탐구한다.

- 일본왕개미 A군집(20마리)와 B군집(20마리)를 준비한다.
- B군집에 있는 한 마리의 개미를 A군집에 주입하여 군락 내의 변화를 관찰하면서 군집생활을 할 때 적에 대처하는 모습을 관찰한다.
- A군집과 B군집에서 각각 개미를 한 마리 씩 잡아서 시험관에 주입한 후 관찰하면서 한 마리의 개미가 적에 대처하는 모습을 관찰한다.
- 위의 관찰 결과를 통해 미지의 개체가 침입했을 때 대처하는 모습을 통해 군집생활이 어떤 이점을 가지는지 알아본다.

● 집 지을 때의 개미의 모습을 관찰하여 군집생활의 이점을 탐구한다.
- 개미 70마리를 흙집에 투입하여 집지을 때의 모습을 관찰한다.
- 개미 10마리를 흙집에 투입하여 집지을 때의 모습을 관찰한다.
- 개미 군집의 크기에 따른 집 지을 때 모습의 관찰을 통해 군집생활의 이점을 탐구한다.

2) 탐구결과

● 먹이를 사냥하는 개미의 모습을 관찰하여 군집생활의 이점을 탐구한 결과
- 밀웜 투입 초기에는 전체의 45%에 해당하는 소형 일개미 9마리와 대형 일개미 4마리 모두가 밀웜 사냥에 참여하였고 사냥에 참여하지 않은 소형 일개미는 집을 지키고 있었다.
- 시간이 지나면서 대형 일개미는 큰 턱을 이용하여 먹이를 자르고 소형 일개미는 밀웜 주위를 돌아다니며 밀웜을 움직이지 못하게 하였다. 사냥이 어느 정도 진행되고 난 후 대형 일개미는 사냥에 참여하지 않고 기다리고 있는 모습을 보였다. 사냥 중에도 개미들끼리 밀웜을 나눠 먹으면서 서로 먹이와 체액을 교환하는 모습이 관찰되었다. 개미는 군집 생활을 통해 효율적으로 먹이를 사냥하고 그것을 나누어 먹었다.

● 표-2. 사냥할 때의 모습 관찰 결과(5회 관측 평균) 구분개미의 관찰된 행동

구분	개미의 관찰된 행동	개미의 종류	개미 수	백분율(%)
사냥	밀웜 주위를 돌아다님	소형 일개미	9/20	45
		대형 일개미	1/20	5
	사냥에 참여하지 않음	대형 일개미	2/20	10
먹이 교환	먹이 교환을 함	소형 일개미–소형 일개미	2(한쌍)/20	10
		대형 일개미–소형 일개미	2(한쌍)/20	10
집 지키기	개미집의 입구를 지킴	소형 일개미	1/20	5
	먹이를 지킴	소형 일개미	1/20	5
먹이 처리	밀웜을 움직이지 못하게 함	소형 일개미	1/20	5
	큰 턱으로 밀웜을 자름	대형 일개미	1/20	5

- 무작위로 일본왕개미 한 마리를 선택하여 시험관에 넣고 밀웜을 사냥하는 모습을 10회 관찰한 결과, [그림 1]과 같이 한 마리의 개미가 처음에는 밀웜에게 가까이 다가가는 모습을 보이다가 잠시 후 사냥을 하지 않고 밀웜에서 멀리 떨어지는 모습을 8회, 밀웜의 주위만 맴도는 모습을 2회 보였다.

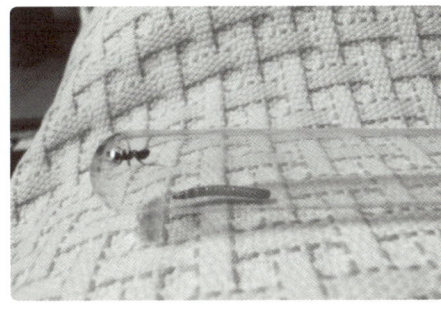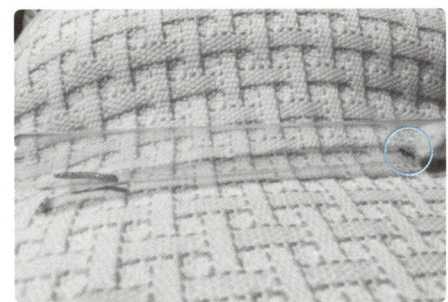

● 그림 1. 한 마리의 개미에게 밀웜을 투입했을 때 관찰한 모습

● 낯선 개체가 침입했을 때 대처하는 개미의 모습을 관찰하여 군집생활의 이점을 탐구한 결과

- 20마리 일본왕개미로 구성된 A군집에 B군집의 낯선 개미를 투입하여 관찰한 결과 B군집의 낯선 개미는 100% 빠져나가려고 필사적인 노력을 하였다. 하지만 A군집의 병정개미들이 B군집의 낯선 개체를 물어서 죽였다. 5회 관찰의 결과가 모두 같았다.

- A군집과 B군집에서 각각 개미를 한 마리씩 잡아서 시험관에 주입한 후 관찰하면서 한 마리의 개미가 적에 대처하는 방법을 탐구한 결과
  · A군집에서 채집한 개미가 B군집에서 채집한 개미의 허리를 턱으로 자르려고 시도하자 B군집에서 온 개미는 피하려고 하였지만 결국 허리를 물려서 몇 분이 지나지 않아 폐사하였다.
  · 같은 방법으로 대상 개미를 바꾸어 가며 5회 실험한 결과 둘 중 하나이 개미가 죽을 때까지 싸우는 경우가 4회, 서로 버티며 대응만 한 경우가 1회로 나타났다.

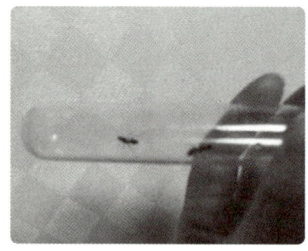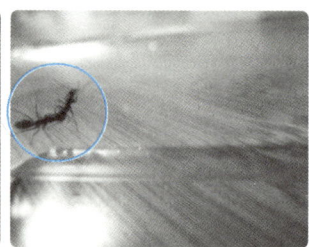

◆ 그림 2. 낯선 개체에게 공격적인 반응을 보이는 모습

● 개미가 집을 짓는 모습을 관찰하여 군집생활의 이점을 탐구한 결과
- 개미 70마리를 흙집에 투입하여 집지을 때의 모습을 관찰한 결과
  · 처음 개미집을 지을 때는 대형 일개미가 흙을 옮기는 일을 하고, 흙속으로 개미집의 구멍이 만들어지고 난 후 작은 관 속으로 흙을 옮기며 길을 만들 때에는 소형 일개미가 집짓기에 더 많이 참여하였다.

◆ 표-3. 집짓기에 참여하는 개미의 수(집짓기 1일차)

구분	개미의 관찰된 행동	개미 종류	개미 수	백분율(%)
활동하지 않는 개미	벽면에 붙어서 쉼	소형 일개미	13/70	18.57
		대형 일개미	10/70	14.28
	자기 몸 다듬기	소형 일개미	3/70	4.29
집짓기	굴 파기	소형 일개미	34/70	48.57
		대형 일개미	8/70	11.43
기타	먹이 교환	소형 일개미- 소형 일개미	2(1쌍)/70	2.86

- 개미 1마리를 흙집에 투여하여 관찰한 결과

  개미가 한 마리일 때는 군집에 돌아가기 위해 입구에서 턱을 이용하여 계속 집을 파다가 결국 3일이 지나자 집을 짓지 못하고 폐사하였다.

- 개미가 군집과 개별로 집을 지을 때 모습의 관찰한 결과 한 마리의 개미는 집을 짓지 못하고 폐사하지만, 개미 군집은 약 4일 후 개미집을 짓고 그 속으로 들어가 생활하는 모습을 볼 수 있었다. 이를 통해 군집 생활이 개미에게 유리함을 알 수 있었다.

3) 알게 된 점

- 개미가 먹이를 사냥할 때 군집생활이 이점을 가진다.

- 한 마리의 개미는 먹이가 나타나도 그 주위를 맴돌기만 할 뿐 대부분 사냥을 하지 못하는 반면, 군집생활을 하는 개미들은 밀웜을 움직이지 못하게 한 후 먹이를 사냥하고, 사냥한 먹이를 먹으면서 먹이 교환을 하고 먹이와 개미집의 입구를 지키는 등의 일을 효율적으로 수행함을 알 수 있었다. 이를 통해 군집 생활이 개미에게 이점을 가진다는 것을 알 수 있다.

- 개미는 군집의 단위로 사냥을 할 때 사냥뿐만 아니라 먹이 교환, 집 순찰 등 여러 가지 활동을 병행할 수 있다.

- 개미가 낯선 개체의 침입에 대처할 때 군집생활이 이점을 가진다.

- 미지의 개체가 침입했을 경우 한 마리의 개미가 적에 대처할 때는 격렬하게 싸우게 되고 죽음을 당할 확률이 매우 높지만, 군집단위로 대처할 때는 정찰개미가 정찰한 내용을 전체 군집에 알리고 병정개미가 큰 턱을 벌리면서 적과 싸울 준비를 하는 등 적절한 역할 분담으로 적을 죽이는 것이 가능하였다. 이를 통해 군집생활이 개미에게 이점을 가진다는 것을 알 수 있다.

- 개미가 집을 지을 때 군집생활이 이점을 가진다.

- 개미가 한 마리일 때는 집을 짓는 것이 불가능하였으나, 군집으로 집을 지을 때는 대형 일개미가 흙을 파고 소형 일개미는 흙을 나르는 등 역할을 분담하여 여러 개의 집을 짓는 것을 볼 수 있었다. 이를 통해 군집생활이 개미에게 이점을 가진다는 것을 알 수 있다.

- 개미가 군집을 형성했을 때는 한 마리의 일개미보다 같은 시간에 여러 가지 일을 처리할 수 있어서 일의 능률이 높은 것도 알 수 있다.

마. 탐구결론 및 느낀 점

1) 탐구결론

● 일본왕개미는 군집생활을 통해 사냥할 때와 낯선 개체의 침입에 대처할 때 그리고 집을 지을 때 다양한 이점을 가진다.

- 개미는 한 마리일 때는 사냥하기가 힘들지만, 군집생활을 통해 사냥을 효율적으로 함과 동시에 먹이 교환과 집 순찰 등 여러 활동을 병행하였다.

- 개미는 미지의 개체가 침입했을 경우 한 마리의 개미가 적에 대처할 때는 격렬하게 싸우게 되고 죽음을 당할 확률이 매우 높지만, 군집단위로 대처할 때는 정찰개미가 군집에 알리면 병정개미가 적과 싸워 위험요소를 제거하였다.

- 개미는 집을 지을 때 한 마리로는 집짓기가 불가능하였으나, 군집생활을 통해 대형 일개미가 흙을 파고 소형 일개미는 흙을 나르면서 대형 일개미를 보조하여 여러 개의 집을 지었다.

2) 느낀 점

개미에 대해 흥미를 느끼고 관찰·실험을 하면서 여러 번의 실패를 거듭하였다. 개미 집단을 모두 폐사시키는 실수를 하기도 했었고, 군집을 일정하게 유지시키지 못해 실험이 제대로 되지 않을 때도 많았다. 단순한 호기심에서 출발한 이 탐구를 통해 인내심을 갖고 반복적으로 관찰하면서 확인하는 실험이 얼마나 중요한지 깨닫게 되었다. 비록 체계 없이 시작하여 많은 시행착오를 거치기는 했지만 개미에 대한 호기심과 궁금증을 많이 해결해낼 수 있어서 뿌듯하다. 한 마리만으로는 제대로 생활을 할 수 없는 개미가 군집을 형성하여 철저한 역할 분담으로 환경의 변화에도 효율적으로 대처하며 생존해 나가는 것이 매우 경이로웠다. 앞으로 사회구조를 형성하는 개미의 의사소통 방법에 대해 좀 더 자세히 탐구해 보고 싶다.

이와 같이 독서는 프로젝트의 주제를 선정하는 데 아주 좋은 방법이 될 수 있다. 그리고 프로젝트를 진행해 나가는 과정에서도 독서를 통해 여러 가지 지식을 습득할 수 있으므로 독서야 말로 프로젝트 활동의 좋은 방법이 될 수 있다.

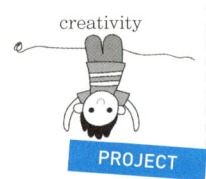

CHAPTER 02
교사가 주도한
프로젝트 따라하기

교사나 학부모는 학생에게 자신의 시간을 내어주어야 한다

특별한 훈련이나 연구 없이도 교사나 학부모, 학생들이 모여서 토론을 하는 것만으로도 꽤 여러 가지 생각들을 떠올릴 수 있다. 세미나의 중요성은 몇 번을 반복해 강조하여도 아깝지 않다. '실비 드보르드의 '도서관의 책'에 나와 있는 "노인 한 사람을 잃는 것은 큰 도서관을 잃는 것과 같다." 라는 말에서 알 수 있듯이 교사나 학부모의 살아온 경험은 몇 번의 대화만으로도 학생들에게 큰 도움이 될 수 있다. 그 경험은 학생들에게 답을 알려주는 것이 아니라 길을 안내해 주는 중요한 역할을 한다.

교사 주도 프로젝트 1 | 평범한 소재에서 창의적 요소를 발견하다

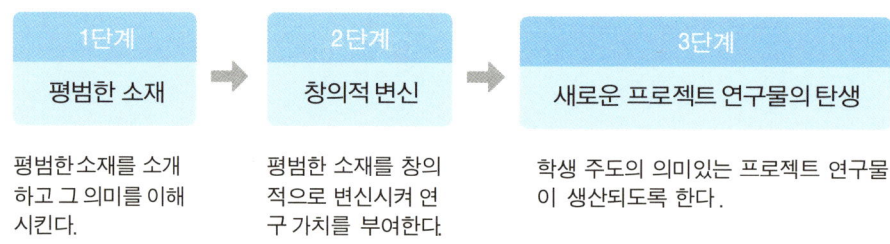

1단계	2단계	3단계
평범한 소재	창의적 변신	새로운 프로젝트 연구물의 탄생
평범한소재를 소개하고 그 의미를 이해시킨다.	평범한 소재를 창의적으로 변신시켜 연구 가치를 부여한다.	학생 주도의 의미있는 프로젝트 연구물이 생산되도록 한다.

주제를 찾을 때 생활 속에서 소박하게 시작되어 놀랄 만큼 창의적인 소재를 발견하는 경우를 종종 볼 수 있다. 특히 초보자의 경우 인터넷이나 책을 활용하여 주제를 찾거나 전문적이고 방대한 소재들로부터 내 것을 건진다는 것은 매우 어렵다. 일상생활 속에서 발견되는 평범한 소재들이 오히려 좋은 주제가 될 수 있다. 약간의 아이디어를 곁들이면 평범한 소재는 매우 창의적인 재료로 변신할 수 있다. 학생들은 이러한 결과물을 활용하여 좀 더 광범위하며 깊이 있는 프로젝트 연구물의 방향을 찾아보도록 한다. 한 가지 예를 들어보자.

:: 1단계 평범한 소재 선택

◯ 기본적인 개념을 이해하자

과학교사들이 수업시간에 에너지보존법칙을 설명할 때 교육개발원에서 개발되어 있는 '게으른 낚시꾼'이란 그림을 많이 활용한다. 게으른 낚시꾼이 에너지보존법칙을 이용해 낚시를 해낼 수 있다는 것이다. 이 그림은 재미있는 소재로 에너지의 전환을

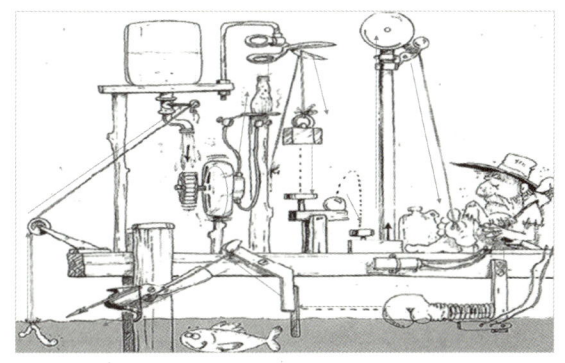

❦ 게으른 낚시꾼

쉽게 이해할 수 있도록 구성되었다. 각각의 에너지는 서로 전환될 수 있다는 기본적인 개념을 설명하기에 더없이 좋은 그림이다. 그림의 화살표 방향으로 일을 하면 결국 작살이 쏘아지도록 장치가 되어 있고 각 장치의 에너지의 전환을 이용하면 게으른 낚시꾼은 누르기만 하면 펀치가 나가도록 되어 있어 간단한 동작으로도 물고기를 잡을 수 있다는 것이다.

◉ 게으른 낚시꾼이 계속 물고기를 잡을 수 있도록 장치를 변화시키자

그러나 낚시꾼이 게으름을 피우기에는 그림의 장치에는 여러 가지 문제점이 있다. 밸브가 열리면서 쏟아진 물과 가위로 자른 줄, 종을 치기 위해 떨어진 공, 쏘아진 작살 등은 게으른 낚시꾼이 딱 한 마리의 물고기를 잡으면 끝이 날 수밖에 없어서 계속하여 물고기를 잡으려 한다면 절대 게으를 수 없도록 되어 있다. 낚시꾼이라는 직업상 물고기를 많이 잡아 올려야 할 텐데... 어떻게 장치를 변화시키면 낚시꾼이 게으름을 피우면서도 물고기를 계속 잡을 수 있을까? 물통에 물이 다 빠지면 물을 채워야 하고 가위가 줄을 끊으면 줄을 다시 이어야 하며 구슬이 떨어지면 구슬을 제자리에 올려야 하고 물고기 한 마리가 미끼를 물고 잡히면 미끼를 다시 연결하여야 한다.

필자는 학생들에게 게으른 낚시꾼이 계속 게으르게 행동해도 물고기를 연속적으로 잡을 수 있는 장치를 개발하여 디자인 하자고 제안하였다.

학생들의 응답은 그림과 같이 매우 재미있게 나왔다. 학생들의 아이디어로 만들어진 장치의 어설픔은 그다지 중요하지 않다. 생각을 전환하여 재미있는 발상을 해 보았다는 것에 주목할 필요가 있다. 미완성의 엉뚱한 생각으로 시작되지만 브레인스토밍 등을 통해 아이디어를 발전시켜나 나가는 방법이 사용되었다.

학생들의 엉뚱한? 창의적 제안

설계 1. 물통 두 개, 고무줄과 스프링, 물총, 링크를 추가 설치하여 작업이 한 번에 끝나지 않도록 설계함

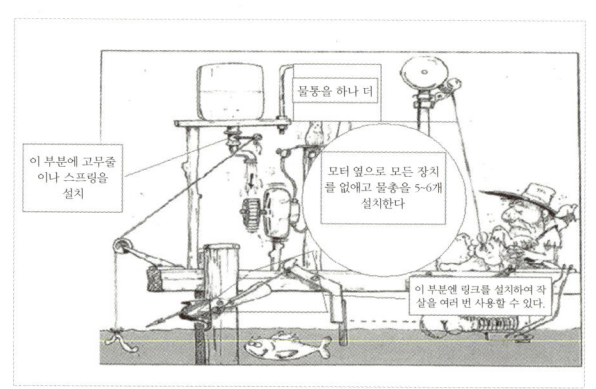

설계 2. 연속적으로 물이 공급될 수 있도록 변기의 원리를 적용하였고, 도르래를 이용하여 자동으로 밸브가 잠기고 펀치를 밀어냄

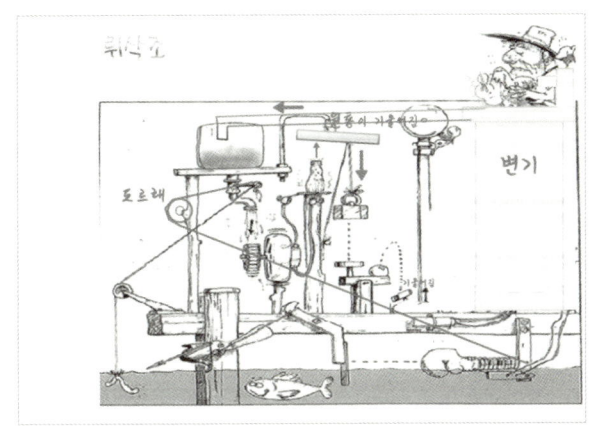

설계 3. 물고기가 접근하는 것을 감지하는 센서의 사용과 컨베이어벨트를 활용하여 잡은 물고기를 수거함

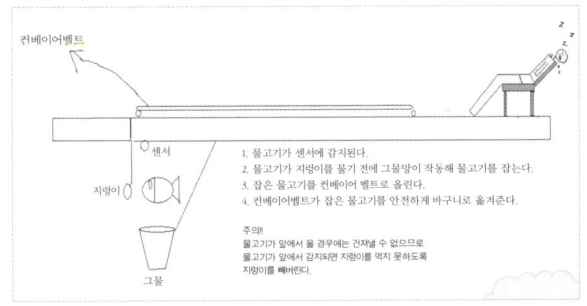

설계 4. 그림은 어설프지만 재치있는 발상이 보인다. 미끼가 연속적으로 공급되도록 하였으며 물을 사용하다 밸브를 잠글 수 있도록 고안하였다.

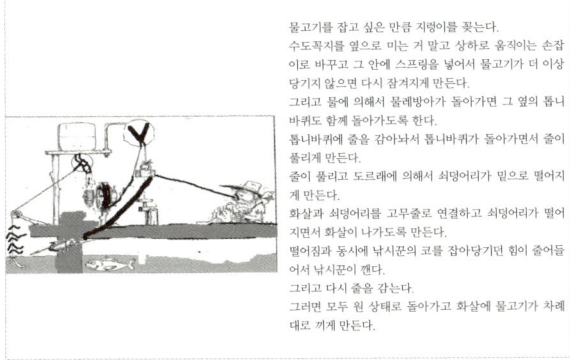

◉ 그들을 도울 창의적 역학 장치를 개발하라

필자는 2단계의 수업을 통해 학생들의 사고가 넓혀지도록 유도하고 학생들에게 오지의 어려운 사람들을 도울 수 있는 창의적인 역학장치를 설계하도록 제안하였다.

교사의 프로젝트 학습 제안 사례 01

힘의 효과를 극대화한, 창의적 물리장치 설계 수업
주제 : '그들을 도울 창의적 역학 장치를 개발하라.'

가. 목적

역학도구들의 연계성을 살펴보고 이를 활용한 종합적, 창의적 역학장치를 학생들 주도하에 창안함으로서 도구들 각각의 효율적 이득을 비교할 수 있으며 종합 장치를 설계하여 역학단원에 대한 이해와 응용을 돕고 과학적 사고를 발달시킬 수 있도록 한다. 또한 창의적 역학 장치를 왜 만들고자 하는지 목적성을 부여하고 진행하는 수업의 운영을 통해 본 프로젝트 수업이 매력적으로 학생들에게 다가갈 수 있도록 프로그램화 하고자 한다. '그들을 도울 창의적 역학 장치를 개발하라'는 제시어를 던짐으로서 자기주도적인 역학 장치를 설계하도록 한다.(여기서 그들의 의미는 우리가 도울 수 있는 세계 속의 오지 원주민도 될 수 있고 척박한 땅의 버려진 이들도 될 수 있고 난민도 될 수 있다.)

나. 적용과정

1) 교사

· 충분한 사전활동(기초 이론 수업, 브레인스토밍 훈련, 창의적 사고 경험, 토론을 통한 결론도출 방법)을 제공하여 학생들의 사고를 일깨워 준다.
· 학생들이 조별로 요구하는 실험재료들을 사전에 조사하고 필요단계에 적절하게 제공될 수 있도록 노력한다.

---

2) 학생

· 사고 확장 훈련에 참여하여 다양한 창의적인 생각을 키우고 프로젝트의 방향을 고려하여 보며 활동에 집중한다.(연상사고 전환, 브레인스토밍 기법 적용)

· 역학 장치 설계에 특별한 의미를 부여하여 창의적인 디자인 설계에 접근할 수 있는 기반을 마련한다.

· 토론의 결과나 실험 계획에서 체크리스트를 작성하여 조직화시켜 보며 관찰된 모든 사실을 기재하고 점검하여 본다.

다. 기대효과

1) 학생들은 제공된 자료와 실험을 경험하고 그 안에서 스스로 주제를 탐색해 내도록 되어 있어 탐구실험설계와 실행이 자력에 의해 완성됨을 경험할 수 있나.

2) 낙후된 오지의 친구들을 돕기 위한 역학 디자인 설계를 목표로 함으로써 모두가 함께하는 세계 속의 나를 발견한다.

라. 학생활동 결과물

1) 1팀 아이디어 브레인스토밍

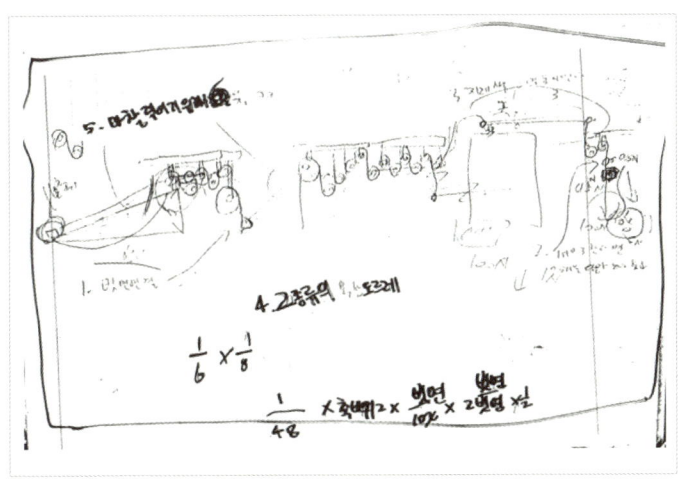

● 생각의 교환, 창의적 아이디어 엿보기

효과를 극대화한 창의적 역학장치(조별 디자인)

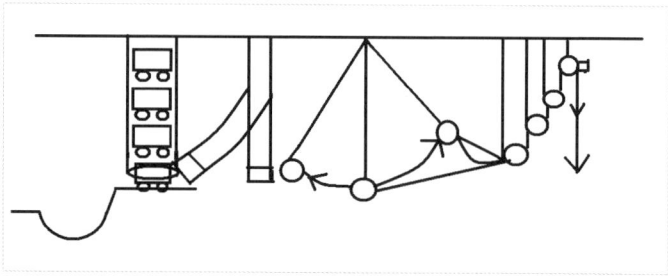

[T 팀]

2) 2팀 아이디어 브레인스토밍

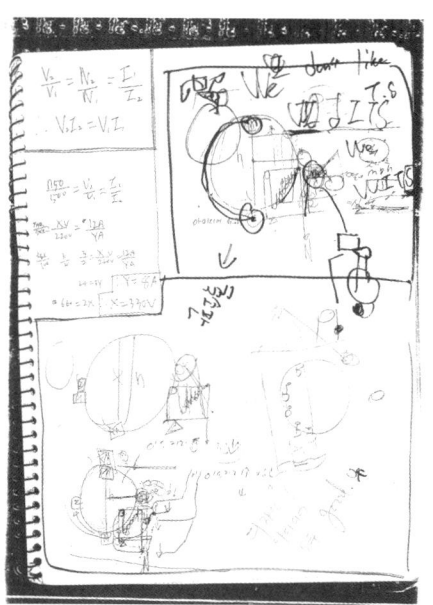

3) 디자인 발표 및 자유토론

실 험 일 기	
주제 : 힘의 효과를 극대화한 창의적 물리장치 만들기 (2/3차시)	(2007/05/14)

활동내용 및 소감

저번 활동에 이어서 역학 장치 프로젝트 활동을 하였다. 이번 활동에서는 역학장치 모델을 구체화시키고 팀별로 발표하여 서로 의의를 제기하고 보완을 하는 활동을 하였다. 우리 팀은 먼저 다른 팀과 차별화 된 모델을 위해서 여러 가지 도구를 사용하고 각 도구의 모양을 조금씩 변형시켜서 유기적으로 연결시킬 수 있게 만드는 데에 중점을 두고 토의를 해 나갔다. 또한 자연계에서 빌릴 수 있는 힘(중력, 태양력, 풍력 등) 중에서 실현하기 가장 쉽고, 모형을 만들기도 어렵지 않은 중력을 사용하는 데에 초점을 맞추었다. 직접 모형을 만들어야 하기 때문에 집광판이나 진공관 등은 사용하기가 쉽지 않았다. 다른 팀과 차별화 된 아이디어로 간단하면서도 효율적인 역학장치를 고안해 내기 위해 우리는 끊임없이 자신의 생각을 이야기하고 의의를 제기하고 보완하는 형식으로 장치를 꾸며나갔다. 1차시에도 느꼈던 것이지만 꼭 주제를 선정해서 논문을 발표하고 의의를 제기하고 보완하는 과정 같아서 진짜 과학자가 된 기분이었다.

어느 정도 장치를 구상한 후 각 팀별로 발표하고 문제점을 지적하는 시간을 가졌다. 우리 팀에서는 팀장인 내가 발표를 하기로 하였다. 사용된 역학장치들, 물체를 이동시키는 과정, 다른 팀과는 차별화 된 특징들을 중심으로 하여 발표하였는데 이미 팀 내에서 많은 보완을 거친 장치라서 문제점을 제기하는 팀은 없었다. 하지만 다른 팀은 충분한 토의를 하지 못한 관계로 여러 가지 문제점이 지적되었고 또 보완되었다. 미리 준비한 팀과 그렇지 않은 팀의 차이를 보여주는 시간이었다. 그래도 각각의 팀마다 정말 특별한 생각들이 많았고 새로이 보고 느낀 점도 많았다. 우리 팀에서는 배제해 버렸던 집광판을 사용하거나 진자를 사용하는 방법을 생각해 내는 등 미처 생각하지 못했던 점들을 깨닫게 해 주었다.

이 역학 장치 프로젝트를 하면서 물리적인 학습도 있었지만 하나의 프로젝트를 팀별로 수행해 나간다는 것에 나는 더 큰 의의를 두고 싶다. 미리 예행연습을 하는 기분이라고 해야 할까? 미래에 과학자가 돼서도 이러한 활동을 끊임없이 할 것을 생각하니 감격스러운 생각마저 들었다. 앞으로도 이러한 프로젝트 활동을 하면서 좋은 학습의 기회를 가지고 싶다.

4) 팀별 디자인 소개

5) 탐구모형 제작

전통문화에서 조상의 지혜를 엿보다

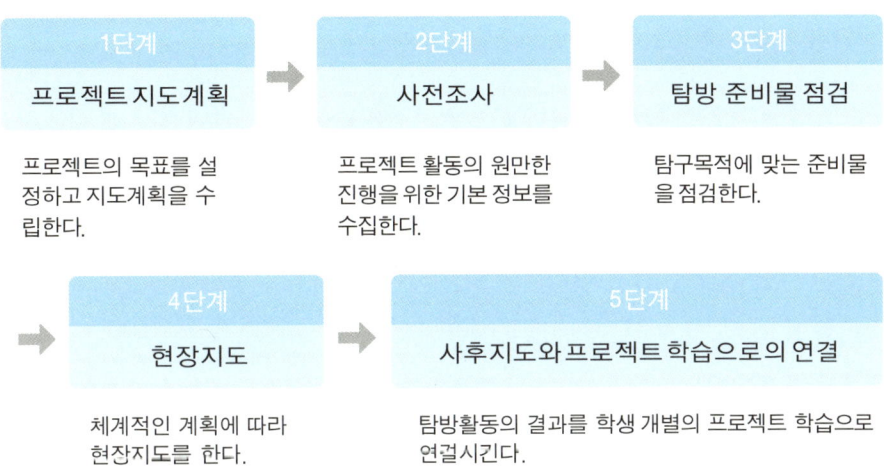

조상의 얼이 깃들어 있는 역사속의 유물은 존재 자체만으로도 엄청난 가치를 가지고 있다. 과학적으로 재해석해 보면 매우 창의적이어서 그 신비로움에 놀라지 않을 수 없다. 유물들은 다양한 방법으로 분석되어 학생들의 학년과 수준에 따라 여러 가지 형태의 프로젝트 연구물로 재탄생될 수 있다.

전통문화 유산과 과학을 연결한 연구주제는 조상에 대한 자긍심을 높일 수 있는 의미 있는 활동이 될 수 있다. 정규교육과정 상에서 배운 과학지식과 역사 속 유물에서 발견된 과학 원리의 통합적 만남은 자료조사와 모의실험 등을 통해 재조명 될 수 있으며 이러한 과정은 학생들의 사고를 확장시킬 수 있는 중요한 학습 방법이 될 수 있다.

○ 유물 속의 과학 찾기는 프로젝트의 진행과정을 계획하고 점검하는 것에서
   시작된다

우리 조상들의 지혜를 엿볼 수 있는 역사 속 유물들은 현대적인 관점에서 해석해 보아도 결코 뒤떨어지지 않는 과학적 사실을 포함하고 있다. 그러나 유물을 관찰하는 방법이 무의식적으로 이루어지거나 목적에 맞지 않게 진행된다면 연구에 필요한 관찰결과를 얻기 어렵다.

유물 속의 과학 찾기 프로젝트는 일반적으로 과학탐방을 통하여 유물을 만나게 되면서 시작된다.

과학탐방을 떠나기에 앞서 목적에 맞는 몇 가지 철저한 준비를 하게 되면 프로젝트 학습은 더욱 효율적인 결과를 얻을 수 있다. 사전지도로부터 현장지도, 사후지도에 이르기까지 체계성과 자율성을 모두 갖춘 지도방법이 요구된다.

○ 이해하고 보면 더 많이 볼 수 있다

'아는 만큼 보인다!'는 말이 있다. 탐방에 들어가기에 앞서 인터넷 사이트나 책을 이용하여 탐방장소와 유물에 대한 사전 자료를 찾아보자. 세부적인 설명을 이해한 후 현장에 접근하면 연구목적에 필요한 귀중한 자료들을 놓치지 않고 관찰해낼 수 있다. 특히 탐방 지도교사는 유적지나 유물에 대한 기본적인 정보가 담긴 안내서를 사전에 제작하여 배부하는 것이 좋다. 안내서는 학생들이 탐방과정에서 목적을 잃고 방황하지 않도록 유도하며 호기심을 가지고 더욱 많은 자료를 깊이 있게 만날 수 있도록 도와준다.

◉ 순조로운 탐구과정 진행을 위하여 목적에 맞는 준비물을 준비한다

원만한 탐구가 이루어지기 위해서는 여러 가지 준비물이 필요하다. 필기도구, 각도기, 나침반, 사진기와 같이 탐방목적에 맞는 개별 준비물들과 함께 사전에 조사한 자료를 가져가는 것도 좋은 방법이다.

현장에서 사용할 수 있는 학생 활동지를 교사가 미리 준비하는 것이 필요하다. 학생 활동지에는 읽을거리, 탐구문제, 탐방 시 이동경로와 중심 관찰 사항 등이 포함되도록 한다.

◉ 문화재에 대한 소중함을 인식하고 과학적으로 접근하자

지도교사는 학생들이 유물을 관찰하여 어떤 과학 원리를 이용했는지 생각해 보도록 유도하며 관찰, 측정, 추론, 예측이 체계적으로 이루어 질 수 있도록 지도 한다. 또한 학생 스스로 의문점을 가지고 관찰하도록 하되 관찰된 결과에 대하 여 자유롭게 토론이 가능하도록 분위기를 갖춰준다.

현장지도에 있어서 문화재에 대한 소중함을 인식하고 행동할 수 있도록 하며 관찰 결과에 따라 후속연구에 대한 탐구문제를 찾을 수 있도록 포괄적인 학습 을 전개한다.

◉ 사후지도와 프로젝트 학습으로의 연결

문화유산 탐방의 결과를 프로젝트 학습으로 연결하기 위해 첫 번째로 필요한 것은 문제 발견이다. 추천하고 싶은 문제발견 방법은 브레인스토밍과 브레인라

이팅이다. 연구자가 홀로 문제를 발견하는 것은 제한된 생각의 범주에서 벗어나기 어려운 한계를 가지고 있다. 창의적인 문제 발견을 위한 조별 브레인스토밍이나 브레인라이팅은 주어진 주제에 몰입하여 여러 사람의 의견을 조율할 수 있는 매우 효율적인 방법이다. 이는 쏟아지는 수많은 의견을 고민 없이 모은 후 그 안에서 연구에 필요한 가치 있는 의견을 발견하는 방법으로 문제발견의 진행속도를 높일 수 있다.

탐구문제를 기반으로 가설을 설정하고 탐구 계획을 수립하여 다양한 방식의 프로젝트 학습을 실현하게 된다.

> **프로젝트 탐구 주제의 예**
> · 냉방기 없던 시절의 현명한 건축양식의 원리
> · 백제인의 아치형 천장에서 발견되는 과학적 원리
> · 왕릉을 보존했던 과학적 원리와 현대사회에서의 쓰임
> · 자격루에서 발견할 수 있는 수압에 따른 유속 관찰
> · 빛과 소리의 반사를 극대화하여 활용한 덕수궁 중화전 앞마당 탐구

필자는 몇 년 전 학생들과 함께 공주에 있는 박물관을 탐방한 적이 있다. 탐방 장소에 가면 대부분의 학생들이 '휙' 한번 보고 지나가는 일들이 빈번하기 때문에 과제를 사전에 부여하여 좀 더 세밀한 관찰을 하도록 유도하기로 하였다. 제시한 주제는 '전통문화 속의 과학소재 찾기'였으며 홈페이지에 사전공지하고 안내서를 올려주었다. 학생들은 과제를 해결하기 위해 박물관을 이리 저리 다니며 관찰한 결과를 기록하였다. 학교에 돌아온 후 찾아낸 소재를 홈페이지에 올려 친구들과 자료를 공유하였다. 다음은 학생들이 유물에 대하여 과학적으로 해석한 사례이다.

가. 공주 박물관에서 찾은 전통문화속의 과학소재 1

역사탐방을 통해 찾아보는 전통문화속의 과학소재 찾기		
열린 과학 영재 캠프		2000년 ○월 ○일
장소: 공주박물관 및 무령왕릉	3학년 ○○반	이름 : 진○○
내가 찾은 소재	관장식	

과학적인 해석	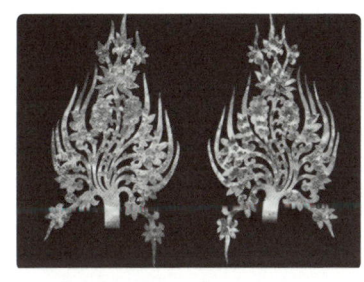	왕의 관장식은 비대칭적 구조를 가지고 있다. 얇은 금판에 안동당초문과 화염문 장식을 투조하였다. 줄기와 꽃에 지름이 5mm인 영락을 달았디.
		왕비의 관장식은 대칭적 구조를 가지고 있다. 얇은 금판에 왕과 같은 장식을 투조하였다. 영락을 달지 않았다.

왕비보다는 왕의 권위가 더 높다는 것을 표현하기 위해 위와 같은 차이를 보였다. 실제 연구에 따르면 대칭보다는 비대칭이 그 웅장함이 더 커 보이고 영락처럼 특이한 물체가 없는 것보다 있는 것이 더 위엄스러워 보인다고 한다.
또 백제시대에 얇은 금판을 이용해 투조 기술로 장식을 새겼다. 투조는 금판과 톱날의 각이 수직이 되어야 하며 금판을 회전하며 깎아야 한다. 이것은 더 큰 마찰력을 생기게 하는 과학적 특성을 지닌 기술이다.

가. 공주 박물관에서 찾은 전통문화속의 과학소재 2

역사탐방을 통해 찾아보는 전통문화속의 과학소재 찾기	
열린 과학 영재 캠프	2000년 0월 0일
장소: 공주박물관 및 무령왕릉	3학년 ○○반	이름 : 이○○

내가 찾은 소재	숨 쉬는 항아리(옹기), 방수의 원리 물은 새지 않지만 공기는 통과…부패 막고 발효 잘돼
과학적인 해석	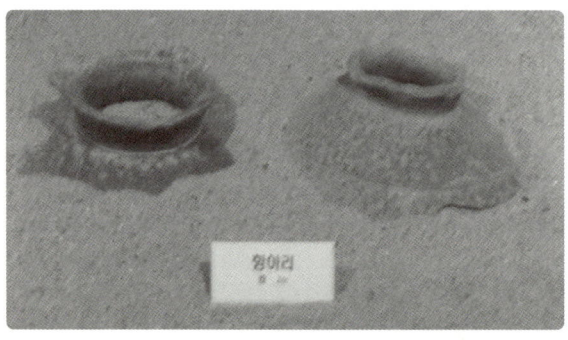 항아리의 재료인 찰흙 안에 들어 있는 수많은 모래 알갱이가 그릇에 미세한 공기 구멍을 만들어낸다. 이것이 안과 밖으로 공기를 통하게 해서 음식물을 잘 익게 하고 오랫동안 보존해 준다. 숨을 쉰다는 증거는 뜨거운 여름철에 장독의 표면에 노폐물인 하얀 소금기가 서려있거나 끈적끈적한 것이 나온 것을 볼 수 있다고 한다. 옹기가 숨 쉬는 그릇이라는 평가를 받는 것은 옹기벽 속에서 800℃ 이상에서만 나타나는 루사이트(leucite) 현상이 일어나기 때문이다. 국립중앙과학관 학술총서 6권 '옹기' 편에 의하면 옹기를 굽는 과정에 고령토가 루사이트로 변하는데 루사이트 현상에 의해 높은 온도로 가열됨에 따라 옹기 벽 내에 함유되어 있던 결정수가 빠져나가면서 미세기공이 생긴다. 이 미세기공은 공기는 통과시키지만 물은 통과시키지 않을 정도로 작아 스펀지와 같은 역할을 한다. 비를 맞아도 빗물이 옹기 벽을 통해 안으로 들어가지 못하게 하면서 공기는 옹기 안과 밖으로 서로 통하게 하여 안에 저장된 음식물을 잘 익게 하고 또 부패하지 않게 한다. 다시 말해 옹기 밖 공기와 옹기 안 공기가 순환작용을 하는 것이다. 현대과학에서 물의 침투는 막고 공기는 통하게 하는 것은 방수의 원리에 의한 것이라고 볼 수 있다. 옹기는 간장이나 된장 같은 것들의 이상적인 보관 기구로 그 뛰어난 여러 가지 기능은 과학으로 잘 설명되고 있다.

체험활동에서 즐거운 소재를 만나다

여러 가지 교수학습 지도 방법 중에서 학생들이 가장 재미있어 하며 즐겁게 참여할 수 있는 것은 체험활동을 활용한 학습방법이다. 이 방법은 이론적인 상황에서 벗어나 실제적인 체험을 토대로 진행되고 있다. 학생들은 사회 속에 소속되어 있는 자신의 모습을 찾으며 자연의 소중함을 배우고 역사와 문화를 통한 사고력을 확장시킬 수 있다. 체험활동을 통한 다양한 경험들은 학생들이 성장해 나가는 데 있어서 창의적인 생각의 초석을 마련해 주며, 원만한 인간관계 속에서 바른 인성과 리더십을 함양할 수 있도록 하여준다.

체험 속의 작은 소재들이 모이면 큰 테마의 프로젝트 연구가 이루어질 수 있다.

다양한 경험들은 주어진 탐구과정을 완성도 있게 실천할 수 있도록 도와주는 촉매와 같은 역할을 해준다.

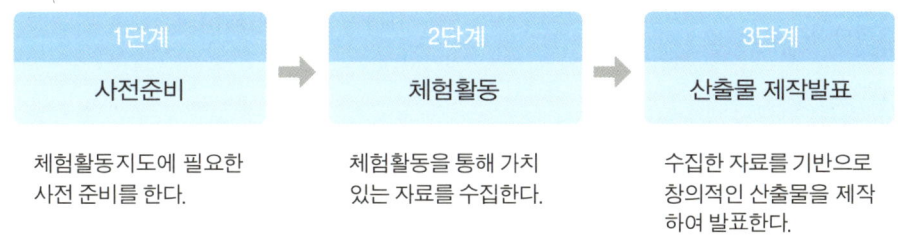

1단계	2단계	3단계
사전준비	체험활동	산출물 제작발표
체험활동지도에 필요한 사전 준비를 한다.	체험활동을 통해 가치 있는 자료를 수집한다.	수집한 자료를 기반으로 창의적인 산출물을 제작하여 발표한다.

다음은 갯벌 체험을 기반으로 프로젝트 연구를 수행한 사례이다.

:: **1단계** 사전준비

● **갯벌의 생태를 조사하여 사전지식이 생성되도록 하자**

체험에 참여할 학생들을 대상으로 체험 장소를 미리 공지하고 사전자료준비를 과제로 제시한다. 갯벌의 생태에 대하여 알아보고 생태도감을 작성할 수 있는 기본적인 자료를 정리하도록 지도한다. 특히 지도교사는 체험장소가 될 갯벌의 물때를 확인하고 체험 장비와 지도 방법 체험지의 입장허가 등을 사전에 알아보아야 한다.

갯벌 체험을 통한 갯벌 지킴이 활동 연구 프로젝트

가. 지도방법

사전자료 준비를 과제로 제시하고 체험 과정에서도 체험의 목적을 인지시켜 산출물이 제작될 수 있도록 지도하며 발표 PPT 준비를 위하여 토론과 협동과정이 이루어지도록 유도한다. 또한 사후관리 지도에도 계획과 목적을 제시하여 산출물이 우리나라 환경 살리기 캠페인 활동으로 승화될 수 있도록 방향을 제시하여 준다. 산출물의 형태는 자유롭게 유도하되 학년에 따라 산출물의 표현방식을 조절하여 적절한 형태로 구성될 수 있도록 지도한다.

나. 학생 활동단계

1) 생태도감 만들기 활동을 위한 사전 준비로 자료를 수집하고 정리한다.
2) 안전하게 바르게 행동하며 갯벌체험에서 자연의 소중함을 기억하고 꼭 필요한 활동이 이루어지도록 한다.
3) 갯벌 관련 전문 강사의 강연회를 경청하고 갯벌에서 발견될 수 있는 많은 과학적 이야기들을 정리해 본다.
4) 관찰된 모든 사실을 기재하고 점검하여 본 후 관심 있는 영역을 구체화 시켜 체험활동의 결과를 PPT로 제작하여 발표한다.(생태도감 완성)
5) 산출물 제작을 위하여 창의적인 아이디어의 디자인을 창출한다.
6) 조별로 계획된 디자인을 홈페이지에 올리고 수업 시 발표하여 검토한다.
7) 우리 조만의 개성 있는 작품이 제작될 수 있도록 창의적으로 활동한다.

◯ 갯벌체험을 위한 흥미로운 체험방안을 마련하자

갯벌을 체험하는 과정이 안전하면서도 효율적인 활동으로 운영될 수 있도록 지역주민의 안내를 받는 것이 필요하며 단순하게 조개를 줍는 활동에서 끝나지 않도록 몇 가지 흥미로운 체험방안을 마련하는 것이 좋다. 예를 들면 갯벌체험의 경우 조개 줍기 대회를 마련하여 운영해 보거나 갯벌 체육활동을 해 보는 것 등이 있다. 채집과 동시에 사진을 촬영하고 관찰한 사실을 기록하는 것은 프로젝트 최종 산출물을 제작하기 위해 필요한 과정이다.

다. 갯벌체험 과정

1) 조개 줍기(상품을 건 팀별 많이 줍기 대회) 및 요리
    - 지역주민의 안내를 통한 안전하며 효율적인 활동
2) 갯벌 생물도감 만들기 자료수집
3) 갯벌체험에서 발견한 관찰사실 사진촬영
4) 연계된 탐구방향 설정

라. 갯벌 체험을 기반으로 운영된 캠프 사례

1) 체험(장소 : 충청남도 서천 갯벌)

| 경운기 타고 갯벌로 출발~ | 갯벌 속의 생물들과 친해지기 | 누가 누가 많이 잡았을까? |

2) 내가 알아낸 갯벌의 생물들과 갯벌 환경 발표 준비
   (갯벌 체험 산출물 PPT 제작)

| 1학년 | 2학년 | 3학년 |

3) 갯벌지킴이 초청 관련 강연회(주제 : 갯벌 환경과 생태이야기)

| 갯벌체험의 피곤함도 잊고! | 갯벌의 소중함을 인식~ | 중요한 것을 깨달은 우리! |

4) 산출물 발표(느끼고 배운 것을 발표하기)

| 갯벌은 소중해요! 우리 모두가 아름다운 갯벌을 지킵시다~ |

:: 3단계 산출물 제작 발표

● 체험활동의 수행과정을 정리하여 프로젝트 산출물을 만들자

일반적으로 학생들은 체험활동의 가장 큰 장점을 즐겁게 체험하면서 생산적인

결과를 얻을 수 있는 것이라고 여기지만 그 과정을 정리하여 프로젝트형 학습으로 전환하는 것은 어렵다고 생각한다. 프로젝트 학습은 책상이나 실험실에서 이루어진다고 생각하기 때문이다. 그러나 체험활동의 수행과정을 잘 정리해 나가면 오히려 쉽게 프로젝트 학습의 방향을 잡고 산출할 수 있다. 체험에서 끝나지 않고 프로젝트 연구로 이어질 때 얻어지는 성취감은 학생들이 스스로를 계발할 수 있는 동기를 부여한다. 특히 사회와 자연에서 얻어지는 체험활동은 우리의 것을 소중하게 여길 수 있는 정신함양의 기회를 제공하기도 하며 자연을 소중하게 여기는 마음을 얻을 수 있어 일석이조의 결과를 얻을 수 있다.

사전에 준비된 생태 자료와 체험활동에서 관찰한 결과로 현장 프레젠테이션을 발표하는 것도 의미 있는 활동이 될 수 있다. 갯벌의 전문가를 초청하여 강연회를 가진 결과 경험한 사실들이 이론적으로 정리되면서 우수한 결과물이 산출되었다. 다음은 학생들이 발표한 PPT 자료의 일부이다.

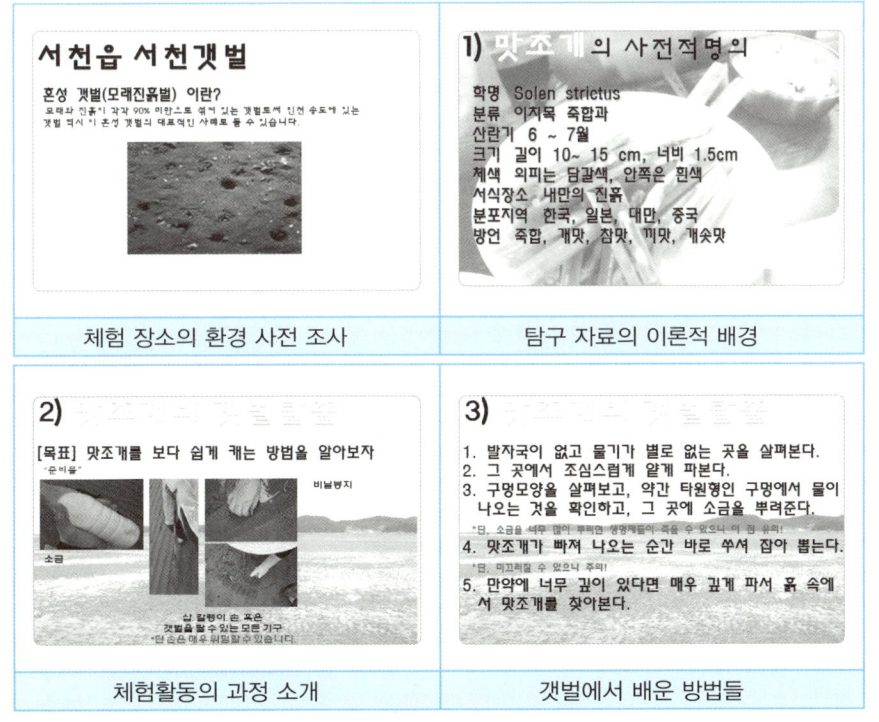

PART 02. 쉽게 터득하는 리얼 프로젝트 학습 **159**

○ 갯벌에서 얻은 관찰 자료를 기반으로 다양한 결과물을 제작할 수 있다

동일한 체험활동을 하더라도 학생 개인의 흥미와 관점의 차이에 따라 느낀점과 결과물이 다양하다. 학교에 돌아와 갯벌에서 체험한 경험을 기반으로 자신만의 특색 있는 산출물을 제작하여 발표하였다. 갯벌 체험의 한 가지 소재로 발명 아이디어, 캠페인 자료, 동화, 메시지, 시, 만화 등 독특하고 창의적인 여러 가지 산출물이 제작되었다.

갯벌 체험 후 결과물 사례

갯벌 보호 발명 아이디어 – 풍생중 박상용, 장성일

● **신발용 물 튀김 방지판**

갯벌에서 아무리 뛰어다녀도 옷에 물이나 진흙이 안 튀도록 만들어주는 판이다. 신발의 아랫부분에 아크릴 등의 재질로 판을 만들어 튀는 물이나 진흙을 옷에 묻지 않게 막아주는 역할을 한다.

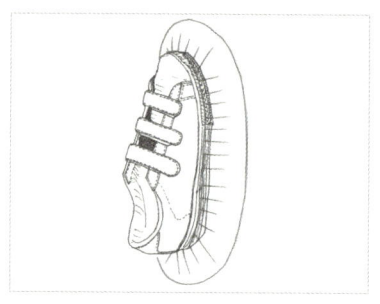

● **갯벌자전거**

말 그대로 갯벌에서 탈 수 있는 자전거이다. 갯벌은 빠지기 쉽기 때문에 자전거의 바퀴부분을 넓혀 갯벌과의 접촉면적을 줄이고 마찰을 늘리기 위해 바퀴에 이를 달았다. 보통 땅에서 타는 것과는 다르게 독특하게 즐길 수 있고 갯벌 안에서 신속하게 이동할 수 있다. 가장 좋은 점은 연료를 쓰지 않아 갯벌에 무공해라는 점이다.

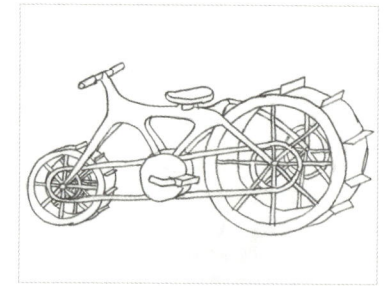

● 갯벌신발

갯벌신발은 설피와 마찬가지로 갯벌에 닿는 면적을 넓혀 갯벌에 빠지지 않게 하는 신발이다. 갯벌의 숨구멍을 막지 않게 신발을 넓고 가늘게 만들면 갯벌에도 빠지지 않고 갯벌도 보호할 수 있는 일석이조의 효과를 가질 수 있다. 앞, 뒤가 접이식이기 때문에 설피역할과 자연스러운 신발역할을 할 수도 있다.

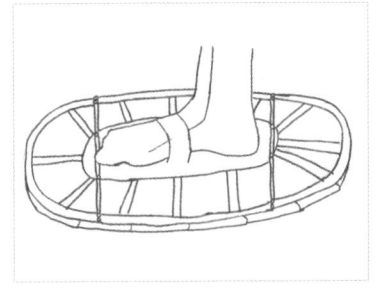

● 삽 + 쇠고랑

조개를 잡을 때 삽과 쇠고랑을 다 끌고 다니기에는 힘이 너무 많이 든다. 그래서 삽과 쇠고랑을 합쳤다. 접이식이라 삽을 이용할 때는 쇠고랑을 접고 쇠고랑을 이용할 때는 삽을 접어서 이용하면 된다. 또한 갯벌이 아니더라도 유용한 도구가 될 수 있다.

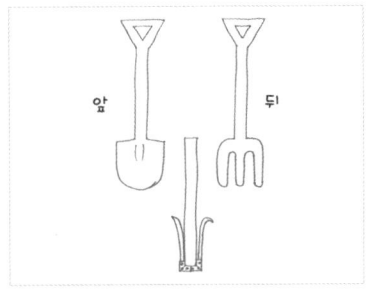

● 갯벌의자

갯벌에서 편히 앉아서 쉴 수 있는 의자이다. 갯벌에 가서 조개를 잡아보니 시간도 많이 걸릴 뿐더러 힘들기도 한데 갯벌의 흙 때문에 앉을 수도 없어서 이런 의자가 있었으면 좋겠다고 생각했다. 이 원리도 설피처럼 면적을 넓혀 갯벌에 빠지지 않는 원리로 되어 있으며 앉는 순간에 갯벌과 푹신하게 부딪혀 딱딱하지 않고 편안함을 느낄 수 있다. 가볍고 휴대성을 지니고 있다.

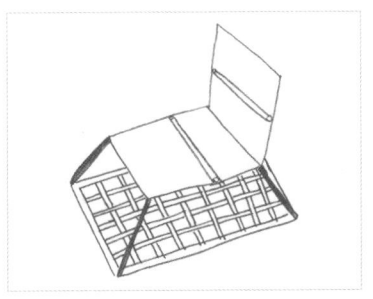

갯벌 보호 캠페인 자료 – _{풍생중} 이희원

● 소녀 소년 갯벌을 만나다~

서천 갯벌은 정말 신기했습니다. 갯벌에는 어떤 생명체가 살고 있는지 조사도 해보고 채집도 하면서 갯벌에 숨어있는 신기한 생명체를 알게 되었습니다.

갯벌 동화 – _{풍생중} 주명희

● 제목 : 갯벌은 우리에게 주는 것인가 뺏기는 것인가.

갯벌에 가면 많은 사람들은 갯벌 사이에 난 구멍 속에 소금을 넣어 맛조개를 채집합니다.

맛조개는 왜 소금을 만나면 밖으로 뛰쳐나올까요.

만약 '바다'에 관련된 답을 생각했다면 틀렸습니다.

여기 한 이야기를 통해 그 이유를 알아봅시다.

지금으로부터 10년 뒤인 2019년의 이야기입니다.

2011년, 서해안의 따뜻하고 넓은 갯벌에 안트베르 바다라는 곳에 왕의 갯벌 이라는 나라가 있었어요.

그곳에는 xx라고 불리는 맛조개가 있었어요. xx는 갯벌에서 평온한 나날을 보내며 즐겁게 살고 있었습니다.

xx는 친구와 바닷물이 빠졌을 즈음 쉬고 있었는데 갑자기 엄청난 일이 벌어졌어요. 거대한 무언가가 친구를 잡아간 것이에요.

xx는 당황해서 안으로 숨었어요. 하지만 그 거대한 무언가는 xx가 숨은 구멍에 무언가를 쏟았어요.

xx는 고통에 몸부림 쳤어요. 소금이었던 것이에요! (아무리 짠 바다에 사는 맛조개인 xx라고 해도 그렇게 농도 높은 소금 속에서 숨이 쉬기란 힘들었어요. 또한 농도 차이로 인한 삼투압으로 몸에 있던 수분이 빠져나갔어요.) (강조)

맛조개라는 종족에겐 바다의 소금농도에 맞게 살 수 있게 알맞은 몸이 있어요. 하지만 농도가 달라진다면... 그들은...

'헉헉! 뭐지 이건?! 숨을 쉴 수가 없어. 어어? 정신이 어지러워. 으으... 아아악..!!!'
xx는 큰 고통에 비명을 지르며 크게 몸을 뻗었어요. 그 순간 xx는 안트베르 바다에서 사라지고 말았어요.

그걸 본 다른 맛조개가 왕의 갯벌의 궁전에 사는 왕에게 가서 보고했어요.

왕의 갯벌의 왕이자 똑똑한 뽀로딘은 "이것은 인간의 침략이야!" 라고 하며 많은 맛조개의 희생에 눈물을 흘리며 살아날 방법을 궁리했어요.(이 문제는 안트베르 바다와도 큰 관계가 있었어요.) (강조)

인간들은 소금이라는 무기를 손에 쥔 다음 맛조개들의 집에 무차별적으로 소금을 쏟아냈어요. (중략) 인간들은 자신의 잘못을 인지하지 못하고 자신들의 얼마나 참혹하게 침략을 하는지 인지하지 못했어요.

고통에 몸부림치다 참다못해 밖으로 몸을 뻗은 맛조개를 뽑아낼 뿐이었죠.
(결국 수천 년 역사를 자랑하던 한 나라는 멸망하였으며 맛조개들은 한 번의 저항도 제대로 하지 못하고 오직 기록에만 나오는 생물로 남게 되었습니다.)

(중략)

지금의 우리는 갯벌이 주는 것을 받는 것이 아니라, 그들을 헤쳐 가며 빼앗는 것이 아닐까요? (생략)

갯벌 메시지 – 영성중 최성수

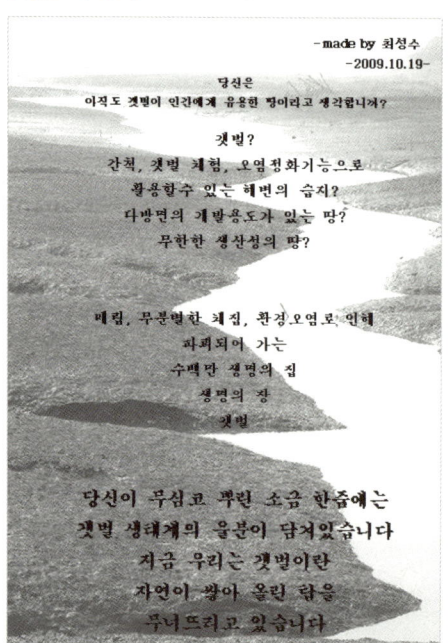

갯벌 시 – 숭신여중 박수민, 성남여중 이은선

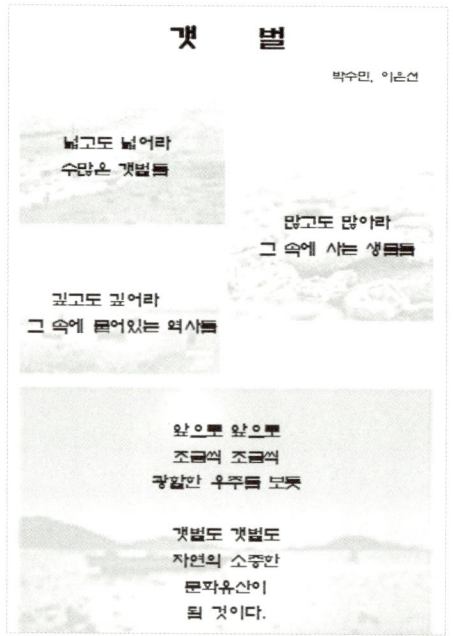

갯벌 만화 1 – 풍생중 김호기, 금광중 이강우

갯벌 만화 2 – 성남동중 박상현, 성남문원중 이종민

과학 독서토론에서 탐구소재를 건지다

독서는 다양한 세계를 만날 수 있게 하고 이해력과 창의력을 높여줄 뿐 아니라 논리적 사고력과 올바른 판단력을 기르는 데도 도움을 주는 활동임을 앞에서 강조했다. 독서를 활용한 토론은 이러한 독서의 효과를 충분히 높여줄 수 있는 활동이다. 토론의 논거를 마련하기 위해 독서를 하고, 논리적으로 상대방을 설득시키는 토론을 하면서 새로운 궁금증이 생기거나 더 깊이 탐구해 보고 싶은 주제를 만나기도 한다.

오늘 날 전 세계적으로 가장 큰 이슈가 되고 있는 주제를 꼽으라면 기상이변을 빼놓을 수 없다. 현재 지구의 일부지역에서는 가뭄으로 고통을 받고 또 다른 지역에서는 홍수로 많은 피해가 발생하기도 한다. 이러한 기상이변의 가장 큰 원인이 기후변화이다.

독서를 활용해 기후변화에 대한 토론하면서 기후변화의 원인을 논리적으로 분석해 보자. 또한 그에 대한 올바른 판단과 인식을 가지게 할 수 있는 과학 독서토론 프로젝트의 예를 살펴보자.

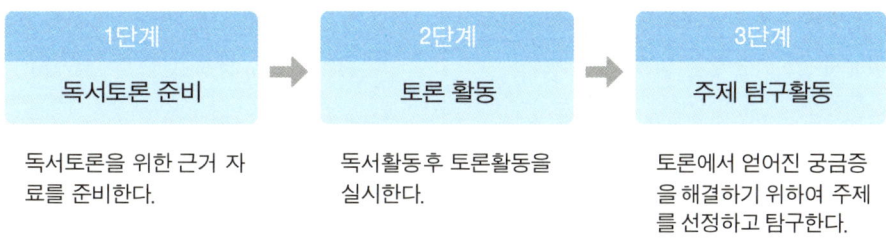

1단계	2단계	3단계
독서토론 준비	토론 활동	주제 탐구활동
독서토론을 위한 근거 자료를 준비한다.	독서활동후 토론활동을 실시한다.	토론에서 얻어진 궁금증을 해결하기 위하여 주제를 선정하고 탐구한다.

◯ 토론의 이론적 근거가 되는 자료들을 준비하자

현재 지구상에서 나타나고 있는 기후 변화의 원인에 대해 두 가지 상반된 의견이 있다. 첫째는, 기후 변화의 원인은 천문학적인 원인에 근거한 자연스러운 과정이다. 둘째는, 인간의 활동에서 발생한 이산화탄소의 증가로 인해 지구 온난화가 나타나고 그로 인해 기후변화가 나타나고 있다. 이러한 점에 근거하여 토론의 주제는 '기후변화는 과연 인간에 의해 왜 발생하는가?'로 설정하였다.

토론을 위해 두 개의 조로 편성하여 각 조별로 두 가지 의견 중 지지하는 것을 정하도록 하였다. 이때 두 조가 서로 다른 입장이면 조정이 필요 없이 각 조별 의견을 지지할 수 있는 자료를 준비시키면 되지만, 그렇지 않고 두 조가 같은 의견이면 교사가 재량껏 나누도록 한다.

토론에서는 자신의 주장을 뒷받침할 수 있는 논리적 근거가 매우 중요하므로 다양한 도서와 저널, 그리고 인터넷 검색 등을 통해 자료를 찾아보도록 한다.

다음은 토론을 위해 각 조별 자료를 찾는데 참고가 될 만한 독서목록이다. 이외 다른 도서들도 찾아서 다양하게 읽어보도록 지도한다.

인간 활동에 의한 기후변화 찬성 내용 도서	인간 활동에 의한 기후변화 반대 내용 도서
지구에서 일어나고 있는 일들(이진아 지음)	지구온난화에 속지 마라(프레드싱거 등 지음)
지구온난화 충격 리포트(야마모토 료이치 지음)	기후 커넥션(로이W.스펜서 지음)
기후의 반란(실베스트르 위에 지음)	지구온난화 주장의 거짓과 덫 (이토키미노리 등 지음)
지구가 정말 이상하다(이기영 지음)	기후변화의 정치학(앤서니 기든스 지음)

● 토론을 통해 논리적 사고력과 발표력을 기르자

지구상에서 나타나고 있는 기상 이변 현상의 원인에 대해 두 팀으로 나누어 토론을 한다. '인간에 의해 기후 변화가 심해졌다'와 '인간에 의한 기후 변화는 미미하다.'의 두 팀으로 나누어 토론한다. 토론은 '근거의 싸움'이다. 근거의 타당성과 논리성을 강조하여 주장하도록 하며, 상대방의 의견에 귀 기울여 듣고 토론의 과정을 통해 '기후변화'에 대해 새롭게 알게 된 것이나 의문점이 있을 경우에는 기록하도록 한다. 토론의 승패가 중요한 것이 아니라 토론의 연습을 통해 논리력과 발표력을 기르고, 지구의 기후변화에 대해 알아가는 과정임을 강조하도록 한다. 토론의 규칙과 진행방법은 다양히게 할 수 있다. 다음은 일반적인 토론방식의 사례이다.

일반적인 토론의 규칙과 진행방법

가. 토론방식

일반적인 3인 1팀 토론

나. 토론진행 순서

· 첫 번째 토론자 입론과 반대측 두 번째 토론자의 확인심문을 거친 후 작전회의
· 양 팀 세 번째 토론자의 반론
· 양 팀 첫 번째 토론자의 두 번째 반론
· 양 팀 두 번째 토론자의 세 번째 반론 후 작전회의
· 양 팀 세 번째 토론자 최종발언의 순으로 보통 진행한다.

다. 토론시간

교사의 재량에 따라 조정할 수 있으며 보통 45분 내에 진행될 수 있도록 입론과 반론은 3분 내외, 작전회의는 2분 내외로 한다.

라. 토론규칙

1) 발언권과 발언 시간을 균등하게 분배한다.
2) 모든 발언은 기본적으로 원고를 보고 읽지 않도록 한다.(간단한 메모는 참고 가능)
3) 교사는 학생들이 시간을 지키고 주제에서 벗어나지 않도록 유도한다.

◎ **토론과정에서 더 깊이 탐구해보고 싶은 주제를 찾아보자**

토론을 통해 형성된 기후변화에 관한 이론적인 토대를 바탕으로 더 깊이 있게 탐구를 해 보거나 창의적 산출물을 제작해 볼 수 있다.

● 홍보물 제작활동

기후변화의 심각성에 대한 홍보물을 제작하고 발표하는 활동을 통해 창의적 표현력을 기르고, 기후변화에 맞서는 인간의 대응책에 대해서 생각해볼 수 있는 기회를 마련할 수 있다. 홍보 주제는 '기후변화에 대한 우리의 대처'로 제시하고 독창적으로 홍보물을 제작하도록 한다.

홍보물을 제작하기 전에 조별로 협의하여 홍보물 제작의 방향을 잡고 필요한 자료를 정리하도록 한다.

양식 양식	포스터	만화	그림	기타
주제				
내용				

각 조별로 제작한 홍보물을 전시하고 발표해 보자.

이때 다른 조의 홍보물을 평가해보고 장·단점을 기록하도록 한다. 채점을 할 때 '표현성은 얼마나 아름답게 표현했는가?', '논리성은 얼마나 설득력을 지니는가?', '현실성은 얼마나 실천 가능한가?'에 중점을 두어 평가하도록 한다.

팀명	표현성 (30점)	논리성 (40점)	현실성 (30점)	합계	장점	단점

제작된 홍보물에 대한 자기평가를 해 보면서 마무리하자.

> 우리 팀의 잘 된 점 :
>
> 홍보물 제작을 하면서 느낀 점 :

● 기후변화에 관한 주제탐구활동

토론을 진행하는 동안 자신이 더 알고 싶은 내용에 대한 탐구를 진행해 보면 더 의미 있는 일이 될 것이다. 다음은 토론과 연계해서 해볼 수 있는 프로젝트 탐구의 사례이다.

학생 프로젝트 연구 사례 01

지구온난화에 대한 탐구

가. 연구동기

기후변화에 대한 토론 과정에서 계속 지구온난화 라는 말이 나오는데 정확히 그 개념을 알아보고 싶어져서 탐구를 시작하게 되었다.

나. 연구방법

· 책을 통해 필요한 내용 찾기
· 인터넷으로 지구온난화에 대하여 조사하기
· 지구 온난화에 대한 동영상 보고 정리하여 기록하기

다. 연구내용

1) 지구온난화의 원인

지구온난화의 이유로 과학자들은 온실효과를 꼽는다. 온실효과는 화석 연료의 사용에 따른 이산화탄소가 배출로 인해 대기가 온실의 유리처럼 작용하는 것이다. 태양으로부터 지구로 유입되었다가 다시 우주로 보내지는 열의 일부를 대기 중의 수증기나 이산화탄소와 같은 온실가스에 흡수되어 대기의 온도가 상승하게 된다. 지구의 대기가 마치 온실의 유리처럼 보온해 주는 효과를 일으켜 지구가 점점 따뜻해지는 것이다.

2) 이산화탄소의 증가 수치

점점 화석연료의 사용이 증가하고 그에 따라 온실가스인 이산화탄소의 농도도 높아지고 있다. 이대로 가면 점점 더 이산화탄소의 농도는 높아질 것이고 지구 온난화도 과속화 될 것으로 예상하고 있다.

3) 지구온난화의 또 다른 원인들

메탄가스, 아산화질소, 염화불화탄소, 수불화탄소, 불화유황 등이 있다. 이산화탄소에 의한 온실효과를 1로 했을 때 메탄은 10~20배, 아산화질소는 100배, 염화불화탄소는 1만 배에 달한다. 전 지구적으로 보았을 때 절대량에서 메탄 등 다른 물질은 이산화탄소보다 적기 때문에 큰 관심을 끌지 못할 뿐이다. 우리는 이산화탄소 이외의 지구 온난화를 유발하는 것들에 대해서도 관심을 가져야 한다.

4) 지구온난화로 인한 문제점

· 기후변화가 일어나게 된다.

극심하게 더운 날과 추운 날의 발생 빈도가 증가하고, 기온상승으로 인해 물의 순환이 촉진되어 특정지역에서 극심한 가뭄과 홍수를 발생시키기도 한다.

· 수자원에 영향을 미치게 된다.

농업용수 부족으로 경작을 포기해야 할 토지를 증가시키기도 한다.

· 해수면이 상승한다.

해수면이 상승하면 대규모 토지 손실과 습지대를 감소시킨다. 이로 인해 새와 물고기 등의 먹이 및 서식처의 감소 등 생태계에 매우 심각한 사태가 초래할 수 있다. 또한 해수면 상승으로 연안 지역에 해수 범람과 폭풍 피해 증가가 예상되며 몇몇 섬들이 바다에 잠기게 될 수도 있다.

5) 한반도에서 나타날 수 있는 피해

한반도는 세계 평균보다 두 배나 많이 온도가 상승하고 있다. 2100년에 한반도의 기온은 지금보다 5~6℃가 높아져 겨울이 없는 아열대성 기후로 바뀌게 될 거라고 예측되고 있다. 해수면 상승으로 서해안의 섬들이 잠기게 되고 곳곳에서 사막화가 나타날 수도 있다. 또한 해수의 온도가 상승하면 태풍의 세기가 훨씬 강해져 더 큰 피해가 나타날 수도 있다.

6) 지구온난화를 막기 위한 세계의 노력

세계는 지구온난화를 막고자 하는 '기후변화협약'을 만들고 이를 실천하고자 교토의정서를 채택했다. 현재까지 의정서에는 EU와 일본을 비롯한 125개 국이 비준했다.

7) 지구온난화에 대한 대책

첫째, 에너지원으로 원자력, 태양에너지, 수력발전, 천연가스 등을 이용한다.
둘째, 에너지 소비를 최대로 줄이고자 노력한다.
셋째, 프레온가스의 사용억제 및 대체물질을 개발하여 사용한다.
넷째, 발전과 산업설비의 연비 개선 등 에너지 효율을 높이는 방법을 찾는다.
다섯째, 각국 간의 규제를 위한 탄소세 부과, 자동차 배기가스 규제 등의 국제협약을 준수한다.

라. 느낀 점

이번 연구를 통해 지구온난화에 대하여 더 깊이 알게 되었다. 지구온난화에 대해 더 많은 관심을 갖고 '나 하나쯤이야'라는 생각보다는 '나부터 실천'이라는 생각을 하고 작은 것부터 실천하여 지구 온난화를 조금이라도 늦추기 위해 노력해야겠다.

위에서 살펴본 바와 같이 독서를 통해 충분한 논거를 마련한 후 이루어진 토론은 자신감을 갖고 자신의 주장을 확실히 펼칠 수 있게 하며, 토론 과정을 통해 자신이 부족한 점을 스스로 깨닫게 해준다. 이 과정을 통해 새롭게 더 깊이 탐구할 수 있는 주제를 찾을 수도 있다.

그리고 토론을 통해 알게 된 점으로 홍보물을 제작하여 캠페인 활동을 하면서 자신의 지식을 다른 사람과 나누면서 시야를 더 넓게 확장시켜 나갈 수 있다.

Soundproof를 활용하여 Special House를 만들어 보자!	최적의 소리 흡수 장치 즉, 방음 장치를 고안해. 일상생활에서 쉽게 구조화하여 가장 소음에 강한 집을 지어서 실제 현실에 활용해 보고 그에 따른 결론을 지어 볼 수 있다.
코일로 탄환을 날려 보자!	코일건과 가우스 가속기의 원리를 알아보고 실험을 실시하여 자신들만의 코일건을 만들어 본다.
재질, 모양, 각도에 따른 부메랑 높이 체공시간 변화량 및 최적화 조건 찾기	부메랑이 받는 저항을 여러 각도에서 조사 연구하여 실험을 통해 측정하여 보고 자신들이 제작한 부메랑의 모양과 재질에 따라 어떤 영향을 받는지 알아본다.
식물이 자라는 환경에 따른 양성정도	같은 종류의 식물이어도 자라나는 환경에 따라 크기와 잎, 뿌리의 모양 꽃의 모양까지 다른 이유는 무엇인지 실험을 통해 알아본다.
배 모양에 따른 부력 실험하기	밑면의 넓이와 무게가 같고 밑면의 모양이 다른 배들의 부력을 측정한다. 배의 밑면으로 어떤 모양이 제일 효율적인지, 어떤 모양이 중심을 잘 잡는지, 실제 활용과 어떤 것이 다른지 실험을 통해 알 수 있다.
나노의 세계, 결정 만들기	여러 가지 결정 만드는 방법을 이용하여 결정 성장 방법을 알고, 잘못된 결정과 잘 자란 결정의 이유를 찾아보며 가장 잘 자란 결정을 찾는 기준을 정해 심사해 본다.
내진설계를 이용한 건물 만들기	내진설계를 했을 때와 아닐 때의 차이점을 알아보고 내진설계의 필요성과 지진의 위험성 등을 알아보며 실제로 설계를 하여 모형건물을 만들어 본다.
탱탱볼과 탄성력	PVA와 붕사 중 탱탱볼의 탄성력에 관여하는 물질과 PVA와 붕사중 탱탱볼의 크기에 관여하는 물질은 무엇인지 알아보며 탄성력이 생긴 이유를 알아본다.
착시 현상과 신기루 현상에 대한 여러 가지 고찰	신기루 현상 실험은 착시 현상일까 라는 의문과 잔상으로 인해서 다른 물체가 다르게 보이는 것에 대해서 신기함과 의문을 해결한다.
CSI 뒷골목 수사대	연출된 범죄현장을 이용하여 과학적인 방법으로 범인을 찾아내는 활동 중심의 프로젝트이다.
지폐 속 위조방지 장치에 깃든 과학적 원리와 위조방지법을 구상해 보자.	지폐속의 위조방지 장치를 알아보고 과학적 원리를 통해 이를 이해하고 자신들만의 위조방지 장치를 개발한다.
트러스 구조를 이용한 다리 만들기	트러스 구조의 모양과 특징을 알아보고 이를 응용하여 튼튼한 다리를 만들어 본다.
여러 가지 수용액에 따라 변하는 표면장력	여러 가지 수용액의 표면장력의 차이를 실험을 통해 알아보고 종류에 따라 정리한다.
식물의 종류에 따른 산소 배출량에 대한 탐구	식물의 산소 배출 능력을 알아보고 빛의 양에 따라 어떠한 차이를 가지고 있는지 알아본다.
모기와 대격돌	여름철 모기를 퇴치할 수 있는 여러 가지 방법을 찾아보고 직접 제작하여 본다.
The Water	물의 구성하는 입자와 물의 특성을 실험을 통해 확인하여 보고 정리한다.
우리 주변의 작은 전기-정전기	정전기의 원리와 위력을 알아보고 신체에 미치는 영향을 실험으로 알아볼 수 있다.

우리가 만든 과학연극 이야기	친환경 단열재에 관하여 자료조사 하고 대본을 만들어 연극화 한다.
여러 종류의 큐브 맞추기	재미로 즐기는 큐브의 종류를 알아보고 맞추어 보면서 큐브의 수학적 원리를 탐구한다.
수학적 원리를 이용한 암호 만들기	생활 속에 숨어 있는 암호를 찾아보고 나만의 암호를 만들어 본다.
게임 속에 숨어 있는 확률 찾기	청소년들이 즐겨하는 게임 속에 숨어 있는 확률을 수학적으로 탐구한다.
제비의 개수에 따른 당첨확률과 주사위의 각 숫자가 나올 확률	제비의 수에 따라 당첨될 확률을 알아보고 각 숫자가 나올 확률을 계산해 본다.
생활 속의 화학전지	화학전지의 원리를 알아보고 다양한 전지의 종류 및 특성을 조사한다.
초가집 황토벽의 비밀	초가집의 황토벽이 지니는 효과를 탐구해 본다.
베르누이 효과를 이용한 모형비행기	베르누이 효과를 이용해 모형비행기를 잘 날릴 수 있는 조건을 탐구해 본다.
우리 지역 교통 신호체계 개선방안 연구	자신이 살고 있는 지역의 교통신호체계를 조사해 보고 교통의 원활화를 위한 개선방안을 모색해 본다.
더워지는 지구	지구의 환경변화와 그 원인 및 그에 따른 변화를 탐구한다.
유비쿼터스에 알맞은 대체에너지의 활용방안	미래사회의 다양한 대체에너지를 탐구해 보고 그 활용방안을 찾아본다.
빗물의 산성도 탐구	자신이 살고 있는 지역의 빗물의 산성도를 탐구한다.
과일, 채소껍질 비료를 이용한 식물의 생장 탐구	여러 가지 과일과 채소껍질로 비료를 만들어 식물의 생장에 어떻게 영향을 미치는지 알아본다.
물 전기분해 실험에서의 최적농도와 전압	물의 전기분해 실험에 가장 적합한 전해질의 농도와 전압을 탐구해 본다.
장난감 속의 과학-오토마타	재미있게 작동하는 오토마타를 제작해 보고 그 원리를 탐구한다.
달걀 탱탱볼 탐구	달걀을 식초에 담궈 가장 적합하게 탱탱볼로 만들어지는 조건과 시간을 탐구해 본다.
선풍기 날개 수에 따른 풍량과 소음의 비교	선풍기의 날개 수에 따라 달라지는 풍량과 소음의 정도 변화를 탐구한다.
조경식물의 종류에 따른 산소발생 정도의 비교	가정에서 키우는 조경식물의 산소 발생 정도를 비교해 본다.
아파트 층별 소음연구	자동차 소리 등 외부적인 요인의 아파트의 층별 소음의 정도를 비교·조사하여 탐구한다.
탄산음료가 뼈에 미치는 영향	닭뼈를 탄산음료에 담구어 뼈에 미치는 영향을 탐구해 본다.
잃어버린 우리의 날개 비거	우리나라 최초의 비행기 비거에 대한 역사적 사실을 조사해 보고 설계도에 따라 제작해 보면서 과학적 원리를 탐구한다.
석빙고 속에 숨어 있는 과학적 원리	경주 석빙고를 탐방하고 얼음을 보존할 수 있는 여러 가지 조건을 탐구해 본다.
갯벌 생물 종의 다양성 탐구	갯벌 탐사를 통해 갯벌 생태계를 조사해 보고 갯벌에 생존하는 여러 가지 생물들을 탐구한다.
온도에 따른 자력의 변화	온도를 달리하면서 자석의 세기에 변화가 생기는지 조사해 본다.
삼투현상에 의한 원형질의 분리관찰 및 탐구	용액의 종류와 농도에 따른 양파껍질의 삼투현상을 관찰하고 변인에 따라 삼투현상이 어떻게 달라지는지 탐구한 활동이다.

PROJECT

우수 프로젝트 분석!!

creativity

03

CHAPTER 01
우수 프로젝트,
구성에 답이 있다

:: **풍생중** 김호기 외 3인

"Soundproof를 활용하여 Special House를 만들어 보자."

목차

　다음은 조사연구, 실험연구, 개발연구를 모두 접목한 프로젝트의 목차사례이다. 목차만 봐도 무슨 내용의 프로젝트인지 알 수 있도록 구체적으로 표현하고 있다.

우수 프로젝트 목차 사례

목 차

1. 탐구동기 ··1
2. 연구목적
　가. 조사 연구, 실험연구, 개발연구의 목적 ····················2
3. 조사 연구
　가. Sound의 정의 ··3

　　나. Sound의 성질과 특성 ·4

　　다. Noise로 인해 피해 받았던 예 ·5

　　라. Soundproof의 정의 ·10

　　마. Soundproof가 활용되는 곳 ·10

4. 실험설계

　가. Quality of the material에 변화를 두었을 때 · · · · · · · · · · · · · · ·11

　　(1) 재질에 영향을 주었을 때의 효과 - 1차 실험

　나. Structure of the material에 변화를 두었을 때 · · · · · · · · · · · · ·12

　　(2) 구조에 영향을 주었을 때의 효과 - 2차 실험

5. 실험과정

　가. Quality of the material에 변화를 두었을 때 · · · · · · · · · · · · · · ·12

　　(1) 재질에 영향을 주었을 때의 효과 - 1차 실험

　나. Structure of the material에 변화를 두었을 때 · · · · · · · · · · · · ·15

　　(2) 구조에 영향을 주었을 때의 효과 - 2차 실험

6. 실험결과

　가. Quality of the material에 변화를 두었을 때 · · · · · · · · · · · · · ·16

　　(1) 실험결과 정리

　　(2) 실험결과 분석

　　(3) 결론요약

　나. Structure of the material에 변화를 두었을 때 · · · · · · · · · · · ·24

　　(1) 실험결과 정리

　　(2) 실험결과 분석

　　(3) 결론요약

7. 개발 연구

　가. 개발연구의 목적 ·31

　나. 설계특징 ·31

　다. 설계과정 ·32

　라. 최종 설계결과 ·33

8. 끝으로... 가. 산출물 대회를 끝으로 느낀 점

탐구동기

탐구동기를 연구의 필요성과 연결하여 정리한 사례이다. 일반적인 동기를 얘기를 풀어가듯 정리한 것이 신선하다. 특히 중학생이나 고등학생의 프로젝트 진행에 있어 탐구동기를 정리해 보는 것은 체계적인 프로젝트를 운영하는 면에 있어 의미가 있다. 일반적으로 일상생활에서 연구테마를 찾을 수 있으므로 평소의 생활을 연상해 보면 연구의 필요성이 보이는 프로젝트 주제를 찾아낼 수 있다.

우수 프로젝트 탐구동기 사례

가. 탐구동기

1) 연구의 필요성

우리는 하루도 빠짐없이 여러 소리들과 함께 어우러져 살고 있다. 우리의 입에서 나오는 소리, 컴퓨터가 돌아가는 소리, 타자기 소리, TV 소리, 휴대폰 벨소리, 화장실 물 내리는 소리, 자동차 지나가는 소리, 주전자 끓는 소리, 알람시계 소리...

이러한 소리들 때문에 우리는 대화할 수 있고, 소리로 정보를 주고받을 수 있으며, 소리의 경고나 정보를 받아들일 수 있고, 생생한 소리를 접함으로써 여러 가지 혜택과 생생한 삶을 누리고 있다. 하지만, 이런 소리에도 불편한 점이 분명히 있다.

어느 날, 선거 운동단과 동네 주민들이 크게 싸우는 소리를 듣게 되었다.
"아니, 좀 조용히 좀 할 수 없어요?"
"저희도 어쩔 수가 없습니다. 선거철인데 이해해 주십시오."

대화 내용을 보면 알겠지만, 지금은 선거철이다. 거기다가 총선이라 후보도 많아져 그에 따른 공략 광고를 각 후보가 하게 되었고, 더욱 소음이 많이 발생한다. 지금도 들을 수 있지만 여러 노래부터 공약, 광고 등 우리를 어지럽히게 하는 요소가 너무 많다. 결국 소음이 우리 생활에 피해를 많이 받아 동네 주민들이 항의를 하게 된 것이다.

다른 예를 조사해본 결과, 요즘 고속도로 근처의 아파트 주민들이 고속도로를 지나가는 자동차 때문에 잠을 못자겠다고 하면서 소송을 걸었던 예, 나이트클럽의 옆에 위치해 있던 주택 주민들이 시위를 벌였던 예 등 소리에 의한 피해에 관한, 소음에 관한 사건, 사고들이 많았다.

그래서 우리는 소음에 대한 대처를 하기 위한 방법이 필요하다고 느꼈고, 그에 따라 '과연 왜 이렇게 소리가 크게 전달될까?', '어떻게 소리가 크게 전달되는 것을 막을 수 있을까?', '어떤 장치를 어떻게 구상해야 소리가 최소로 줄어들까?'라는 고민 끝에 소리를 막아주는 'Soundproof System'을 관찰하고 실험해 보며, 그 관찰 결과를 바탕으로 최대한 방해 소리를 작게, 즉 소음으로 입는 피해를 훨씬 적게 볼 수 있는, 우리가 만들어 볼 수 있는 집 구조와 재질을 연구해 보기로 하였다.

연구목적

연구목적을 연구단계별로 구분하여 정리한 사례이다. 특히 '왜 조사연구를 하였으며', '어떤 방향을 목적으로 조사하였는가'를 정리하고 있어 조사연구를 전체 연구의 기본 틀이 될 수 있도록 목적성을 가지고 연구하였음을 알 수 있다. 또한 실험연구와 개발연구를 구체적으로 정리함으로서 프로젝트의 방향을 잘 설정하여 진행하였음을 알 수 있다.

우수 프로젝트 연구목적 사례

나. 연구목적
1) 조사 연구의 목적
· 실험하기에 앞서서 문제를 일으키는 소리의 정의, 근원 등을 조사하여 실험

연구 전에 기본적인 지식의 바탕을 쌓는다.

· 소리의 성질, 소리의 특성을 알아보고 그 외에도 소리에 관련된 다른 것들을 알아보아 소리에 대해 정확히 파악한다.

· 방음의 정확한 정의에 대해 알아보고, 참고하여 방음에 대한 기본 지식을 마련한다.

· 방음이 지금 활용되는 곳에 대해 조사하고 각각의 구조, 재질을 연구해 보도록 한다.

· 소음로 인해 피해 받았던 예를 조사하여 소음을 파악한다.

2) 실험연구의 목적

· 어떤 구조가 소음을 잘 막는지 알아볼 수 있다.

· 어떤 재질이 소음을 잘 막는지 알아볼 수 있다.

· 특정한 구조와 재질을 사용했을 때 소리와 어떤 연관성이 있는지 알아볼 수 있다.

3) 개발연구의 목적

지금까지 진행한 조사연구와 실험연구를 바탕으로 최적의 소리 흡수 장치 즉, 방음 장치를 고안해, 일상생활에서 쉽게 구조화 하여 가장 소음에 강한 집을 지어서 실제 현실에 활용해 보고 그에 따른 결론을 지을 수 있다.

조사연구

조사연구는 프로젝트를 진행하기 위하여 이루어지는 이론적인 배경과는 차이가 있다. 방음과 연관된 프로젝트를 진행하기 위해 먼저 소리의 정의, 성질, 특성을 조사하였고 소음과 관련된 사례를 조사한 후 조사한 자료를 분석하고 결과를 얻어 실험연구에 필요한 요소를 추출할 수 있다.

다. 조사연구

1) 소리의 정의

탄성체를 매질로 전파되는 파동을 가리키며 음(音) 또는 음파(音波) 라고도 한다. (중략)

2) 소리의 성질과 특성

소리는 공기속 뿐만 아니라 수중이나 고체 속에서도 전달된다. (중략)

오른쪽 그림은 소리의 파동을 분석한 것이다. 우리가 사용할 프로그램도 파동을 이용하여 분석할 것인데, 옆의 그림에서 (가)를 보면 소리의 진폭에 따라

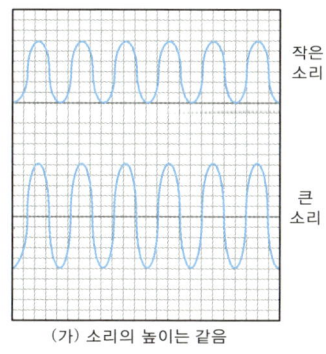
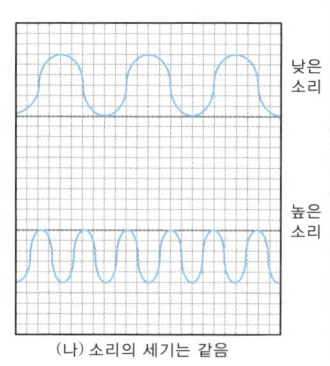

(가) 소리의 높이는 같음   (나) 소리의 세기는 같음

높이가 달라지는 것을 알 수 있다. (중략)

3) 소음으로 인해 피해 받았던 예

사례 1) 선거 소음 논란 붉어져

매번 선거 때마다 논란이 됐던 선거 홍보차량 소음문제가 이번 6.2지방선거 공식 선거운동 첫날에도 되풀이됐다. (중략)

사례 2) 공항소음 지역 소음대책 및 주민지원 사업 강화

국토해양부(장관 정종환)는 「공항소음 방지 및 소음대책지역 지원에 관한 법률」('10.3.22 제정·공포)의 시행령·시행규칙 제정(안)을 '10.5.7자로 입법예고하였다고 밝혔다. (중략)

사례 3) 층간 소음 다툼 중 이웃 주민 살해

경기 남양주경찰서는 층간 소음 문제로 다투
다 흉기를 휘둘러 아파트 주민을 숨지게 한
혐의로 64살 이 모 씨에 대해 구속영장을 신청
했습니다. (중략)

사례 4) "소음 탓 젖소 폐사 3500여만 원 배상"
·환경조정위 결정

고속도로 공사 현장의 소음·진동으로 젖소
가 폐사하는 피해를 본 농가에 대해 3500여만
원의 배상 결정이 나왔다. (중략)

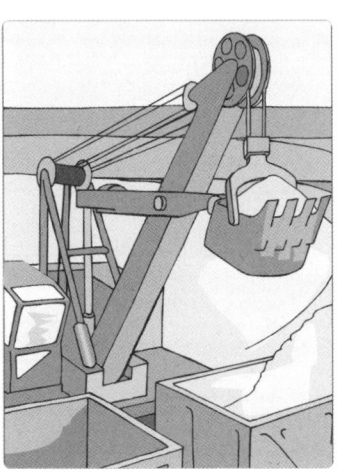

사례 5) 경기 지역 9.3% 소음기준치 초과
"일상생활에서 청력손상 일으키는 수준"

경기 지역의 10곳 중 1곳에 가까운 지역의 소
음이 일상생활에서 청력 손상을 일으킬 수 있
는 수준이라는 조사결과가 나왔다. (중략)

4) 사례분석

사례 1) (중략)이 사례를 통해 알 수 있는 것은, 우리는 특정 시간에 소음으로 인
한 피해를 다시 한번 되새기고 그에 따른 방안을 생각해볼 수 있다는 것이다.
사례 2) (중략) 특정한 지역에 한정된 소음 피해를 고려하여 그 지역에 맞는 방음
시설이 필요하다는 것을 알려준다는 것이다.
사례 3) (중략) 우리 주변에 소음 문제가 아주 가까이 있다는 것을 알려준다.
사례 4) (중략) 소음으로 받은 스트레스가 지속될 경우 우리 몸에 큰 해를 입힐
수 있으며 생활에 지장이 간다는 것을 알려주는 기사이다.
사례 5) (중략) 비록 기사에선 경기라는 특정 지역을 한정하지만 확대해 보면 우
리 주변의 도시도 경기와 비슷할 것이라는 것을 알 수 있다.
(중략)

실험설계

　문제인식으로부터 가설설정, 준비물, 변인통제, 실험장치 설계를 정리한 사례이다. 재질에 영향을 주었을 때의 효과에 관한 1차 실험과 구조에 영향을 주었을 때의 효과에 관한 2차 실험을 구분하여 각각의 탐구실험을 설계한 사례이다. 다만, 아쉬운 점은 변인통제에 있어 '어떤 변인을 통제하였는가'에 대한 설명은 있지만 '어떻게 통제하였는가'를 설명하지 않은 것이 아쉬운 부분이다.

우수 프로젝트 실험설계 사례

라. 실험설계

1) Quality of material에 변화를 두었을 때
재질에 영향을 주었을 때의 효과 - 1차 실험

· 문제인식
　- 재질이 소음 줄이는 데에 영향을 줄까?
　- 어떤 재질이 가장 소음에 효과적일까?
　- 어떤 재질이 소리를 가장 적게, 크게 전달할까?
· 가설
하드보드지 재질이 가장 소리를 크게 흡수할 것이다.
· 준비물
하드보드지 5장, 도화지 5장, 아크릴판 5장, 골판지 5장, 수조, 마이크, 노트북, 음량 측정 프로그램(COOL EDIT PRO), 특정 벨소리가 나는 휴대폰, 가위, 칼, 풀, 글루건, 테이프
· 변인통제
각각의 재질만 다르게끔 하고 나머지 두께, 위치, 온도 등의 주위의 것들은 동일한 조건으로 한다.

- 실험장치 설계
  - 먼저 수조를 준비한다.
  - 일정한 두께를 정하고 수조에 맞게 각각의 재질을 다르게 하여 구조물을 만든다.
  - 노트북과 마이크, 음량 측정 프로그램을 세팅한다.
  - 수조의 중간 위치에 구조물을 끼워 넣는다.
  - 오른쪽에는 마이크를, 왼쪽에는 휴대폰을 놓는다.
  - 벨소리를 실행시킨다.
  - 각각의 구조물에 따른 소음을 측정한다.

2) Structure of the material에 변화를 두었을 때

구조에 영향을 주었을 때의 효과 - 2차 실험

- 문제인식
  - 어떤 구조로 구조물들을 설정해야 소리를 가장 잘 흡수할까?
  - 어떻게 구조화해야 소음을 가장 적게 전달할 수 있을까?
  - 과연 두께에 따라 소리 전달력이 달라지는가?
- 가설

골판지 같은 곡선 겹이 가장 소리를 잘 흡수하여 방음에 효과적일 것이다.
- 준비물

하드보드지 5장, 가위, 글루건, 테이프, 수조, 마이크, 노트북, 음량 측정 프로그램(COOL EDIT PRO), 특정 벨소리가 나는 휴대폰
- 변인통제

같은 수조, 같은 위치의 마이크, 같은 두께의 하드보드지, 같은 면적 그 외 온도 등 동일한 조건
- 실험설계
  - 먼저 수조를 준비한다.
  - 그 다음, 일정한 두께를 정하고 수조에 맞게 각각의 구조를 만든다.
  - 노트북과 마이크, 음량 측정 프로그램을 세팅한다.

> - 수조의 중간 위치에 구조물을 끼워 넣는다.
> - 오른쪽에는 마이크를, 왼쪽에는 휴대폰을 놓는다.
> - 벨소리를 실행시킨다.
> - 각각의 구조물에 따른 소음을 측정한다.

실험과정

실험과정을 정리해 나가는 방법이 매우 구체적인 사례이다. 실험 중 발생한 문제점, 방향 전환, 사용된 소리 값 측정 프로그램과 분석 프로그램들을 소개하고 사용상 주의점과 방법을 설명하고 있다. 또한 실험과정을 단계별로 정리하고 있으며 실패한 결과도 보여주고 있어 여러 번의 실험과정이 잘 나타나 있다. 또한 실험과정의 중간에 연속적으로 사진 기록을 남겨 알아보기 쉽게 정리하고 있다. 중학생들이 사용할 수 있는 간단한 장비와 소리프로그램을 활용하여 프로젝트의 목적에 알맞은 실험을 설계하고 실행하였다.

우수 프로젝트 실험과정 사례

> ### 마. 실험과정
> 1) Quality of material에 변화를 두었을 때
> 재질에 영향을 주었을 때의 효과 - 1차 실험
>
> ### 실험 중 생긴 문제
> 한정된 자원에서 사용해야 하는 관계로 고무판이나 기타 다른 재질이 없어 큰 영향을 미쳐 결국 실험 방향도 틀게 되었다. (중략)

· 실험을 위한 세팅을 완료한다.

준비한 마이크

미리 만들어둔 여러 판들

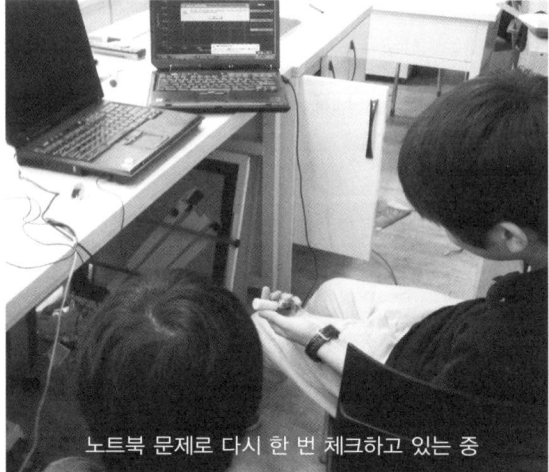
노트북 문제로 다시 한 번 체크하고 있는 중

· 다 준비 되었는지 다시 한 번 꼼꼼히 체크한다.　· 측정을 시작한다.

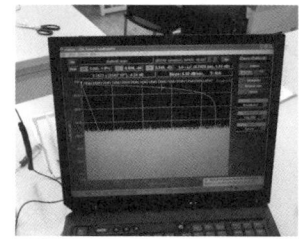
마이크 측정 실패한 값들

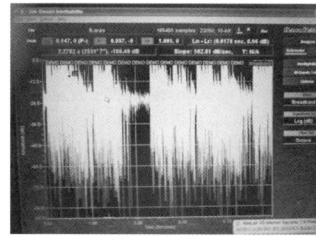
마이크로 값 찾기 성공한 값들

소리 값 측정 프로그램 :
SIA – Smart Intelligibility

소리 값 분석 프로그램 :
Cool Edit Pro

· 구조물을 바꾸어 가며 각각의 값을 측정한다.

· 결과 값을 산출해 낸다.

실험 측정 중엔 소리가 발생하면 실험결과값에 영향을 미치므로 사진 촬영이

불가.(벨소리가 워낙 작은 소리이기 때문에 그만큼 조용해야 함) (중략)

실험결과

바. 실험결과

1) Quality of material에 변화를 두었을 때

재질에 영향을 주었을 때의 효과 - 1차 실험

· 실험결과 정리

실험	기본값	도화지		하드보드		골판지		아크릴	
		한 장	2cm	한 장	2cm	한 장	2cm	한 장	2cm
1차	실패	실패	실패	실패	실패	실패	실패	실패	실패
2차	성공	성공	실패	실패	실패	성공	실패	실패	실패
3차	성공	성공	성공	성공	성공	성공	성공	성공	성공

* 기본값은 아무런 장애물도 설치하지 않았을 때의 값이다.

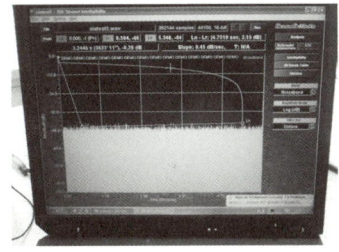

실패한 데이터를 보면 절반이 녹색으로 칠해져 있는데, 이는 마이크의 지지직거리는 소리에 미미한 수준의 벨소리가 더해져서 그런 것으로 보인다.

- 음파 측정 모양

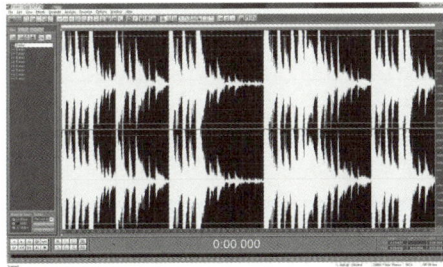
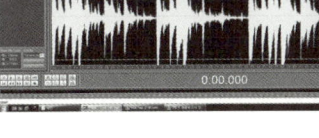

0. 기본값
(중략)

1. 도화지 한 장

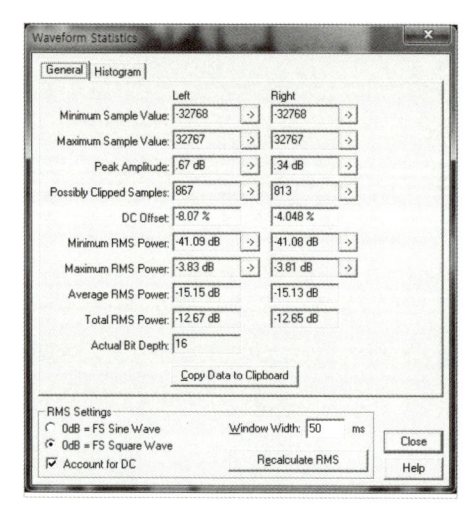

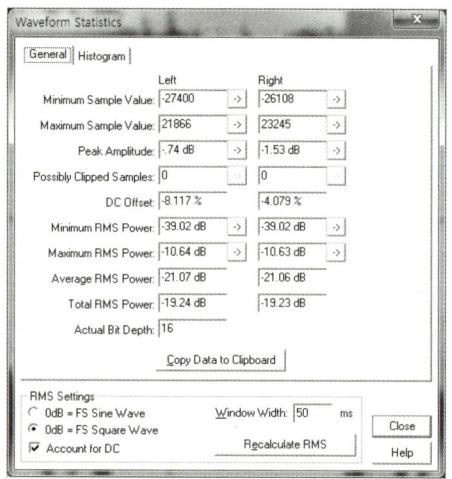

1. 도화지 한 장   2. 도화지 2cm

- 중요값 정리

dB	기본값	도화지		하드보드		골판지		아크릴	
		한 장	2cm	한 장	2cm	한 장	2cm	한 장	2cm
최소	−37.97	−41.09	−39.02	−40.32	−39.14	−39.64	−43.1	−39.38	−40.43
최대	−2.2	−3.83	−10.64	−6.75	−10.01	−3.49	−10.92	−7.78	−8.54
평균	−11.56	−15.15	−21.07	−17.94	−20.36	−16.2	−21.46	−17.93	−19.99

결과 값을 보면 '골판지 2cm'가 가장 작은 값을 보이고 있다.

각 설치물에 따른   의 최소, 최대, 평균값

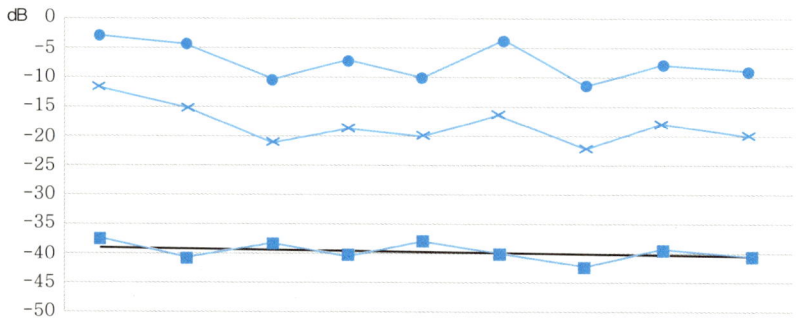

	기본값	도화지 한 장	도화지 2cm	하드보드 한 장	하드보드 2cm	골판지 한 장	골판지 2cm	아크릴 한장	아크릴 2cm
■ 최소	−37.97	−41.09	−39.02	−40.32	−39.14	−39.64	−43.1	−39.38	−40.43
● 최대	−2.2	−3.83	−10.64	−6.75	−10.01	−3.49	−10.92	−7.78	−8.54
✖ 평균	−11.56	−15.15	−21.07	−17.94	−20.36	−16.2	−21.46	−17.93	−19.99

결과 해석

　단순한 데이터 정리는 결과정리로 부족하다. 데이터를 분석하고 해석하는 과정이 반드시 이루어져야 하며 이는 결론도출로 이루어져야 한다.

우수 프로젝트 실험결과 해석 사례

· 실험결과 분석

- 결과분석법

이번 dB 결과는 음수값으로 결과가 나왔기 때문에 비교를 하기 조금 불편하나. 음수 값을 취하면 절대값이 클수록 작은 것이기 때문에 절대값을 취한 숫자가 큰 것이 더욱 방음 효과가 좋은 것이다.

- 실패한 데이터 분석

이 실험결과는 처음 마이크 테스트를 한 결과로써 음량 관계로 나타낸 결과였다. 처음 1차 시도에서는 너무 음량이 작은 관계로 -90dB 이하로 나옴으로써 너무 낮게 나와 비교하기 힘들었기 때문에 2차 시도를 하였다. (중략)

- 한 겹과 2cm의 차이

이 결론은 똑같은 두께일 때의 재질일 때 볼 수 있다. 두께가 똑같지 않은 '한 겹'일 때는 정말 정말 미미한 차이로 결정이 났지만, 똑같은 두께일 땐 한 겹일 때와는 다르게 확실한 차이가 남으로써 그 결론을 유추할 수 있다. (중략)

- 한 겹과 여러 겹의 차이

(중략) 여러 겹의 골판지 일 땐 소리는 어쩔 수 없이 많이 굴절된다. 공기 - 골판지 - 공기 - 골판지....를 여러 번 거치면서 그 세기가 줄어들지만 한 겹의 아크릴에서는 공기 - 아크릴 - 공기. 단 한 번 밖에 거치지 않아 그 세기가 줄어드는 것을 알 수 있다.

> - 방음효과가 좋은 것의 공통점
> (중략) 우리는 딱딱하고 단단한 것 보다는 유연하고 휘어지는 것이 좋다는 결론도 함께 이끌어 낼 수 있다.
>
> · 결론요약
> 이 실험의 결과로 볼 때 똑같은 두께를 유지할 때에는 겹이 많을 때 방음효과가 더욱 크다. 단단하고 딱딱한 것 보다는 부드럽고 잘 휘어지는 유연성이 어느 정도 있는 것이 방음효과가 더욱 크다. (중략)

개발연구

연구한 결과를 활용하여 개발연구에 적용한 사례이다. 중학교 학생의 작품이기에 어설픈 부분이 있는 연구결과이지만 실험을 통해 얻은 결과를 실제로 적용해 보기위해 노력한 점이 우수하게 평가된다.

우수 프로젝트 개발연구 사례

> 사. 개발연구
> 1) 개발연구의 목적
> 이 실험으로 통해 얻은 결과를 집의 구조를 만들어 보는 것으로 실생활에 적용시켜 더욱 심화된 결과를 얻을 수 있다. 이 실험결과를 바탕으로 실생활에 적용해 보는 것이 이번 실험의 목적이며 (중략)
>
> 2) 설계특징
> 집의 구조는 위에서 보았을 때처럼 설계하되 그 벽은 여태까지의 결과물을 도입하여 만든다.
> · 외관은 입체적으로 하며 대부분의 시설을 고려해 보기 위하여 베란다, 복도

등 추가로 안팎에 설치를 해놓는다.

· 내부의 벽은 실제 사용했던 재료로 제작하되 한계가 있으면 수정하여 설립해 본다.

3) 설계과정

· 준비물을 세팅한다.

· 입체적으로 나올 설계 도면을 그린 후 그대로 오린다.

· 각종 용구를 이용하여 입체적으로 설계를 한다.

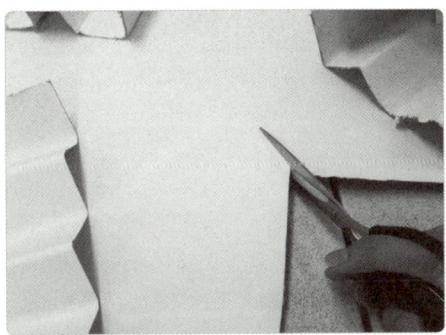
⬟ 설계 후 공구 이용

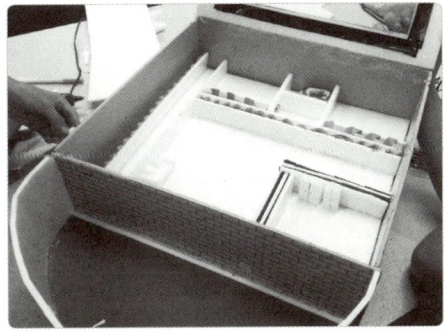
⬟ 벽을 설치한 구조물

PPT 발표

프로젝트의 결과를 발표하는 과정에 있어서 PPT를 활용하는 것은 필요한 과정 중 하나이다. 간략하면서도 중요한 부분을 잘 정리하는 것이 요구된다. 도표와 그림을 적절히 활용하여 만들어진 PPT의 예이다.

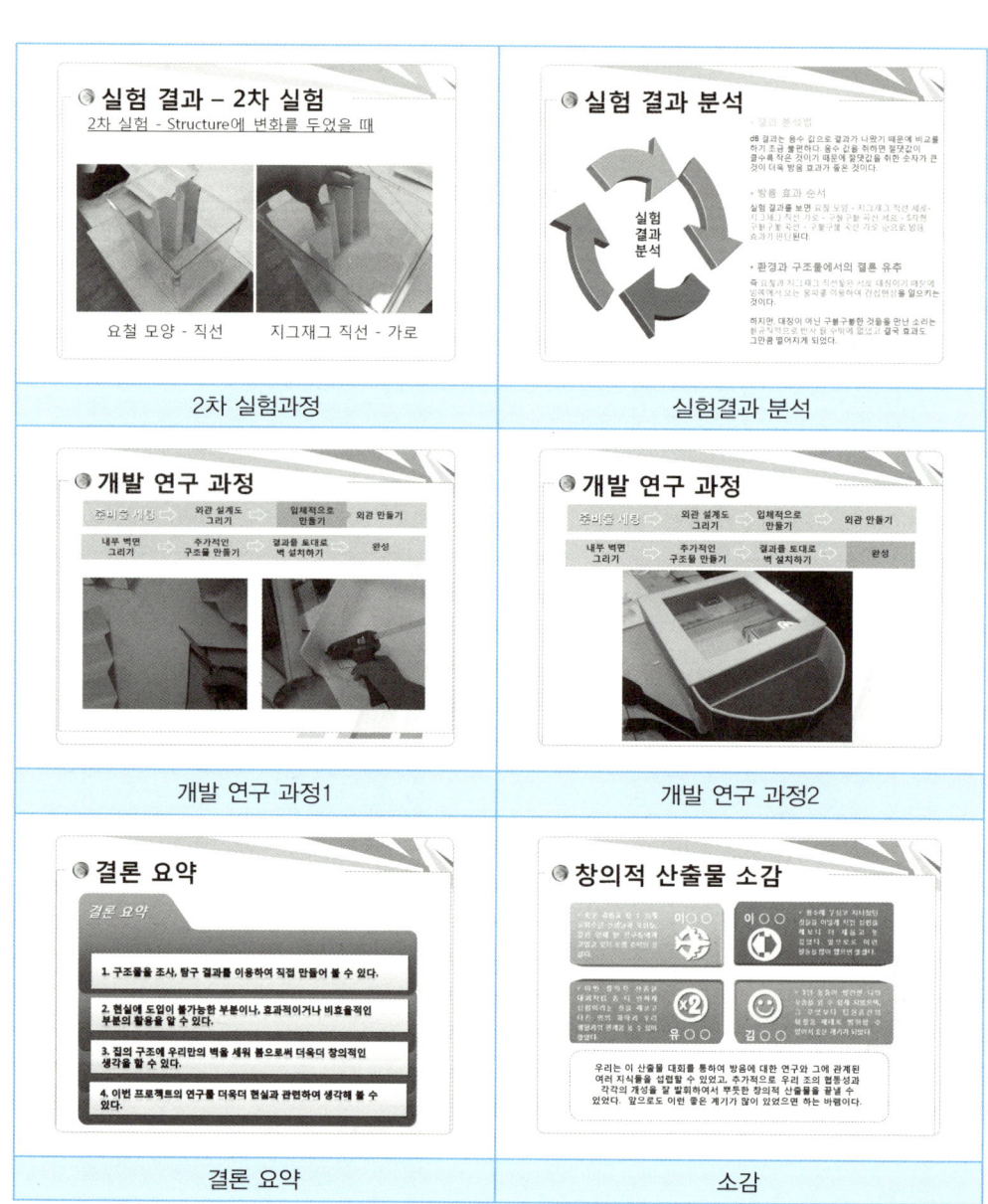

2차 실험과정	실험결과 분석
개발 연구 과정1	개발 연구 과정2
결론 요약	소감

CHAPTER 02

주제선정부터 프로젝트 완성까지, 이것이 프로젝트다

:: **홍천고** 박고운, 김다연, 김윤나

프로젝트 학습, 즐기는 것이 성공의 지름길

한 학생이 아토피 피부염에서 벗어나고자 하는 바람에서 시작된 이 프로젝트는 긴 여정을 거쳐 노력한 결과 훌륭한 결실을 보게 된 사례로 여기에 소개하고자 한다.

4월 초 평소 친분이 두터운 여학생 3인방이 의기투합하여 프로젝트 주제를 찾기 위해 고민을 했다. 어떤 방향으로 프로젝트 주제를 정할지 고민을 하던 3인방은 일단 대주제로 '일상생활과 연관된 주제'로 하자고 합의한 후 각자 그와 관련된 구체적인 주제를 찾기 위해 고민에 들어갔다. 주제발표 시간에 이 모둠은 '피부색과 썬 크림의 효과 탐구' 라는 주제로 발표를 했고, 다른 모둠의 칭찬을 받았다. 지도교사인 필자도 "실험설계만 잘 된다면 꽤 좋은 주제인데..." 라고 조언해 주었다. 곧바로 모둠별 회의를 거쳐 실험설계에 들어갔다. 시판되는 선크림을 5개 구입하였고, 먹음직스런 닭을 세 마리 준비해 오는 것이 아닌가? 어떤 실험설계인가 주의 깊게 지켜봤다. 닭의 껍질을 벗겨서 선크림을 바르고 햇빛에 일정시간 놓아두어 색의 변화를 관찰하겠다는 야심찬 생각이었다.

실험실에서 닭의 껍질을 벗기는 작업이 시작되었다. 실험대가 요리를 위한 도마가 되고, 해부용 칼이 요리용 칼이 되어 닭을 절개해 피부를 벗겨내었다. 많은 시

간 냄새를 참아가며 벗겨낸 피
부 위에 선크림을 바르고 다음
날 햇빛이 비치는 창가에 잘 두
었는데, 운이 없게도 다음날 비
가 내리기 시작했다. 할 수 없이
실험재료를 냉장고에 넣어 이틀
을 보관하게 되었다. 여전히 과
학실은 닭 냄새가 진동했고, 잘

린 껍질은 징그러웠다. 이틀이 지난 후 실험재료를 꺼냈는데, 이럴 수가... 실험재
료가 말라서 흉측하게 오그라들어 있었다.

애써 껍질을 벗겨낸 것이 허무해지는 순간이었다. 다시 재작업 끝에 햇빛에 노
출을 시켰으나, 껍질색의 변화를 육안이나 현미경으로 관찰하기 쉽지 않았다. 일
주일간 닭과의 사투는 이렇게 냄새와 함께 사라져 버렸다.

사람 피부를 닭껍질로 대체하는 것이 의미가 없었고, 햇빛 등의 외부조건이 생
각처럼 닭의 껍질을 변화시키지 못했고 종류가 다른 닭을 구입했지만, 육안이나
현미경으로 색을 구별할 수 있다는 한계가 있었다. 결국 중도 포기할 수밖에 없
었고, 다시 고민에 빠졌다.

친구의 아픔을 나누다 : 아토피야 이제 그만!

역시 실생활과 연관된 주제로 하자는 큰 테두리는 수정하지 않기로 하고 구체
적인 주제를 다시 잡는 데 2주일이 소모되었다. 토의를 거쳐 다시 출발하기로 한
주제는 '천연염색의 고체화' 라는 것이었고, 천연염색을 하는 한 학생의 할머니의
도움을 받기로 했다. 다음은 이 모둠이 작성한 프로젝트 보고서의 〈연구동기〉 부
분이다.

천연염색의 고체화

연구동기

우리가 이 주제를 선정하는 데는 몇 번에 걸친 주제선정 실패와 우리가 실생활에 활용할 수 있는 주제로 하고 싶다는 마음에서 시작되었다.

우리가 살아가는 데 제일 필요한 요소 중에 하나가 바로 의류이다. 여러 가지 색과 무늬로 이루어진 다양한 옷들이 있는데, 그 옷들을 만드는 데는 다들 알다시피 화학약품들이다. 하지만 이 약품들 중에는 사람들 몸에 해로워 아토피를 일으키는 등 여러 가지 문제가 있다. 그래서 요새 관심을 받고 있는 것이 천연염색이다. 다만 천연으로 물들인 옷은 비싸고 집에서 하려면 어려움이 많이 따르고 시간도 많이 투자된다. 그래서 우리가 생각한 것이 천연염색을 조금 더 쉽고 간편하게 꾸미고 싶은대로 꾸미고 건강에도 좋은 그런 방법을 찾아보고 싶었다. 그렇게 생각하다보니 고체로 만들어 비볐을 때도 염색이 될 수 있는 그런 물건을 만들어 보기로 한 것이다.

연구동기와 가설설정 부분의 발표자료이다.

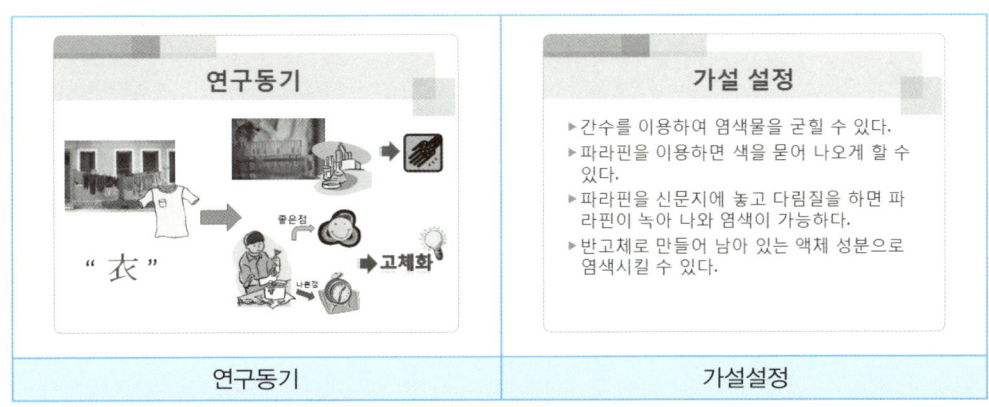

연구동기	가설설정

천연염색을 하는 장인들의 모습을 많이 보면서도 이런 생각을 해보지 못했는데, 아토피로 고생하던 한 학생의 불편함에서 이런 좋은 주제가 나올 수 있었던 것을 보면서 감탄하지 않을 수가 없었다.

옷감에 천연염색을 할 때 끓여야 하는 번거로움에서 벗어나는 방법을 생각해보자는 아이디어였다. 그 모둠 중의 한 학생이 심한 아토피염을 앓고 있어서 늘

옷을 살 때 옷감을 유심히 본다고 했고, 천연염색을 한 옷감의 옷을 입으면 가려움중에서 벗어날 수 있다고 했다. 역시 생활의 불편함에서 좋은 아이디어가 나올 수 있는 것 같다.

열정은 도전을 멈출 수 없다

천연염색 가루를 탄 물에 옷감을 넣고 100℃ 이상의 온도에서 펄펄 끓여주어야 하는 과정을 손쉽게 하기 위하여 처음 출발은 시중에 파는 크레파스의 제조과정을 따라해 보기로 한 것이다. 파라핀을 녹여서 그곳에 1차 염색액을 착색시킨 후 색이 밴 파라핀을 다리미를 사용하여 제거하는 방식이 논의되었다. 그 외에 많은 시간과 다양한 아이디어를 내어 시도하였지만, 결과는 만족스럽지 못했다. 다음은 프로젝트 진행과정의 일부이다.

우수 프로젝트 진행과정 사례

1차 시도 : 간수를 이용하여 염색물 고체화(두부의 응고 원리 응용)
2차 시도 : 파라핀을 이용하여 염색약 굳히기(크레파스의 원리 응용)
3차 시도 : 파라핀 더 단단히 하기
4차 시도 : 양초를 녹여 인공색소와 섞어 굳히기
5차 시도 : 파라핀과 식용유를 이용하여 색소 녹이기
6차 시도 : 다리미를 이용하여 옷감에 착색시키기
7차 시도 : 고체가 되는 것이 불가능하니 반고체화시켜 젤 형태로 만들기
8차 시도 : 액체를 젤리화시켜 옷감에 물들이기
9차 시도 : 천연고체(전분)를 이용하여 반고체화 하기

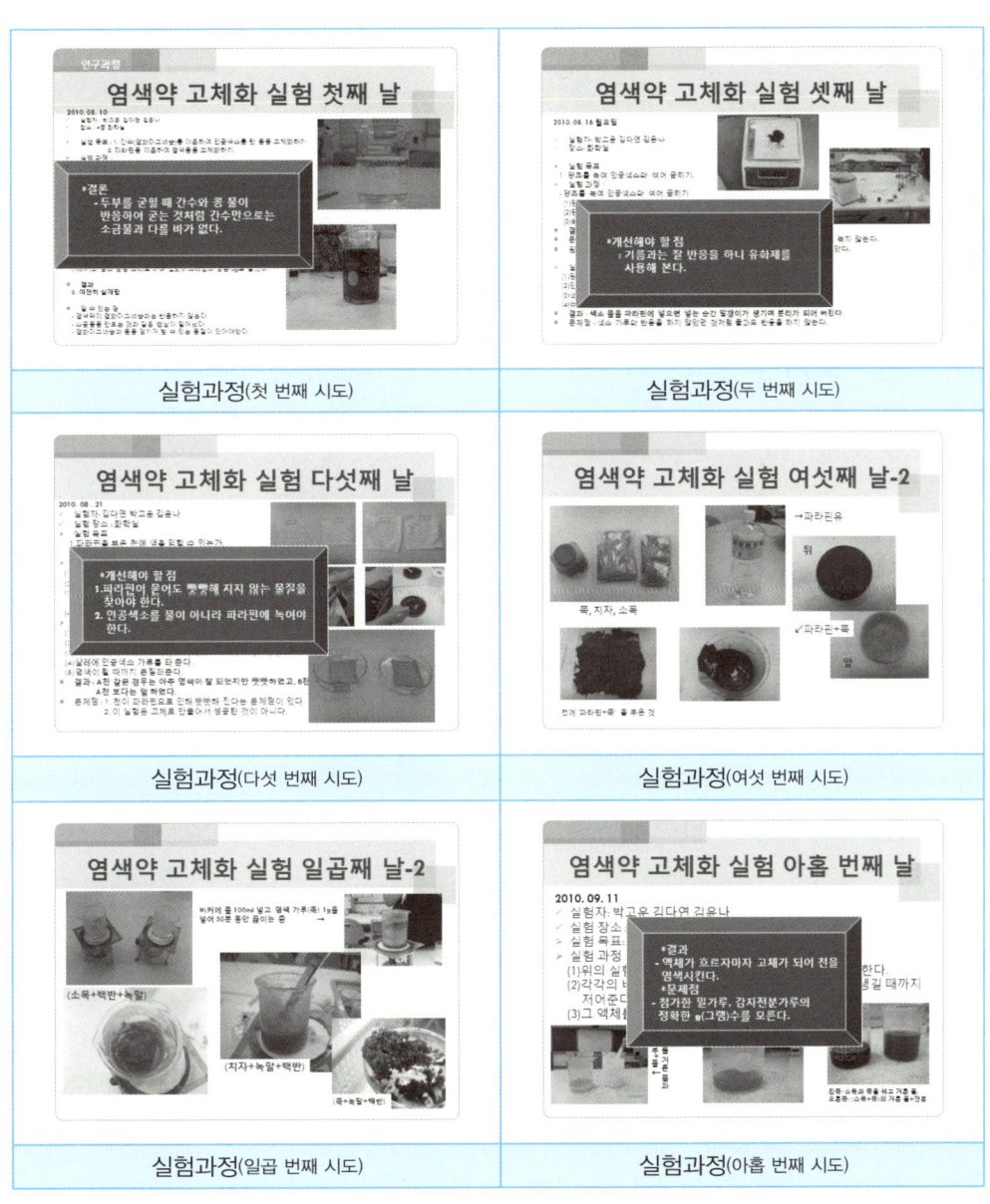

실험과정(첫 번째 시도)	실험과정(두 번째 시도)
실험과정(다섯 번째 시도)	실험과정(여섯 번째 시도)
실험과정(일곱 번째 시도)	실험과정(아홉 번째 시도)

　　한 번의 시도로 원하는 결과를 얻지 못하자 매번 다른 방법을 강구하여 정말 끈질기게 실험방법을 수정하고 또 보완하였다. 한 가지 시도를 가지고 수차례 실험을 반복하였으니 이 모둠의 실험횟수는 역대 필자가 지도한 학생 중 단연 최고였다. 과제를 해결하기 위한 집착력과 애정이 정말 대단했다.

수정된 주제로 다시 실험을 시작했을 때도 해프닝이 있었다. 녹말을 사용하여 염색액을 반고체 상태로 만드는 데 성공하여 프로젝트 목적을 달성했다고 환호하고 난리가 났었다. 그러나 며칠 후 염색은 잘 되긴 했지만 염색된 천에서 녹말가루가 날렸다.

프로젝트 평가 1

실생활의 불편함에서 벗어나 보고자 하는 야심찬 도전에서 출발한 이 프로젝트는 결국 많은 도전과제를 남기고 결과발표를 하게 되었다. 심사위원들은 모둠원들의 끈질긴 도전과 아이디어의 창의성에 높은 점수를 주었다. 그러나 이론적 뒷받침이 부족하고, 실험설계 과정에서의 체계성이 부족하다는 심사위원들의 평을 들었다.

실험을 진행하면서 많은 시행착오를 거쳤다. 그때마다 세심한 실험설계를 다시 하는 게 아니라 시약 하나를 바꾸어 보거나, 온도를 낮추어 보고, 액체를 바꾸는 등의 즉흥적인 아이디어로 실험을 진행하였다. 깊이 생각해 보지 않고 그 아이디어를 따라 실험을 바꾸고 또 가열하고, 다리미로 다리고, 가열하고, 질량을 조금 줄여서 또 끓이기를 반복했다.

수십 번의 즉흥적인 실험이 시도되었다. 크레파스의 원리를 이용하자는 처음의 아이디어는 좋았으나, 결과가 생각한 대로 나오지 않자 그때부터 당황하여 순서 없이 실험이 진행되어 가고 있었다.

처음의 실험설계가 모두 성공할 수는 없다. 앞에서 본 라부아지에처럼 한 번의 설계로 실험에 성공하기란 정말 어려운 일이다. 특히 우리가 전문연구원도 아니지 않는가? 그러나 최대한의 실패를 줄이려면 실험설계를 할 때 주의사항이 무엇인지, 어떤 변인을 통제하고, 이 실험에서 어떤 변인을 변화시킬 것인지 등의 구체적인 계획이 철저하게 세워져 있어야 한다. 처음 세운 실험설계가 실패로 돌아갔다면, 좀 더 신중하게 전문가에게 도움을 청하거나, 문헌을 찾아보아야 한다.

또한 이 프로젝트는 염료의 고체화에 목표를 두었기 때문에 이론적인 근거를 찾기가 쉽지 않았다. 이런 시도를 한 사람도 없고, 전문연구원에게 의뢰한 결과 이런 생각은 정말 창의적이라며, 자기도 한번 연구해 보고 싶다고 말할 정도였다. 그렇다고 근거제시 없이 보고서를 작성하는 것은 믿음이 떨어진다.

위 실험의 경우 두부의 응고제를 사용하는 원리는 무엇이며, 이 실험의 경우 왜 응용이 어려웠는지, 크레용의 제조원리는 무엇인데, 우리는 왜 어떤 점에서 실용화에 어려웠는지, 왜 전분을 사용하게 되었는지, 전분의 어떤 특성을 이용했는지..... 등 다양한 영역에서 이론적인 근거를 제시했더라면 좀더 깊이 있는 보고서가 되었을 것이다.

물론 모든 보고서가 꼭 이론적인 뒷받침이 있어야 하는 것은 아니다. 때로는 자신의 호기심이나 주변의 다양한 현상이 근거가 될 수도 있고, 확률을 근거로 제시할 수도 있다. 다양한 면에서 자신의 연구를 뒷받침할 만한 사실을 제시한다면 좋을 것이다.

프로젝트 평가 2

모든 활동이나 실험이 한번 만에 좋은 결과를 얻기란 정말 어렵다. 우리가 전문적인 과학자도 아니고, 다양한 많은 실험을 해본 경험이 있는 것도 아니기 때문이다. 그래서 대부분의 학생은 의욕에 넘쳐 프로젝트를 시행했다가 몇 번의 실패를 경험하게 되면 실망하고, 포기하고 주제를 바꾸고 처음부터 다시 시작하려고 한다. 그러다가 두 번째 주제도 여의치 않으면 포기를 하게 되고, 결국 인터넷 자료를 편집해서 제출하는 등의 쉬운 길을 걷게 된다. 끈기를 가지고 실패를 거울삼아 재도전하기를 반복하기란 좀처럼 쉽지 않다. 이렇게 실패를 두려워하지 않고 오히려 도전의 계기로 삼는 학생이라면 어떤 일도 성공해낼 수 있는 근성이 있는 학생이라 생각된다.

이 모둠이 그랬다. 여러 번의 실패를 거쳤고, 주제를 바꾸어야만 하는 사태까지

갔어도 결코 포기를 몰랐다. 호기심을 해결하려는 끈기와 노력은 정말 진정한 과학자의 자질을 그대로 보여주는 것이었다. 서너 번의 실패를 경험했을 때 모둠원 중 한 명이라도 "이건 안 되는 건가봐, 우리 다른 걸로 하자"라고 말했다면, 아마도 다른 길을 걸었을지 모른다. 그러나 3인방 누구도 포기하지 않았고, 단합과 끈기는 가히 놀라웠다.

호기심 해결을 위한 욕망과 끈기로 이 모둠은 많은 칭찬을 받았고, 프로젝트 수행으로 천연염색을 걸쭉한 죽의 형태로 만들어 옷감에 염색을 하는 데까지 발전시켰다. 그러나 목적한 바의 전부를 해결한 것이 아니었고, 발표대회가 끝난 후에도 좀더 이 아이디어를 발전시켜 다른 대회에 출품해 보겠다고 했다. 정말 놀라운 학생들이었다. 이 정도의 열정과 노력이라면 좋은 결과가 나올 것이라 확신한다.

이 모둠의 칭찬할 만한 것은 또 있다. 어려움에 맞닥뜨리자 주변의 누구도 염색을 전문적으로 해보지 않았기 때문에 고체화가 가능한지에 대한 의문이 들었고, 지도교사인 나도 확신이 들지 않아 고민을 하고 있었다. 이 학생들은 가능성에 대한 궁금증을 해결하기 위해 무작정 인터넷을 통해 전문염색회사의 연구원을 찾아내어 전화를 걸어 보는 용기를 발휘했다. 전화를 걸어 자기가 누구고, 왜 전화를 해야만 했는지 설명한 후 주제가 가능한지 혹시 도움을 주실 수 있는지를 물었고, 그 연구원은 학생들의 노력이 가상한지 칭찬을 듬뿍 해주며, 이메일 주소까지 알려주셨다는 것이다. 역시 간절히 원하면 이루어진다고 했던가……

전문염색회사에서도 염색액의 고체화에 대한 연구를 해본 적이 없지만, 가능하지 않을까 라는 가능성을 들었고, 본격적인 실험에 돌입하게 되었던 것이다.

누구나 호기심을 해결하고자 하는 욕구가 있다. 그러나 이렇게 적극적으로 정보를 얻기란 정말 용기가 필요하지 않을까?

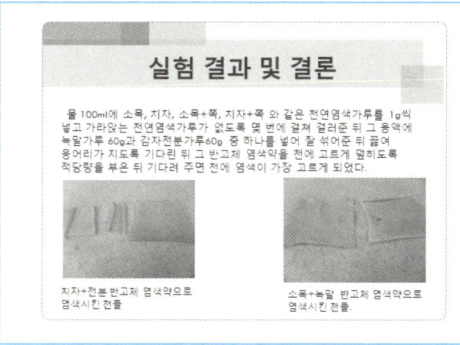

실험결과 및 결론	실험정리 및 해결방안

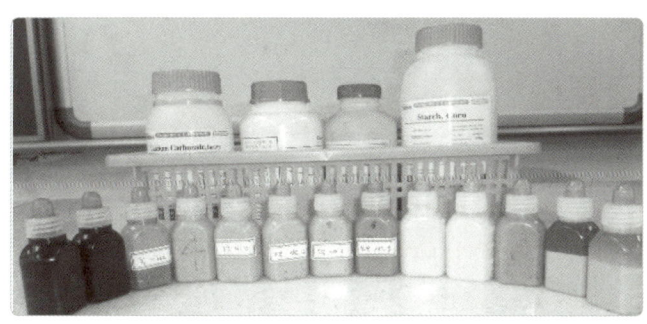

프로젝트 최종 산물

　　하는 수 없이 전문가의 도움이 필요하다고 느끼게 되었고, 인터넷을 통해 염색을 전문적으로 하는 회사의 연구원을 무작정 찾아서 어렵게 조언을 들을 수 있었다. 인맥도 없는 연구원에게 무작정 전화를 걸어 도움을 청하는 학생들의 용기에 다시한번 감동했다. 별 큰 소득은 없었지만, 그 연구원이 참 좋은 아이디어라고 칭찬을 해주었는지 번번이 실패를 거듭한 모둠에게 용기를 불어넣어 주었다.

　　나는 이 모둠을 지도한 지도교사로 심사에는 참여하지 않았으나, 심사위원들의 평이 옳았다. 이 학생들도 그 의견에 동의하였으며, 이 프로젝트를 좀더 발전시켜 보고 싶다는 생각이 들었다. 현재 이 모둠은 연말에 열리는 학생과학전람회 참가를 목표로 다시 뭉쳐 실험실을 점유하고 있다.

　　다음은 기나긴 프로젝트를 끈기와 열정으로 완성한 학생들의 느낀 점의 일부이다.

>> 우수 프로젝트 느낀 점

고운 :: 우리 조는 다른 조들에 비해 파란만장 했던 것 같다. 주제 정하는 데에서부터 우리는 순탄치 않았기 때문이다. 주제도 3번이나 바꾸고, 실험도 마음대로 진행되지 않아 힘들 때도 많았다. 시간도 얼마 없었기 때문에 뭔지 모를 불안감도 있었고, 늘 초조한 마음으로 실험에 임해 더 힘들었던 것 같다. 그래도 마지막에 이렇게 좋은 결과가 나와서 뿌듯하기도 했고 이 프로젝트가 벌써 이렇게 끝났다는 것에 대해 시원섭섭하기도 했다. 지금 내 욕심으로는 중간고사가 끝나고 나서 조금 더 안정을 찾으면 전문가에게 다시 한 번 조언을 얻어 완벽한 반고체를 만들고 싶다. 그리고 특허청에 내 놓아도 정말 부끄럽지 않을 수 있는 그런 좋은 결과를 얻고 싶다.

윤나 :: 다른 조들이 다 실험을 시작하거나 계획을 짤 때 즈음에 우리 조는 주제를 수정하고 보완하느라 다른 조보다 늦어지는 면도 있었고, 실험이 생각처럼 잘 되지 않아서 실험과정을 수정을 다시 해서 다시 실험을 해서 더 늦어졌다. 처음에 계획 했던 것처럼 완전한 고체 상태로는 만들지 못해서 아쉬운 점도 있었지만, 반고체 상태로 만들어서 완성시킬 수 있어서 뿌듯했다. 실험도 굉장히 많이 했고 실패도 많이 하였지만 그만큼 더 좋은 결과를 얻은 것 같아서 기쁘다. 실험을 다 끝내고 나니 보완할 점이 많이 보였는데, 나중에 그런 점을 보완하여 다시 만들 수 있는 기회가 있으면 좋겠다.

다연 :: 일단 난생 처음으로 우리 스스로 주제를 정해서 그 주제에 대해 실험하고 알아가면서 결과를 이끌어 내는 활동을 해봤다. 처음으로 해보는 활동이라서 그런지 주제도 확실하게 빠른 기간 내에 정하지도 못해서 걱정도 되고 불안했는데, 결과적으로는 아주 만족스럽다. 우리가 원하던 고체 염색약에 가장 가까운 반고체 형태의 염색약을 만들어서 그 염색약이 천에 염색이 골고루 되었기 때문이다. 그 과정동안 고체형태가 잘 되지 않아 애도 먹었고, 염색이 잘 되지 않아 걱정도 많이 했는데, 열심히 한 만큼 우리가 원하는 결과가 나와서 정말 기분이 좋지만 아직은 완벽하지 않은 탓에 이 산출물 활동은 끝나지만 후에 계속 고체 천연염색약을 만드는 데 더 힘쓰고 더 노력해서 완벽한 결과물을 얻고 싶다.

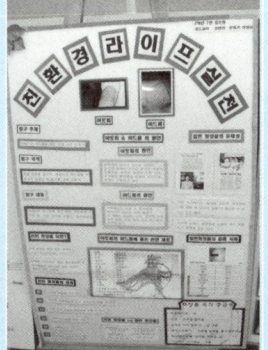

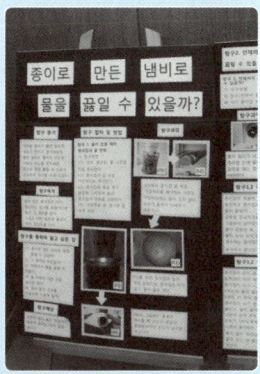

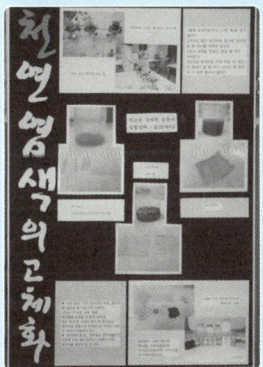

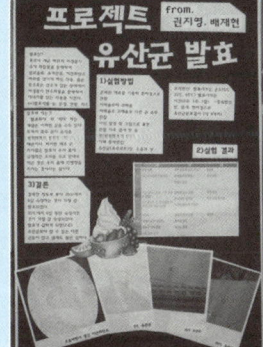

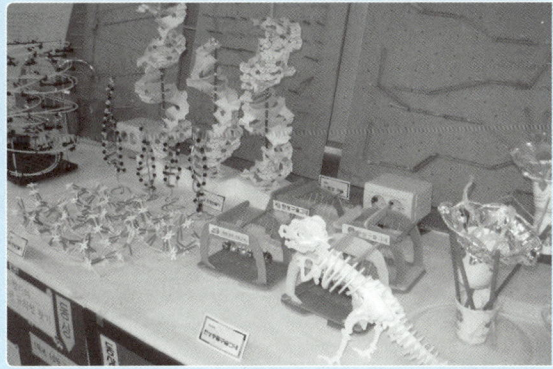

▲ 일 년의 프로젝트 산출물이
한자리에 모이다

◀ 프로젝트 연구 발표를 통해
최종 정리하다

PROJECT

프로젝트 학습을 디자인하다

creativity

04

CHAPTER 01
심화된 주제탐구 과정

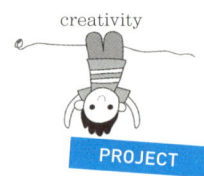

프로젝트의 사전적인 의미는 무엇인가를 심사숙고하거나 고안하거나 계획하는 것, 많은 돈과 장비를 가지고 특수한 탐구과정으로 비교적 큰 것을 수행하는 것, 교사가 학생에게 개별적으로나 집단적으로 부여한 보충 과제를 수행하는 것 등으로 나타나 있다. 이것을 종합해 볼 때 프로젝트란 개인이나 그룹이 '심화된 주제를 선정하여 심층적으로 탐구하는 활동'이라 볼 수 있다.

최근 교육계의 동향은 학생들의 자기 주도적 학습력을 기르고 창의성을 향상시키는데 주목하고 있다. 프로젝트 학습은 학생 스스로 자신의 흥미나 관심이 있는 분야의 탐구주제를 선택하고 탐구계획을 세우고 문제를 해결해 가는 활동이므로 사회적 변화에 맞는 좋은 학습방법이라 할 수 있다.

또한 학생들의 학습효과를 극대화시키기 위한 방법으로 통합 교육과정, 가정과 학교의 학습 연결, 복잡하고 개방적인 과제를 상호 협동적으로 해결하는 수업 방법 등이 장려되고 있다. 프로젝트 학습은 이에 맞는 매우 효과적인 방법이라 할 수 있다.

프로젝트 학습은 계획단계, 실행단계, 결과 처리단계 순으로 진행할 수 있다.

계획단계는 주제선정, 관련자료 찾기, 자료 수집 및 자료의 조직화 등을 포함하며, 실행단계는 아이디어 교환, 데이터 수집 및 분석, 실험, 전문가 인터뷰, 탐방,

제작 등 구체적인 수행과정으로 이루어진다. 결과처리 단계에서 데이터 처리 및 시각화, 결론 도출, 프로젝트 발표를 수행함으로서 프로젝트 활동을 마무리한다.

계획단계

모든 활동이 그렇듯이 계획단계는 매우 중요하며, 특히 주제선정은 프로젝트의 질을 결정하는 중요한 과정이다. 이 책의 앞부분에는 주제선정을 위한 좋은 팁이 소개되어 있다. 이를 잘 활용하면 좋은 주제를 정할 수 있을 것이다.

주제의 종류에 따라 과학에서 주로 사용하는 프로젝트는 다음과 같은 종류로 나눌 수 있으며, 그 종류에 따라 실행단계에 약간의 차이를 부일 수 있다.

◯ 실험 프로젝트(Experiments)

스스로 문제를 정하고, 실험을 설계하며, 결과를 기록, 보고서를 작성하는 프로젝트이다. 최종 산출물은 단계별로 수행과정에서 나온 실험장치, 결과적으로 얻어진 작품, 최종보고서가 될 수 있다.

실험 프로젝트 주제의 예

- 온도변화에 따른 물의 표면장력 변화
- 감자(빵, 음식물)에서 곰팡이가 잘 생기는 조건에 대한 탐구
- 김치의 항균성에 대한 탐구
- 모발의 염색과 손상도에 대한 탐구
- 입자크기에 따른 물에서의 침강속도 차이 탐구
- 물질에 따른 점성도 탐구
- 여러 가지 음료의 액성 탐구

⭕ 조사 프로젝트(Research)

스스로 더 알아보고 싶은 주제를 정하고 도서관, 인터넷, 과학관 등에서 자료를 수집하거나, 관련기관을 방문하여 전문가의 도움을 받는 등의 활동을 통해 자료를 수집하여 보고서를 작성하는 형태이다. 최종산출물은 과학관 탐방사진이나, 전문가와의 인터뷰 내용, 필요한 자료를 잘 정리한 보고서가 될 수 있다.

조사 프로젝트 주제의 예

- 판구조론과 지각변동의 관계
- 쓰나미의 발생원인 및 대처방안
- 화학결합의 종류에 따른 분자 모형 탐구
- 발전기의 원리 및 우리나라 전기 발전의 기여도
- 기름유출사건으로 인한 해양생태계의 변화 탐구
- 서해안 갯벌 생물종의 다양성
- 석빙고의 과학의 원리 탐구

⭕ 시범 프로젝트(Demonstrations)

학생들이 교과서에 배운 특정 과학적 원리나 법칙을 이해하기 쉽게 기구나 장치를 만들어 시연하는 형식으로 과학적 현상의 원리나 실제 자연에서 일어날 수 있는 것을 실험실 내에서 보여주는 것이다. 시범을 통해 만들어진 장치나 기구를 활용하여 과학 원리를 설명한 보고서는 산출물이 될 수 있다.

시범 프로젝트 주제의 예

- 철가루를 활용한 자기장의 모양 관찰 및 탐구
- DNA 구조 탐구 및 다양한 재료를 활용한 모형 만들기
- 어둠상자를 이용한 빛의 반사와 굴절 현상 탐구
- 강력한 가우스 가속기 만들기
- 파도를 이용한 풍력발전기 만들기
- 눈으로 볼 수 있는 입자모형 만들기
- 사이펀 원리를 이용한 혈액순환 모형 만들기

실행단계

수립된 계획을 하나하나 체계적으로 실천해 나가는 과정은 마치 건물의 벽돌을 쌓아올리는 일과 같다. 실행단계의 기초적인 수행 없이 연구목적에 맞는 결과를 기대할 수는 없다. 다음은 프로젝트의 종류별 실행방법이다.

◉ 실험 프로젝트(Experiments)

문제에 대한 가설을 설정하고, 그 가설을 검증하기 위한 실험을 설계하고, 실험결과 데이터를 얻는다. 보통 2~3가지의 가설을 설정하여 실험을 수행하게 되는데, 실험도중 얻어진 데이터를 꼼꼼하게 기록하는 실험노트를 활용하면 좋다.

◉ 조사 프로젝트(Research)

더 많은 자료를 얻기 위해 인터넷 검색을 하거나 도서관을 찾아가 전문서적을 통해 자료를 찾고, 과학관과 박물관 등을 찾아가는 활동을 한다. 더 심화된 자료를 얻기 위해 국회도서관의 논문검색 시스템을 이용하거나, 각 대학별 논문검색 시스템을 활용하면 전문적이고 깊이 있는 자료를 얻을 수 있다. 또한 그 분야의 전문가를 찾아가 인터뷰하는 방법도 매우 권장할 만하다. 다양한 곳에서 얻은 자료를 주제별로 체계적으로 정리하는 것도 중요하다.

◉ 시범프로젝트(Demonstrations)

과학적 원리나 이론을 쉽게 설명할 수 있는 장치를 제작하는 과정이다. 장치에 대한 설명서를 포함한 설계도를 그리고, 설계도에 맞게 장치를 만든다. 그 분야의 전문가의 도움을 얻어서 손쉽게 찾을 수 있는 자료를 만드는 것이 좋으면, 되도록 고가의 장비가 쓰이는 장치는 지양하는 것이 좋다. 만들어진 장치를 활용하여 과학적 원리를 시연해 보고 그 결과를 기록한다.

결과처리단계

프로젝트 실행 후 얻어진 데이터를 압축적이고, 눈에 잘 들어오도록 기술할 필요가 있다. 복잡한 데이터를 정리하고, 시각화함으로써 데이터의 의미를 잘 전달할 수 있도록 표와 그래프, 그림 등을 사용할 수 있다. 보고서 내용을 읽지 않아도 표와 그래프와 그림만으로 그 내용이 설명되어야 한다. 구체적인 제목을 붙이면 더 쉽게 내용이 전달될 수 있다. 보고서 작성자가 직접 얻은 데이터가 아닌 경우에는 그 표나 그림의 출처를 꼭 밝혀야 한다.

◯ 변인

프로젝트의 종류에 따라 가설을 세워서 실험을 하는 경우가 많다. 이때 변인을 찾아서 가설을 잘 세울 필요가 있다.

과학탐구에서 변인은 크게 독립변인과 종속변인으로 나눌 수 있다.

- 독립변인이란 실험결과에 영향을 줄 수 있는 변인으로서 조작변인과 통제변인으로 나뉘며, 그 차이점은 다음과 같다.
  조작변인 : 가설이 검증될 수 있도록 실험자가 의도적으로 변화시키는 변인
  통제변인 : 독립변인 중에서 조작변인 이외에 일정하게 유지시켜야 하는 변인

- 종속변인이란 조작변인이 변함에 따라 함께 변하는 변인으로, 측정 또는 관찰하고자 하는 결과를 나타낸다.
- 변인통제란 조작변인을 제외한 독립변인과 종속변인 사이의 관계에 영향을 줄 수 있는 나머지 모든 변인들을 일정하게 유지하는 과정을 말한다.

다음은 '사과와 감자의 갈변을 늦출 수 있는 조건 찾기' 프로젝트에서 가설에 따른 변인을 설정한 사례이다.

가. 제목

사과와 감자의 갈변을 늦출 수 있는 조건 찾기

나. 가설

소금물의 농도가 짙으면 사과의 갈변이 늦춰질 것이다.

다. 변인

· 조작변인 - 소금물의 농도
· 종속변인 - 사과와 감자의 갈변정도
· 통제변인 - 소금물의 양, 소금물의 온도, 사과와 감자의 크기 등

● 표

데이터를 체계화시키는 첫 번째 단계는 표를 작성하는 것이다. 표를 사용하면 많은 양의 데이터를 일목요연하게 효과적으로 기록할 수 있다. 표는 이해하기 쉽게 만들어져야 하며, 그래프보다 정확한 데이터를 보여줄 수 있다.

실험에서 얻은 값을 유효숫자를 고려해 정리해야 하며, 단위를 제시해 주어야 한다. 많은 양의 데이터를 제시하거나, 개별 데이터 값을 정확히 보여줄 필요가 있을 때 표는 중요한 역할을 하게 된다. 이때 다음의 주의사항을 참고하면 좋다.

1) 표의 제목은 간결하게 붙이고, 표의 윗부분에 쓴다.
2) 얻어진 데이터에서 독립변수는 가로축에, 종속변수는 세로축에 배열한다.

이 프로젝트는 건축물의 기둥 구조에 따른 안전성을 비교하기 위해 다른 모양
의 기둥 구조물을 제작한 후 휴지박스를 올려놓고 얼마나 잘 견디는가를 측
정하여 결과를 나타낸 표이다.

관찰 건축물 기둥종류	최대로 안전했었던 휴지박스의 개수	찌그러지기 시작할 때 의 휴지박스의 개수	무너졌을 때까지 쌓아 올린 휴지박스의 개수
X자형 기둥	1개	2개	3개
11자형 기둥	3개	4개	6개
반 원통 아치형	2개	3개	7개
크로스볼트	7개	8개	11개 이상

크로스볼트〉 반 원통 모양의 아치〉 11자형 기둥〉 X자형 기둥
실험결과 가설과 맞게 여러 개의 아치를 교차시켜서 힘을 더욱 여러 곳으로 분
산시키는 크로스볼트가 월등하게 많이 버텼다. 그리고 아치형 모양인 반원통
모양의 아치가 그 다음을 이었다. 그리고 11자형 X자형 순이었다.

학생이 작성한 표 속의 변인의 위치가 잘못되어 있어 한눈에 그 내용을 알아보
기 어렵다. 실험변인을 고려하여 표를 다음과 같이 수정하는 것이 적당하다.

실험변인

· 독립변인 : 건축물의 기둥 종류
· 종속변인 : 견디는 휴지박스의 개수

휴지박스의 개수(개) 휴지박스를 견디는 정도	건축물 기둥의 종류			
	X자형	11자형	아치형	크로스볼트
최대로 안전했을 때	1	3	2	7
찌그러지기 시작할 때	2	4	3	8
무너질 때까지 쌓아올렸을 때	3	6	7	11이상

이 프로젝트는 여러 가지 고체 화합물을 용해열을 측정한 것으로 같은 질량의 고체 화합물을 물에 용해시켰을 때 반응열을 조사하여 발열반응과 흡열반응에 대해 탐구한 것이다. 실험에서 얻어진 데이터를 표와 그래프로 정리하고 흡열반응인지, 발열반응인지를 판정하였던 실험결과의 일부이다.

	처음 온도	나중 온도	온도변화	반응종류
소금	25.8	23.88	약 −2	흡열반응
설탕	25.14	25.02	약 −0.12	흡열반응
질산암모늄	25.2	23.28	약 −2	흡열반응
염화칼슘	24.9	27.42	약 +2.5	발열반응
수산화나트륨	27.36	30.38	약 +3	발열반응
염화칼륨	25.08	24.36	약 −1	흡열반응

교사 제안 후 완성된 표 작성 사례 02

학생이 작성한 표를 보면 어떤 고체 화합물을 사용하였는지, 얼마만큼의 온도변화가 생겼는지 한눈에 들어오지 않는다. 또한 온도를 측정한 것인데, 온도의 단위도 기록하지 않았다. 특히 열의 출입을 나타낸 결과는 표 안에 기록하는 것보다 결론을 정리하는 부분에서 언급하는 것이 더 좋을 듯하다. 실험변인을 고려하여 표를 다음과 같이 수정하는 것이 적당하다.

실험변인

· 독립변인 : 고체화합물의 종류
· 종속변인 : 온도변화

온도(℃)	고체 물질					
	소금	설탕	질산암모늄	염화칼슘	수산화나트륨	염화칼륨
처음 온도	25.8	25.14	25.2	24.9	27.36	25.68
나중 온도	23.88	25.02	23.28	27.42	30.38	24.36
변화량	약 −2	약 −0.12	약 −2	약 +2.5	약 +3	약 −1

(변화량 = 나중 온도 − 처음 온도)

◯ 그래프

그래프는 복잡한 데이터를 쉽게 이해할 수 있도록 도와줄 수 있어 매우 유용하다. 특히 얻어진 결과 데이터의 변화추이나 변인간의 상호관계를 파악해야 하는 경우나, 주어진 데이터로 다음에 올 결과를 예측해야 하는 경우에는 더욱 중요한 역할을 한다.

가. 데이터의 의미를 잘 전달할 수 있는 그래프의 종류를 선택해야 한다.

나. 데이터 축의 척도를 잘 결정해야 한다.

다. 독립변수는 가로축에, 종속변수는 세로축에 배열한다.

엑셀 프로그램을 사용하여 표를 작성하면 다양한 그래프를 작성할 수 있는데, 필요에 따라 적절한 그래프를 선택해야 한다.

불연속적인 변수일 때는 막대형 그래프를 사용하고, 연속적인 변수일 때는 선형그래프를 사용하는 것이 좋으며, 전체의 값에서 특정자료가 차지하는 비율을 %로 나타내고자 할 때는 원형그래프를 사용하는 것이 좋다.

학생들의 그래프 작성 사례 01

표 작성 사례 2의 결과를 학생이 작성한 그래프는 다음과 같다.

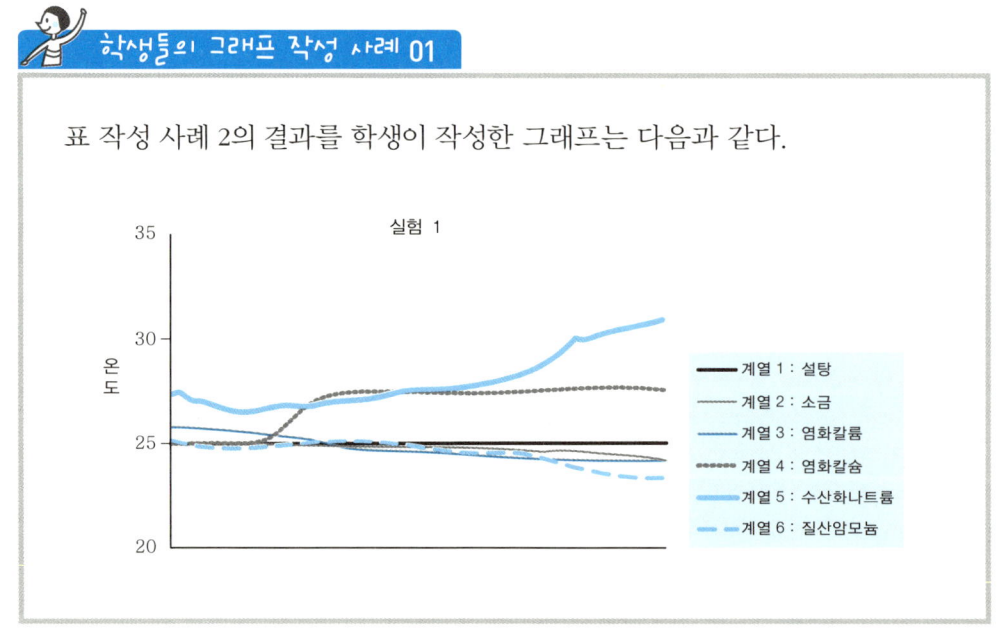

여러 가지 고체 물질의 용해에 따른 온도변화를 측정한 실험이므로 독립변인
인 고체물질의 종류가 서로 연관성이 없는 변인이므로 꺾은선 그래프를 사용
하는 것보다 막대그래프를 사용하는 것이 바람직하다. 또한 결과 정리에 필요
한 데이터에서 중요한 것은 온도 변화량 값이 아니라 온도의 증감이다.

따라서 독립변인인 고체화합물을 가로축으로 놓고, 종속변인인 온도변화량
을 세로축으로 설정하고 온도변화의 증감을 볼 수 있도록 막대그래프를 사용
하는 것이 좋다. 수정된 그래프는 다음과 같다.

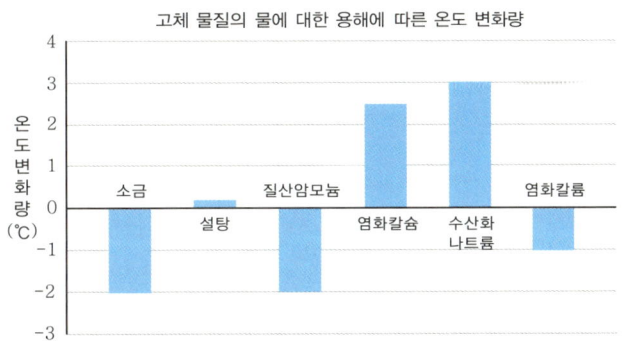

고체 물질의 물에 대한 용해에 따른 온도 변화량

일본 왕개미의 군집생활에 대한 탐구로 프로젝트를 진행한 학생의 결과처리의
일부이다.

낯선 개체가 침입했을 때 대처하는 개미의 모습을 관찰하여 일본 왕개미 군락
내의 역할 분담을 탐구한 결과 낯선 개체 투입 10분 후의 모습을 살펴보면 약
45%의 개미들이 낯선 개미를 둘러싸고 활발한 움직임을 보이고 있으며 이 중
에서 2마리의 병정개미와 3마리의 소형개미가 낯선 개미를 물어뜯는 모습을 볼
수 있었다.

● 낯선 개체 투입 10분후의 모습

구분	개미의 관찰된 행동	개미 종류	개미 수	백분율(%)
활동하지 않는 개미	벽면에 붙어서 쉼	소형일개미	6/20	30
활동하는 개미	낯선 개미를 둘러싸고 활발히 움직임	소형일개미	7/20	35
		대형일개미	2/20	10
	낯선 개미를 공격함	소형 일개미	3/20	15
		대형 일개미	2/20	10

교사 제안 후 완성된 그래프 작성 예 02

개미 종류별로 낯선 개체와 만났을 때의 행동을 표로 나타내었다. 표 속에 많은 내용을 포함하고 있어서 다소 복잡해 보이는 경향이 있다. 이럴 때는 적당한 그래프를 활용하여 표현해 주면 일목요연하게 표현할 수 있었다. 이 결과의 경우 전체 개미를 100%로 보았을 때 각 개미의 활동을 나누어 %로 나타내었으므로 원형그래프를 사용하여 기록하면 표만 나타내는 것보다 더 쉽게 내용을 이해할 수 있을 것이다.

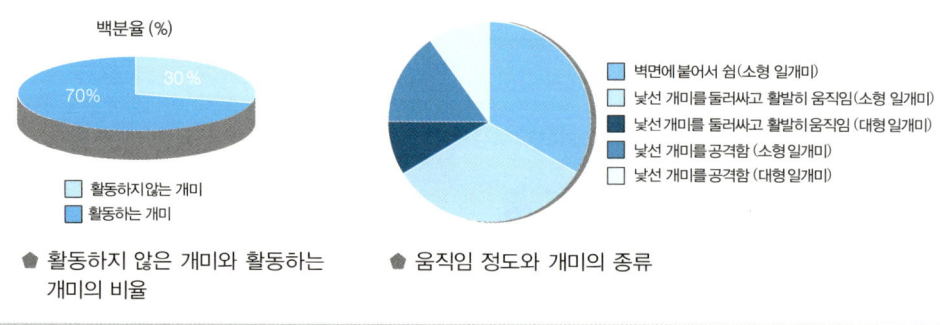

● 활동하지 않은 개미와 활동하는 개미의 비율　　● 움직임 정도와 개미의 종류

학생들의 그래프 작성 사례 03

이 그래프를 작성한 학생은 자신이 사는 지역의 환경오염실태에 관심을 가지고 연구하면서 탄천의 세 지점을 정하고 각 지점별 pH, EC(전기전도도), DO(Dissolved Oxygen), BOD(Biochemical Oxygen Demand), COD를 조사하였다. 실험 결과 표와 그래프를 다음과 같이 나타내었다.

1) 실험결과 : 각 지점별 수소이온 농도와 전기전도도

pH 수소 이온 농도

지점1 상류	7.22
지점2 중상류	6.91
지점3 중류	6.97

EC(Electric Conductivity) 전기 전도도

지점1 상류	140.1μS/cm
지점2 중상류	0.345mS/cm
지점3 중류	0.312mS/cm

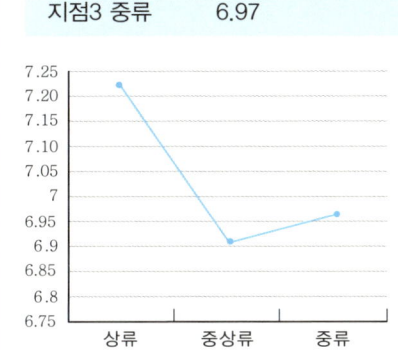

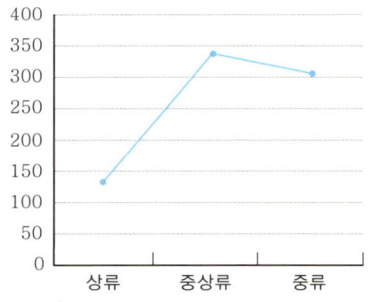

 교사 제안 후 완성된 그래프 작성 예 03

위 학생은 결과를 정리하면서 표를 그리지 않아서 데이터가 눈에 잘 들어오지 않을 뿐 아니라 그래프의 축 이름과 단위 등이 명시되어 있지 않아 의미전달이 잘 되지 않고 있다. 또한 꺾은선 그래프의 경우 변화의 추이를 나타낼 때 사용하는 것이 비교적 적합하므로 각 지점별 값을 서로 비교하기 위해서는 막대형 그래프가 더 잘 어울린다고 볼 수 있다.

각 지점 별 수소 이온 농도

지점	pH
지점 1	7.22
지점 2	6.91
지점 3	6.97

각 지점별 전기 전도도

지점	EC(μS/cm)
지점 1	7.22
지점 2	6.91
지점 3	6.97

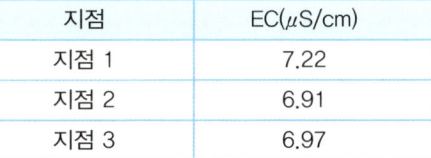

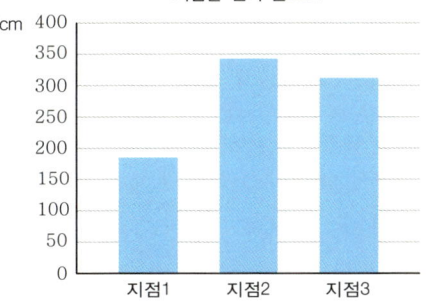

지구온난화와 그 심각성 탐구를 주제로 실험프로젝트를 수행한 학생의 결과 부분이다.

사진과 같은 대기 실험 장치를 설치하고 이산화탄소를 발생시켜 통속을 가득 차도록 인공 대기를 만들었다. 스탠드의 빛을 이용하여 통속의 온도변화를 관찰한 실험이다. 다음 표는 온도변화를 나타낸 것이다.

0분	25도
5분	25.7도
10분	26.1도
15분	26.5도
20분	26.8도
25분	26.9도

위 학생은 이산화탄소로 가득 찬 대기와 그렇지 않은 대기를 인공으로 만들어서 시간에 따른 온도변화를 측정하는 실험을 실시하였다. 작성된 표가 내용을 정확하게 전달하지 못했을 뿐 아니라 표만 보아서는 어느 정도 온도변화가 되었는지 짐작하기 어렵다.
위 학생이 작성한 표를 다음과 같이 수정하면 시간에 따른 온도변화를 한눈에 잘 볼 수 있다.

시간(분)	0	5	10	15	20	25
온도(℃)	25	25.7	26.1	26.5	26.8	26.9

또한 온도변화의 추이를 잘 나타내기 위해 이 경우 꺾은선 그래프를 사용하여 나타내면 좋을 것이다.

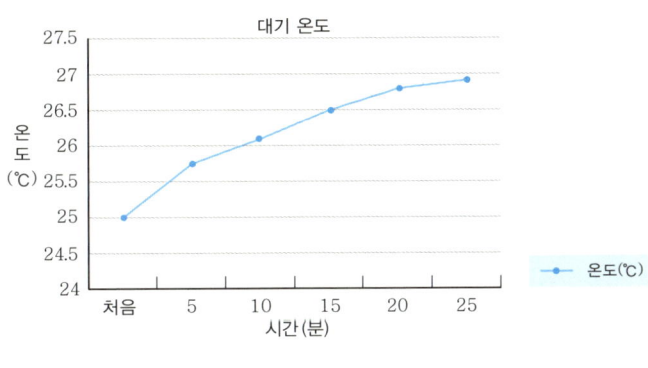

결과도출단계

🔵 연구결과 기록하기

결과는 주제탐구로부터 얻어진 자료와 가설을 검증해 주는 통계적인 분석 결과를 의미한다. 탐구의 과정을 수행하면서 얻어진 답으로 결론을 정당화시킬 수 있는 충분한 자료의 제시가 필요하다. 탐구의 결과를 쓸 때 꼭 참고해야 할 사항은 다음과 같다.

> **연구결과 기록 시 참고사항**
>
> · 탐구 문제와 내용을 동일한 순서로 진술해 나간다.
> · 표와 그림 등을 적절히 삽입하여 연구의 내용을 집약적으로 표현한다.
> · 탐구의 주제, 탐구목적, 탐구 문제, 가설 등과 직접 관련 있는 자료들만 제시한다.
> · 주관적인 생각이 아닌 탐구의 객관적인 사실을 기록한다.

● 결론 및 제언 기술하기

결론은 탐구의 전 과정에서 얻어진 창의적인 결과로서 연구 결과에 대한 해석과 평가를 하는 정성적인 논의를 의미한다. 탐구의 결과를 기록한 후 결론을 정리하여 탐구의 목적에 맞는 주장을 나타내야 한다. 보통 탐구결과를 요약하고 결론 및 제언의 순서로 기술한다.

결론 및 제언 기술시 참고사항

가. 요약

탐구의 목적과 문제로부터 탐구방법과 결과의 핵심 내용을 간결하고 포괄적으로 요약하되 주로 연구 결과의 해석에 중점을 두어 기술한다. 분량이 많을 때는 첫째, 둘째 등으로 열거할 수 있다.

나. 결론

결론에서는 본론의 전개 과정에서 알아낸 사실을 요약하여 정리하고 연구 문제를 어느 정도 해결하였는지, 어떤 이론적 적용을 내릴 수 있는지를 기록한다.

다. 제언

연구과정에서 발견된 부족한 부분에 대해 언급하면서 그 개선 안이나 새로운 접근법을 제안하도록 한다. 본인의 연구와 관련된 후속 연구나 문제 해결을 위한 보완적인 방안 등을 나타내는 것도 좋다.

CHAPTER 02
창의적 표현방법 과정

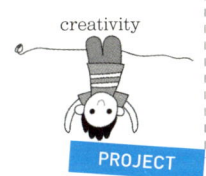

기록 _탐구보고서

◉ 체계적으로 정리하여 작성하자

보고서는 자신이 계획하고 수행한 프로젝트를 타인에게 효과적으로 전달하기 위해 쓰는 글이다. 프로젝트의 수행 절차와 수행 결과를 체계적으로 정리하여 작성하는 것으로 프로젝트에 대해 다시 한 번 생각할 수 있는 중요한 과정이다. 정해진 형식이 있는 것은 아니지만 프로젝트의 특성에 따라 다음과 같은 형식을 갖추어 기록하면 탐구의 내용을 체계적으로 보여줄 수 있다.

프로젝트 보고서 작성 순서 예시

가. 표지

나. 제목

다. 차례

라. 서론

    (1) 프로젝트 수행 동기 및 목적

    (2) 이론적 배경 또는 기존 연구사례

    (3) 연구문제

마. 본론

    (1) 가정 또는 가설
    (2) 연구과정
    (3) 결과 및 고찰

바. 결론

    (1) 결론
    (2) 느낀점 또는 제언

사. 참고문헌

◎ 전체적으로 보고서 작성할 때 다음과 같은 사항을 유의한다

● 보고서는 단순한 기록과 달리 탐구의 의의를 포함하여야 한다

단순히 수행에서 얻은 데이터를 나열하고 종합하는 것에서 그치는 것이 아니라 자신의 견해를 제시하고, 다른 사람에게 알리는 목적이 있으므로 문장을 작성하는데 주의해야 한다. 미사여구를 사용하여 의미의 혼란을 가져오는 것은 좋지 않은 방법이며, 간결하게 기록한다.

● 프로젝트의 목적과 결론이 잘 일치하여야 한다

수행 동기와 목적에 잘 일치하는 결과가 나오는 프로젝트도 있지만, 목적한 바와 다소 어긋난 결과가 나오는 경우도 있다. 목적에 맞추기 위해 결과 데이터를 수정하거나 조작해서는 안 된다. 목적과 다른 결과를 분석하여 원인을 찾아보면 또 다른 프로젝트의 시작될 수도 있다.

● 결과를 시각적으로 나타내면 의미전달에 도움을 준다

표와 그래프 또는 그림, 사진 등을 이용하여 결과를 시각적으로 나타내면 효과적이다.

● 수행 과정에서 얻어진 결과는 빠짐없이 기록해야 한다

목적과 잘 맞지 않은 데이터가 나왔다고 기록하지 않거나, 평균값에서 벗어난다고 하여 데이터를 버리는 것은 잘못된 것이며, 왜 그런 결과가 나왔는지를 분석하는 내용을 담는 것이 더 좋은 보고서가 될 수 있다. 단, 의미 없는 데이터의 경우 제외할 수 있다.

● 자신의 의견을 근거와 함께 제시하고, 주관적인 판단은 배제한다

연구자의 시각으로만 바라본 탐구는 객관성이나 타당성이 결여될 수 있으므로 이론적 근거를 제시함으로써 이를 보완할 수 있다.

◎ 프로젝트 보고서의 작성 순시에 따라 기록하는 방법을 자세히 알아보자

● 표지

일반적으로 표지는 보고서의 제목과 보고서의 부문, 작성자의 인적사항, 지도교사 등을 기록한다.

프로젝트 보고서 표지 예시

> 프로젝트 수행 보고서
>
> 제 목 :
>
> 부문 : 수학, 과학, 정보, 언어, 영어 등
> 소속 : ○○○학교
> 학년 반 : ○반 ○번
> 이름 : ○○○
> 지도교사 :

● 제목

보고서의 제목은 매우 중요하다. 프로젝트의 의미가 정확하게 전달되도록 함축적으로 정하는 것이 좋으며, 의미가 전달되지 않거나 혼동을 주는 제목은 좋지

않다. 간결하게 프로젝트 수행 내용을 압축하여 기록하며, 너무 추상적이거나 불필요한 단어가 들어가서 지나치게 길어지지 않도록 한다.

프로젝트 보고서 제목 예시

- 반응속도를 조절하는 변인에 대한 탐구
- 일본 왕개미의 군집생활에 대한 탐구
- 탄천 수질의 오염도와 오염원인 분석

위에 제시된 제목은 간결하면서도 수행 내용이 무엇인지 구체적으로 드러나 있는 좋은 제목이라 할 수 있다. 그러나 '발효에 관하여…', '중화적정 실험'등 내용이 막연하고 광범위한 제목은 좋지 않다. 이 제목은 '요구르트 유산균의 적정 발효온도 탐구', '산과 염기의 세기에 따른 중화열 탐구' 등으로 구체적인 수행 내용이 표현되도록 바꾸면 더 좋은 제목이 될 수 있다.

● 차례

프로젝트 내용의 각 단계를 한눈에 볼 수 있도록 제목을 나열하고, 그 부분의 페이지를 기록하여 어떤 위치에 어떤 내용이 있는지를 나타낸다. 때로는 표와 그림의 목차까지 포함하기도 한다.

● 본론

· 프로젝트 수행 동기 및 목적

동기와 목적은 프로젝트가 왜 필요하고, 어떤 과정을 거쳐서 어떤 결과를 얻으려고 하는지 이해할 수 있도록 기술해야 한다. 평가자들이 전체적인 보고서의 흐름을 이해하고 의미를 평가하는데 중요한 부분이다. 보고서의 목적을 정확하게 나타내는 것이 중요하나 장황하게 설명하는 것은 좋지 않으며, 핵심적이고 전체적인 목적이 드러나도록 기술한다. 실험목적이 여러 가지인 경우에는 일련번호를 붙여 개조식으로 기술하는 것이 좋다.

다음은 프로젝트 수행 동기 예시이다.

프로젝트 보고서 동기 예시

> 나는 매일같이 집의 반대편에 있는 ○○중을 다니면서, 탄천을 건넌다. 탄천의 돌다리를 건너며 매일 같이 탄천의 물을 보는데 물의 모습이 매일 조금씩 다른 것을 알아냈다. 어떤 날은 맑았고 또 어떤 날은 물이 흐릿했다. 비 오는 날 학교가 끝나고 무모하게 친구들과 돌다리를 건넌 적이 있다. 돌다리가 모두 잠겼지만, 우리는 그대로 건넜다. 하지만 건너던 도중 손을 잡고 있던 친구가 미끄러져 같이 탄천 속으로 빠졌다. 탄천 물을 많이 마시고 쓸려 내려가다가 간신히 밖으로 나왔다. 하지만 입이 찝찝하고 몸에서 냄새가 났다. 물에서 나온 후 탄천물이 많이 오염되었다는 사실을 느꼈다. 그래서 탄천물의 오염정도를 알려주고자 이 프로젝트를 시행하게 되었다.

일상생활의 경험에서 생긴 궁금증이 동기가 되어 탄천의 오염도를 측정하고자 한다는 목적이 정확하게 나타나 있다. 덧붙인다면, 오염도를 측정하기 위해 어떤 종류의 지표를 사용할지를 구체적으로 기술해 주었다면 더 좋았을 것이다.

· 이론적 배경 또는 기존 연구사례

관련 이론을 조사해서 기록하는 것은 프로젝트 수행의 정당성을 확보하는 근거가 되기 때문에 반드시 필요하다. 결론을 내리는데 있어서 전문가의 연구사례나 과학적인 근거는 자신의 주장을 뒷받침하여 준다. 이론적 배경에 너무 비중을 두어 지나치게 많이 기록하다보면 형식적인 보고서가 될 수 있으므로 꼭 필요한 이론을 몇 가지 제시하는 것이 바람직하다. 프로젝트를 본격적으로 수행하기 전에 관련서적이나, 논문, 백과사전, 인터넷 등을 통해 미리 조사해 두면 좋다. 이때 참고한 문헌들의 목록을 미리 정리해 두어야 한다.

· 연구문제

연구자가 연구하고자 하는 목적을 간략하고 명확한 문장으로 기술하는 것이다. 일반적으로 개방적인 형태로 진술하며, 기존의 이론을 확인하거나 일반화하는 것은 아니다.

● 본론

·가정 또는 가설

가설은 참이라고 생각되는 것에 관한 잠정적이고 검증 가능한 진술을 의미한다. 탐구에 앞서 실험에 대한 가설을 설정해야 하며, 탐구실험 전반의 구체적인 목적과 과정이 드러나도록 다음과 같이 진술하여야 한다.

'얼음 한 조각은 물속에 넣고, 다른 한 조각은 같은 온도의 공기 중에 놓으면, 물에 넣은 얼음 조각이 더 빨리 녹을 것이다.'

다음은 '종이비행기의 재질과 모양에 따른 체공시간의 변화'라는 주제의 프로젝트 보고서에서 학생이 세운 가설이다.

프로젝트 보고서 가설 예시

· 재질이 가벼울수록 잘 날것이다.
· 날개의 표면적이 넓을수록 잘 날것이다.
· 앞부분을 접으면 잘 날것이다.

위 예시는 어떤 실험과정을 거치게 될 지 구체적으로 나타나 있다. 대개의 경우 2~3개의 가설을 세우고 가설을 검증하기 위해 실험을 설계하고, 세운 가설이 타당한지를 탐구과정을 통해 검증하게 된다.

보고서 유형에 따라 가설이 필요하지 않은 경우도 있다.

수학분야의 한 예로 '허수의 일상생활의 쓰임새', '암호의 세계' 등의 주제는 다양한 자료조사를 통해 본인의 창의적인 아이디어를 도출하는 프로젝트이므로 굳이 가설을 세울 필요가 없다. 과학 분야에서도 '플립호의 제작과 작동원리'처럼 특수한 구조물을 만들어서 작동원리를 알아보고 더 창의적이고, 성능이 우수한 구조물을 만드는 등의 프로젝트는 가설 없이도 가능하다.

· 연구과정

프로젝트 수행과정을 순차적으로 제시하는 부분으로 준비물, 실험원리 및 방법, 실험 장치 등을 기술한다.

글로 표현하기도 하고 실험 장치나, 필요한 준비물을 한눈에 알아볼 수 있도록 사진을 첨부할 수도 있다. 수행도중 실험장치가 수정되었다면 그 내용을 기록하고 필요한 통제 변인도 함께 나타낸다.

실험방법을 기술할 때는 프로젝트를 처음 시작할 때부터 끝낼 때 까지의 모든 과정을 순서대로 자세히 기술한다. 글로 기술하고 수행하는 사진 등을 첨부하여 이해를 도울 수 있다.

MBL 도구를 사용하여 용액의 온도를 측정한 실험과 자신이 고안한 실험장치를 한 장의 사진으로 보고서에 인용한 사례이다.

프로젝트 보고서 연구과정 기술 예시

| MBL을 활용하여 수용액의 온도측정 | 유도기전력 측정장치 |

· 결과 및 고찰

결과는 프로젝트 수행과정에서 얻어진 데이터를 체계적이고 정확하게 기술하는 것이다. 결과의 기술 방법은 보고서의 수준을 결정할 수 있다. 얻어진 데이터는 도표를 그려서 표현하거나, 필요에 따라 그래프를 병행하기도 한다. 데이터를 기록할 때 의미에 따라 적당한 유형의 표와 그래프를 선택하는 것이 좋다.

얻어진 결과 데이터가 목적에 맞지 않는다고 조작하거나 없애버리는 것은 과학윤리에 어긋나는 일이며, 결과를 예측하여 기록하는 것도 좋지 않다.

자세한 표와 그래프의 작성요령(p.210 참조)은 결과처리 부분에 더 자세히 수록되어 있다.

고찰은 학생의 생각을 기술하는 것으로 실험결과의 나열만으로는 데이터가 어떤 의미를 가지는지 알 수 없기 때문에 결과를 해석하고 의미를 부여하는 것이다. 실험결과가 이론적인 부분과 잘 맞는지 해석하고, 잘 맞지 않는다면, 실험방법이나 절차 등의 문제점을 지적해 주어야 한다. 특히 이 부분에서 데이터의 오차 원인을 분석해 주는 것도 매우 중요하다.

● 결론
· 결론

지금까지의 실험결과와 고찰 결과로 처음에 세운 가설과 잘 부합하는지 분석하고, 일반화하여 언급한다. 실험결과를 분석하여 일반적인 특성을 설명하여 전체적인 마무리를 한다.

· 느낀 점 또는 제언

느낀 점은 프로젝트를 수행하고 난 후 학생들의 소감을 진솔하게 기록하는 것이다. 자신이 이룬 프로젝트의 성과를 상기하면서 회고해 볼 필요가 있다. 프로젝트 수행 중 발생한 의견충돌이나 그 극복 방법과 수행결과 얻어진 자신감 등을 기록해도 좋다.

제언은 연구 중 발생한 문제점에 대하여 개선 방향을 제안하거나 더 연구해 보고 싶은 주제를 언급하는 것이다.

● 참고문헌

보고서 작성에 도움을 받았던 문헌이나, 인터넷 사이트, 선행연구 자료명 등을 기록하는 것이다. 특히 인용한 글이나, 도표 등의 출처를 밝히는 것도 중요하다.

발표 _효과적인 프레젠테이션

프리젠테이션(presentation)은 파워포인트 자료나 전시물 등을 이용하여 전달하고자 하는 내용을 효과적으로 발표하는 활동이다.

연구결과의 핵심적인 내용을 정확하게 전달할 수 있는 발표자료를 만들기 위해 먼저 가장 핵심적인 내용을 요약한 후 의도한 내용을 효과적으로 전달하기 위해 필요한 사진, 그림, 영상 등의 다양한 멀티미디어 자료를 활용하도록 한다.

발표자료가 완성되면 내용을 다시 검토하여 수정·보완한 후 예비 프리젠테이션을 해보도록 한다. 그 후 분량과 시간을 다시 조정하는 등 최종 점검의 과정을 거쳐 발표 자료를 완성하도록 한다. 그러면 프리젠테이션을 준비하는 과정을 하나씩 따라가 보자.

◉ 프리젠테이션의 준비

● 상황 고려

프리젠테이션을 준비할 때는 먼저 발표의 목적을 명확히 하고 발표시간과 범위를 적절하게 정하여 계획적으로 접근하는 것이 필요하다. 프리젠테이션의 대상과 장소 등을 충분히 고려하여 준비하도록 한다.

● 프리젠테이션 구성

어떻게 구성할 것인가?

일반적으로 프로젝트 탐구활동의 결과를 프리젠테이션 하는 경우에는 보통 탐구의 동기, 목적, 과정, 결과, 결론 및 제언의 순으로 제시한다. 하지만 자신의 연구 결과를 효과적으로 전달하기 위해 '기승전결'의 4단계 구조나 '도입-본론-결론'의 3단계 구조, 결론을 먼저 제시하고 본론을 풀어나가는 등 다양한 방식으로 구성할 수 있다.

어떤 시각 자료를 선택할 것인가?

귀로 듣기만 하거나 눈으로 보기만 하는 것보다 시각자료와 함께 설명을 들으면 내용을 훨씬 더 잘 기억하게 된다. 그러므로 프로젝트 탐구결과를 효과적으로 전달하기 위해서 시각 자료를 적절히 이용하는 것은 매우 중요하다. 그렇다고 해서 무조건 많은 멀티미디어를 활용하는 것이 꼭 좋은 프리젠테이션이 되는 것은 아니다. 자신의 연구결과를 가장 효과적으로 표현하면서 동시에 상황과 목적에 맞게 텍스트 자료를 만들고, 그래픽 자료를 이용하고, 동영상 파일을 활용하는 것을 잘 선택할 수 있어야 한다.

다양한 프리젠테이션 자료의 제작방법을 간략히 소개하면 다음과 같다.

프리젠테이션 자료의 제작방법

· 문서자료 : 보고서, 포트폴리오, 관찰기록장, 수집자료, 탐구일지, 참고서적 등
· 시각자료 : 게시판, 사진, 그래프, 지도, 모빌, 차트, 그림, 모형 등
· 기술자료 : PPT, OHP, 실물화상기, 애니메이션, 녹음테이프, 비디오, 사진 등
· 활동자료 : 광고방송, 춤, 토의, 설명, 인터뷰, 역할극, 게임, 인형극 등

○ 프리젠테이션 발표 자료의 제작

프리젠테이션을 구성하는 기본요소는 텍스트와 그래픽 그리고 멀티미디어 등을 들 수 있다. 그래픽과 멀티미디어는 내용 전달의 효과를 높이기 위해 사용하지만 너무 과다하게 사용하는 경우 산만하여 오히려 역효과를 줄 수 있으므로 주의해야 한다.

● 텍스트의 구성

텍스트는 프리젠테이션의 가장 기본적인 구성요소로 핵심적인 내용을 간결하게 표현하여 쓰도록 한다. 일반적으로 텍스트의 크기는 잘 보일 수 있도록 20pt 이상으로 구성하고 고딕체나 헤드라인체, 울릉도 M체 등 각이 진 글자체를 사용하는 것이 좋다. 텍스트는 간결히게 넣도록 하고, 여러 가지 서체를 사용하는 것은 피하도록 한다. 그리고 컴퓨터를 바꾸어 프리젠테이션 할 경우 디자인 서체를 이용하면 지원이 되지 않을 수도 있기 때문에 컴퓨터의 운영체계가 지원하는 기본 서체를 사용하는 것이 좋다.

● 그래픽과 비디오의 활용

그래픽을 활용하면 프리젠테이션의 효과를 높이는 데 도움이 되기도 한다. 전달하고자 하는 내용을 가장 잘 표현할 수 있도록 화면을 구성하고, 너무 화려하거나 강하지 않게 배경화면을 구성하는 것이 좋다. 내용을 상징적으로 표현할 수 있는 클립아트를 이용하는 것도 좋은 방법이지만 너무 많은 그래픽을 사용하는 것은 산만해질 수 있으므로 피하도록 한다. 특히 과학탐구 내용을 발표할 경우에는 실험과정을 잘 보여줄 수 있는 실질적인 활동 장면을 담은 동영상을 적절히 활용하면 내용을 생생하게 전달할 수 있는 좋은 방법이 된다.

● 발표 자료의 작성

프리젠테이션 발표자료를 작성할 때 반드시 염두에 두어야 할 것은 '핵심요소를 간단하게' 작성해야 한다는 것이다. 프리젠테이션 발표자료의 제작은 청중의 흥미를 끌고 내용에 대한 이해를 도울 수 있도록 만드는 것이 가장 중요하다. 그러므로 발표 자료를 작성할 때는 목적에 맞게 작성된 텍스트와 내용의 이해를 돕기 위한 적절한 표, 그래프 및 멀티미디어 자료를 조화롭게 사용해야 한다.

파워포인트로 발표자료를 제작할 경우, 각각의 슬라이드에서 제목은 간결하면서도 눈에 잘 띄게 표현하고, 본문은 핵심적 요소를 전달할 수 있도록 만들어야 한다. 특히 꼭 필요한 경우에만 특수 효과를 사용하고, 화면전환을 사용하는 경우에는 일관성과 통일감을 잃지 않도록 한다.

슬라이드의 색상은 전체적인 내용과 조화를 이루는 색을 사용하는 것이 좋다. 어두운 바탕색에는 밝은 색의 텍스트를, 밝은 바탕색에는 어두운 색의 텍스트를 사용하여 전달 내용이 잘 보이도록 한다.

○ 프리젠테이션의 실제

● 프리젠테이션의 도입

프리젠테이션의 도입부는 제목과 목차, 탐구 동기 및 목적 그리고 주제에 대한 소개로 이루어진다. 제목은 전체 내용을 포괄적으로 함축하면서 주제의 핵심을 잘 부각시킬 수 있는 것이 좋다. 그리고 탐구 주제를 선정한 이유를 실례를 들어 전달하여 흥미를 유발시키는 것도 좋은 방법이다. 또한 도입부에서는 탐구의 목적을 간결하면서도 정확히 전달하는 것이 반드시 필요하다. 프리젠테이션의 도입부는 발표 전체에 대한 첫인상과 기대감을 결정하는 매우 중요한 단계이므로 신중히 준비하도록 한다.

● 프리젠테이션의 본론

프리젠테이션의 본론부에서는 탐구의 과정과 내용을 논리적으로 제시해야 한다. 탐구 설계와 실제 탐구한 내용의 핵심을 간결하면서도 논리적으로 전달하면서 특히 강조해야 할 요소들을 동영상이나 표 등의 자료를 이용해 효과적으로 표현하는 기술이 필요하다.

탐구 내용의 효과적인 전달을 위해 처음에는 청중의 관심을 끌어내고, 탐구의 내용을 설명하는 단계에서는 구체적으로 탐구내용과 결과를 강조하면서 설명한다. 마지막으로 탐구내용의 정리와 목표의 달성이 이루어졌음을 정확히 표현하는 것이 좋다.

● 프리젠테이션의 결론

프로젝트의 결론부에서는 탐구의 목적에 맞추어 가장 중요하게 부각시킬 부분과 핵심적인 요소를 한 번 더 짚어주면서 정리도록 한다. 그리고 탐구의 결과를 더 확장시켜 나갈 수 있는 방법이나 활용 가능한 내용 또는 앞으로 더 탐구해 보고 싶은 내용 등을 적절히 제언하면서 마무리한다.

◯ 구두발표

많은 사람들 앞에서 발표를 하게 될 경우 준비가 부족하면 자신감이 결여되기도 하고 시간분배를 잘못하여 내용을 모두 전달하지 못하게 되는 경우가 발생되기도 한다. 이러한 문제에 대비하기 위해서는 충분한 시간을 가지고 예행연습을 하는 것이 필요하다. 발표자료의 핵심을 정리한 시나리오를 작성하고 이를 실전과 같이 전체적으로 연습해 보면 좋다. 발표 연습을 통해 실제 발표상황에서 생길 수 있는 여러 가지 문제점을 많이 예방할 수 있을 것이다. 프리젠테이션 구두발표를 위해 점검해야 할 사항들은 다음과 같다.

> **프리젠테이션 구두발표를 위한 점검**
> · 탐구의 목적에 적합하게 발표 자료가 제작되었는지 점검한다.
> · 전체적인 발표순서에 따라 시나리오를 작성한다.
> · 시나리오에 중요한 요점과 정보를 담았는지 꼼꼼히 검토한다.
> · 시나리오대로 발표를 하기 위해 사전 연습을 충분히 한다.
> · 제시될 수 있는 다양한 질문에 대비한 정보를 준비한다.
> · 성공적인 발표가 될 수 있도록 실전과 같은 상황에서 많은 연습을 해본다.

성공적인 프리젠테이션을 위해서 발표자는 듣는 사람들과의 눈 맞춤과 얼굴 표정 및 공간의 사용 등에 유의해야 한다. 눈 맞춤은 말하는 내용을 청중에게 강하게 어필할 수 있어 프리젠테이션을 시작할 때와 내용 전개상 단원을 바꿀 때에 특히 중요하다.

발표자는 바르게 선 자세로 청중과 눈을 맞추면서 힘 있고 명확한 목소리로 말하는 것이 필요하다. 특히 목소리를 명확하게 하는 것은 발표내용을 전달하는 데 있어서 매우 중요한 요소이다. 핵심적인 내용에 대한 중요한 설명을 할 때나 탐구의 결과나 결론 등을 전달할 때는 천천히 그리고 명확한 어조로 발표하는 것이 좋다. 그리고 지나치게 어려운 단어나 내용을 사용하지 말고 처음 그 내용을 접하는 사람들도 잘 이해할 수 있도록 내용을 전달하는 것이 필수적이다.

발표가 끝나면 질의응답의 시간이 주어진다.

이때 발표자는 질문자의 내용을 집중해서 들으면서 질문의 핵심을 파악하여야 한다. 그리고 파악한 질문에 대해 한 번 더 질문자에게 확인한 후 답변을 하도록 한다.

발표 현장에서 예기치 못한 질문에 당황해하지 않기 위해 발표 전에 예상 질문을 뽑아 그 내용을 다시 한 번 더 정리하여 연습해 보는 것이 좋다. 만약 대답하기 힘든 모르는 질문을 받았을 경우에는 솔직하고 적절하게 대응하는 것도 필요하다.

참고도서 : 이공계를 위한 실용 글쓰기와 발표기법. 기한재

CHAPTER 03
전문가의 핵심 평가

프로젝트 평가의 핵심

◉ 과학학습평가

이상적인 평가는 교육목표에 바탕을 두고 개발되어야 하며 수업개선을 위한 피드백의 자료가 되어야 한다.

과학학습평가를 개발할 때 외국의 성공적인 사례를 살펴보는 것은 도움이 된다. 영국의 학력평가단(APU, Assement of Performance Unit)이 국가수준의 평가에 사용하기 위하여 개발한 과학학습평가 틀은 개념, 과정, 내용의 측면을 평가하도록 구조화 되어 있다. 평가의 기본적인 내용은 다음과 같다.

APU의 과학학습 평가 틀

가. 개념

· 학년과 교과분야에 따른 교과 내용의 개념

나. 과정

· 그래프와 기호의 사용
· 실험기구와 측정기기의 이용
· 관찰, 해석과 응용, 탐구의 설계, 탐구의 수행 등이 포함되는 과정

다. 내용

· 평가문제가 다루어지는 내용과 상황
· 학생의 개인적 생활과 관련된 내용
· 기술적 사회적 맥락

과학학습 평가는 학습자가 교육목표에 얼마나 도달했는지를 판단하는 것뿐 아니라 학습의 전체적인 과정을 점검하게 된다. APU의 평가 틀은 개념이나 과정을 구체적으로 평가할 뿐 아니라 기술적 사회적 맥락까지 평가하도록 구성되어 있어 프로젝트 학습의 평가에 많은 것을 시사하고 있다.

○ 프로젝트 학습 평가

최근의 평가 방향을 살펴보면 전통적인 교육에 있어서의 서열 세우기 평가를 벗어나 결과보다는 과정에 의미를 두고 있는 서술형 평가가 지향되고 있다. 모든 평가가 그렇듯이 프로젝트학습 평가도 분명한 목적과 타당성과 신뢰성을 확보하여야 한다.

프로젝트 학습을 위하여 과학프로그램을 적용·운영하였을 때 평가 가능한 방식은 어떤 것이 있는지, 제작된 평가문항이 현장의 수업에 어떤 방식으로 투여될 수 있는지, 과정 중심의 평가가 이루어질 때 그 준거를 어떻게 설정할 것인지에 대하여 여러 측면의 고민이 요구된다.

특히 주목하여야 할 점은 평가방식에 대한 정보가 학습자에게 주어질 경우 학습 효과를 배가시킬 수 있다는 것이다.

프로젝트 학습을 운영하는 지도교사들은 교수학습지도안에 적절한 평가 틀을 고안하여 넣어야 한다. 평가틀은 효과적인 평가방법이 계획적으로 프로젝트 과정 중에 적용되는 것과 평가의 결과를 효율적으로 활용할 수 있도록 구성되어야 한다.

프로젝트 평가는 일반적으로 비형식적 평가를 기준으로 하는 경우가 많다.

비형식적 평가는 태도나 실험기능을 평가하는 교사의 관찰과 과제 검사 등이 포함된다. 특히 탐구능력 평가와 태도평가에서 관찰평가는 탐구과정을 평가하는 매우 유용한 방법이다. 그러나 정확한 평가 틀이 완성되어 있지 않으면 매우 주관적인 경향을 보일 수 있다.

필자는 학생들의 학습 성취 정도를 측정하는 학습평가와 교사의 수업 준비 및 지도능력을 평가하는 수업평가의 두 가지 방향에서 프로젝트학습 평가에 접근해 보고자 한다.

프로젝트 평가방법

1982년 Stiggins & Bridgeford는 수행평가를 "새로운 문제나 특정한 과제를 해결하는 능력을 측정하기 위한 체계적 시도로서 실제 또는 모의 상황에서 비평가자들이 나타내 보이는 반응들을 전문가인 평가자가 직접 관찰하고 판단함으로써 이루어지는 평가방식"이라고 정의하였다. 프로젝트학습에 있어서 수행평가의 평가방식이 활용될 수 있다. 프로젝트 학습 평가에서의 평가과제 개발 방향은 다음과 같다.

◉ 평가과제 개발

프로젝트 학습 평가는 창의력과 문제 해결력을 측정할 수 있는 방향으로 개발되어야 한다. 프로젝트 학습 평가에서 적절한 평가과제를 부여하는 것은 교사의 중요한 역할이 될 것이다.

평가과제 부여의 방향

· 실제 생활과 연관된 문제 해결력을 요구하는 과제
· 생산적이면서 실천적인 능력을 요구하는 과제
· 누적된 학습과정과 분석적 결과를 요구하는 과제
· 중요한 경향, 유형을 발견할 수 있는 문제나 평가 과제
· 다양한 사고 전략과 간학문적인 적용을 요구하는 평가 과제
· 다원적 해석과 해법을 요구하는 평가 과제
· 탐구과정을 설명하고 실제로 증명하는 평가 과제
· 지식을 일반화 하거나 다른 상황에 전이할 수 있는 평가 과제
· 스스로 계획하고 실천하며 변경하고 평가할 수 있는 과제
· 평가의 수월성과 채점의 객관성을 확보할 수 있는 과제

평가단계

일반적으로 사용되는 평가단계를 작성에서부터 적용에 이르기까지 살펴보면 다음과 같다.

일반적인 평가단계

1단계 : 평가 목적 확인 – 평가의 목적과 이유는 명확하여야 함
2단계 : 평가 기준의 설정 – 학습목표와 성취수준을 파악하여 기대되는 학습정도, 수준을 구분하고 그 충족 요건을 갖춤
3단계 : 적절한 평가 방식 및 도구의 개발 – 평가 내용과 요소에 적합한 평가 방식을 결정하고 평가도구를 선정 개발함. 채점기준표 제작
4단계 : 평가의 실시 – 평가목적과 평가기준을 충분히 반영하며 개별 평가나 집단별 평가 등 다양한 방식을 취함
5단계 : 채점 및 결과 활용 – 평가기준과 채점기준표를 기준으로 하며 평가목적에 따라 적절하게 활용하고 지속적 피드백을 통해 학습자의 학습 개선에 도움을 줌

평가틀 소개

일반적으로 프로젝트 학습 평가에 사용할 수 있는 평가 방법에 대해 살펴보자.

● 관찰평가

:: 관찰 체크리스트 1

관찰 항목	관찰 내용	평가		
		상	중	하
참여 정도	계획 수립에 자신의 의견을 반영하기 위해 적극적으로 참여한다.			
	같은 조 학생들의 의견에 충분하게 귀 기울이고 수용한다.			
	스스로 문제해결 방법을 찾기 위해 노력한다.			
	효율적으로 역할분담을 한다.			
	자신의 역할을 수행함에 최선을 다한다.			

	연구에 필요한 자료가 무엇인지 꽤 정확히 판별한다.			
조사수행	성실하게 기초자료를 수집한다.			
	적극적인 기초자료를 정리하고 검토한다.			
	새로운 정보를 수집해 내고 해당연구에 필요한 부분을 찾아 연결한다.			
	충실하게 주어진 과제에 임한다.			
작업과정	타당하며 연관성 있는 주제로 질문에 참여한다.			
	서로 의견을 충분히 조율해 나간다.			
	의사결정 사항과 수립된 계획을 기록한다.			
	정보를 공유하여 효과적인 진행을 이룬다.			
	충실하게 주어진 과제에 임한다.			
정리과정	논리적으로 결과를 정리한다.			
	데이터를 정리하고 그래프 등을 활용하는 정리과정이 체계적이다.			
	결과를 해석하고 결론을 도출하는 과정이 과학적이다.			
	결론 정리에 있어 융합적이고 간학문적인 사고를 적용한다.			
	논리 정연한 글쓰기 결과를 보인다.			

:: 관찰 체크리스트 2

학년반				주제				일시				
순번	이름	호기심이 강하여 질문을 자주 하며 기억력이 좋다	관찰력이 예리하고 사물을 체계적으로 분석·정리한다	다양한 정보와 상식을 가지고 적절하게 활용한다	문제해결의 아이디어가 풍부하고 독창적이다	융통성이 있고 다양한 방법으로 문제를 해결한다	과제에 대하여 집착력과 의지력이 강하다	문제해결에 대한 끈기가 있고 도전적이다	친구들과 서로 협동하며 주어진 문제를 해결한다	건전한 심신을 가지고 적극적으로 참여한다	종합평정	특기사항
		3 2 1	3 2 1	3 2 1	3 2 1	3 2 1	3 2 1	3 2 1	3 2 1	3 2 1		
		3 2 1	3 2 1	3 2 1	3 2 1	3 2 1	3 2 1	3 2 1	3 2 1	3 2 1		
		3 2 1	3 2 1	3 2 1	3 2 1	3 2 1	3 2 1	3 2 1	3 2 1	3 2 1		
		3 2 1	3 2 1	3 2 1	3 2 1	3 2 1	3 2 1	3 2 1	3 2 1	3 2 1		
비 고												

● 누가기록 평가

:: 출석 및 수업 활동 평가

2O○○년 (   )월 (   )일   (   )반

번호	성 명	출 석	수업 활동			합 계	비고 (결석사유)
			참여태도	창의성 및 과제집중력	산출물		
1							
2							
3							

:: 자기주도적 학습 활동 평가

2O○○년 (   )월 (   )일   (   )반

번호	성명	자기주도적 학습 활동					합 계	비고
		주제선정	창의성	문제해결력	발표태도	질의응답		
1								
2								
3								

:: 수업태도 평가

기 준	· 매 수업시간에 지도교사가 수업태도를 평가함. · 매 수업시간 학생의 수행정도와 태도를 점수화하여 −2, −1, 0, 1, 2 점으로 차등을 두어 수업일지에 기록함. · 연간 수업일지의 점수를 모두 합산하여 총점이 높은 순서대로 차등을 두어 A, B, C, D의 4단계로 나누어 점수를 부여함.		
A	B	C	D
30점	27점	24점	21점

:: 수업태도(수행평가)

	4월 2	4	11	16	18	23	5월 14	16	19	23	28	30	6월 4	11	13	18	20	25	8월 25	27	29	9월 5	19	24	28	10월 1	17	24	29	31	11월 3	7	10	14	15	19	21	26	28	합계
28				2		1	1	1								-1				1							1	1						-1						6
29								1							1					1							1	1						-1						4
30		-1		2		1	-1						-1	-1	-1	-1	1																							-2
31	2			1	2		-1										1	2				1	1			1	1	1						1	1		2			16
32				-1	2									1	1	1		2		1	1												1	2			2			13
33	1	1	1	3	2						-1	-1	-1			1																			2	1	1	1		11
34				1			-1									-1											1	1												1
35		1		-3		-1				-1						-1								-2	-2															-9
36	1			1											1																			-1						2
37		2		2	2					1	1	1	-1							1	1						1	1									1			13
38	2	1								1				-1	1		1			1														1		2	1			10
39	1														1								1				-1							-2	1					1
40	1			2					1				1	1	1	1		1	-1	1							-1							-1		1	1	1		11
41						1					1	1	-1	1			2							-2	-2															2
42	2	1																		1														1	1					6

:: 수업 평가

학년			분야	과학 / 수학	년월일	20○○..( )		지도교사	(인)
학습주제									
학습목표									

항목 / 성명	평가 항목 (−2 / −1 / 0 / 1 / 2)								지도교사 의견
	근태 (결석 · 지각 · 조퇴)	다양한 의견	독창적 아이디어	논리적 사고 및 분석	의사 소통	협응	과제 집착	문제 해결	뒷정리	
1 강○○										

● 자기학습 평가

:: 자기학습 평가 체크리스트

2000년 ( )월 ( )일

학급		이름		지도교사	
영역	내 용				자기평가
학습적 특성	나는 어렵고 힘든 것도 쉽게 포기하지 않고 끝까지 해결하려고 노력했다.				3 2 1
	나는 영재학습 내용이 재미있고 유익했다.				3 2 1
	나는 학습내용을 바탕으로 다른 주제에 도전하고 싶다.				3 2 1
창의적 특성	나는 참신하고 남다른 생각을 많이 했다.				3 2 1
	나는 문제를 풀어낼 때마다 아이디어를 다양하고 풍부하게 만들어냈다.				3 2 1
	나는 이미 알려진 것과는 다른 새로운 방법으로 문제를 풀었다.				3 2 1
인성적 특성	나는 학습한 내용에 대하여 만족감을 느낀다.				3 2 1
	나는 친구들과 서로 협동하여 주어진 문제를 해결하였다.				3 2 1
	나는 영재학급에서 공부하는 것이 보람 있고 즐겁다.				3 2 1
영재수업에 참여하면서 좋았던 점이나 아쉬웠던 점 쓰기					총점
평정척도 3 - 그렇다 2 - 보통이다 1 - 그렇지 않다.					

● 프로젝트 학습 평가

:: 프로젝트 수행 과정 체크리스트

단계	차시	평가 활동	평가 방법	평가 관점	평가 척도(상 :3, 중:2, 하:1)				
					1조	2조	3조	4조	5조
1 단계	1~2/6	주제선정을 위한 사전실험	결과물	실험결과 보고서					
			태도	진지한 참여 태도					
2 단계	3/6	브레인스토밍을 이용한 조별토론	결과물	1. 체크리스트					
			태도	1. 성실한 탐구 자세 2. 조별 간 협동심					
3 단계	4/6	선정된 주제의 실험설계	결과물	1. 탐구목적에 적합한 가설설정 2. 아이디어 제작 세부계획서					
			태도	참여도					
4 단계	5~6/6	탐구실험	산출물	1. 실험계획에 따른 결과보고서 2. 타당성 있는 결론					
			태도	창의성 있는 탐구자세					
총 합									

:: 창의적 산출물 보고서 및 구두발표 평가

( ) 단계			산출물 평가기준	평가(%)					
				총점	1조	2조	3조	4조	5조
창의적 산출물 보고서 및 구두발표	보고서	독창성	· 새롭고 독특한 주제를 제시하는가? · 과학적으로 가치 있는 산출물인가? · 앞으로 새로운 산출물을 만들어 낼 수 있는 새로운 아이디어를 많이 시사해주고 있는가?	20					
		논리성	· 탐구과정이 논리적으로 타당한가? · 탐구과정이 유기적으로 관련되어 전체적으로 일관된 느낌을 주는가?	15					
		표현력	· 의도하는 요구와 관심에 대하여 적절한 산출물인가? (연구목적이 달성되었는가?) · 탐구목적, 방법, 결과 및 해석이 분명하고 충분히 설명되어 이해하기 쉬운가?	15					
	전시물	구성	· 연구의 전체적인 진행과정이 적절히 구성되어 있는가?	20					
	발표	의사소통능력	· 연구 진행과정을 상세하고 명확하게 진술하였는가? · 연구결과와 결론을 설득력 있게, 독창적으로 제시하였는가? · 자신들의 개념이해 수준을 적절한 용어를 활용하여 표현하고 있는가? · 발표시간을 지켜서 발표하는가?	30					
			총 합	100					

:: 수업포트폴리오 평가

기 준	· 연간 활동한 포트폴리오를 최종 점검하여 평가함. · 성실하게 정리된 학생부터 A, B, C 의 3단계로 나누어 점수를 부여함.	
A	B	C
5점	4점	3점

● 체험활동 평가

:: 소감문 평가

평가기준		기준	배점	환산점수
평 가 기 준	· 특별활동에 성실히 참여했다. · 시간과 장소의 바뀜에 주의하여 순서대로 잘 썼다. · 중요한 내용들이 빠지지 않았다. · 사실과 의견(느낌)을 구별하여 잘 썼다. · 새롭게 알게 된 내용을 잘 기술하였다. · 논리적인 짜임새가 잘 갖추어져 있다.	평가기준 6가지 모 두에 해당	상	3
		평가기준 4가지에 해당	중	2
		평가기준 1가지에 해당	하	1

프로젝트 연구는 여러 가지 학습모형을 이용하여 진행된다. 여기에 대표적인 5가지 모형이 있다.

문제중심학습(Problem-Based Learning; PBL) 모형

비 구조화된(ill-structured) 문제에 대하여 학생 스스로 다양한 각도에서 해결방법을 찾아내어 교과지식과 과정지식뿐만 아니라 문제해결전략을 동시에 습득할 수 있도록 유도하는 방법이다.

● 문제중심학습의 일반적 절차

문제 상황의 도입 ➡ 문제 상황의 제시 ➡ 문제 상황 파악하기 ➡ 문제 재정의 하기 ➡ 탐구 및 자료 수집하기 ➡ 자료 분석하기 ➡ 문제 종합하기 ➡ 문제 해결하기 ➡ 정리하기

렌줄리(Renzulli)의 삼부심화학습 모형

세고리모형세 고리 영역 개념에 기초하여 개발된 것으로 첫 번째와 두 번째 단계는 일반적인 탐구 활동과 사고 과정으로 이루어져 있으며, 마지막 단계는 개인이나 소그룹 중심으로 실제적 문제를 탐구하도록 구성되어 있다.(Renzulli, 1977)

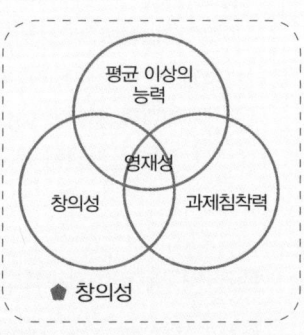

● 삼부심화학습 모형의 일반적 절차

1단계 : 일반적 탐색활동 ➡ 2단계 : 집단 훈련활동 ➡ 3단계 : 실제 문제의 탐구

· 1단계 일반적인 탐색활동의 단계로서 학생들에게 광범위하고 다양한 내용에 접하게 하며 아이디어를 내면화시켜주는 과정이다.
· 2단계 "사고하고 느끼는" 과정을 강화하는 단계이다. 학생들이 실제 삶의 여러 분야에서 발생하는 다양한 문제들을 좀 더 효과적으로 처리할 수 있도록 하는 기술, 능력, 태도, 방법 등을 말한다.

·3단계 이해한 내용이나 습득 숙달된 기능을 적용하여 일상생활 또는 주변에서 발견할 수 있는 문제를 학생이 주도적으로 정하고 이를 해결하기 위한 탐구 활동으로 이루어져 있다.

창의적문제해결 모형(Creative Problem Solving, CPS)

주변의 흩어진 여러 가지 상황 속에서 관심영역을 발견하는 것으로부터 시작되어 창의적으로 문제를 해결해 가는 과정이다.

● 창의적문제해결 모형의 일반적 절차

문제의 이해 ➜ 아이디어 생성 ➜ 계획과 실행 ➜ 적용

·1단계 문제의 이해는 '관심영역 발견', '자료 발견' 및 '문제 발견'을 포함한다.
·2단계 아이디어 생성은 문제 해결에 도움이 될 수 있는 독특하고 독창적인 아이디어들을 생성해 내는 것을 의미한다.
·3단계 계획과 실행은 아이디어를 분석하여 계획을 세우고 실행하는 것이다.
·4단계 적용은 해결된 문제를 실생활에 적용하는 단계이다.

트래핑거(Treffinger)의 자기주도적학습 모형(Self-directed Learning Model)

학생들이 독립적이고 자율적인 학습자가 되기 위해 필요한 기술과 능력을 계발시키기 위한 모형이다.

● 자기주도적학습 모형의 일반적 절차

교사주도 단계 ➜ 1차 학생주도 단계 ➜ 2차 학생주도 단계 ➜ 자기주도 단계

·1단계 학습의 내용, 방법, 범위, 장소, 산출물, 소요시간들을 교사가 결정하는 교사 주도 단계로 이루어진다.
·2단계 1차 학생주도 단계로 교사가 주도하여 학습자에게 몇 개의 학습 활동을 제시하여 선택하게 한다.
·3단계 2차 학생주도 단계로 교사와 학생이 공동으로 가장 적절한 프로그램을 개발하되, 학습활동, 목표설정, 활동평가 등의 과정에서 학생에게 보다 많은 책임을 부여한다.
·4단계 자기주도 단계로 학습활동의 내용 및 방법, 소요시간 등을 학생이 스스로 선택하 도록 하고, 교사는 자원인사로서 필요한 경우에만 정보를 제공한다.

퍼듀의 3단계 심화학습 모형(Feldhusen & Kolloff)

다양한 사고기능, 수렴적 문제해결, 연구기능 향상, 독립적인 학습향상 등의 기능 계발과 창의력 신장에 목적을 둔 학습 모형이다.

● 퍼듀의 3단계 심화학습 모형의 일반적 절차

기본적인 사고력 계발 ➜ 창의적 문제해결력 계발 ➜ 연구기능 계발

·1단계 기본적인 수렴적, 발산적사고력 계발에 중점을 두며 워크북 활동, 교사주도적인 연 습활동을 포함한다.
·2단계 복합적이고 실질적인 전략을 사용하여 창의적으로 문제를 해결하는 단계이다.
·3단계 독립적인 연구기능 단계로 문제의 정의, 자료수집, 결과 해석, 창의적인 결론을 도 출하는 단계이다.

PROJECT

도전! 미래를 열어주는 나만의 포트폴리오

05

나만의 포트폴리오를
만들어라

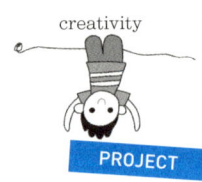

나만의 포트폴리오를 만드는 프로젝트

'port·folio'의 사전적 의미(never 사전)는 서류 가방, (특히 구직 때 제출하는 사진·그림 등의) 작품집, (금융) (개인·기관의) 유가 증권 보유 일람표, (특정 회사·기관의) 상품[서비스] 목록[범위] 등을 의미한다. 우리들이 프로젝트를 운영하며 만들어 내는 포트폴리오를 재해석 한다면 진행하고 있는 프로젝트의 모든 과정을 정리하여 둔 파일이라고 표현할 수 있다.

2007년 도입되기 시작한 입학사정관 제도는 학생들이 가지고 있는 잠재능력을 찾아내어 가능성 있는 인재를 선발하겠다는 취지에서 시작되었다. 단편적인 선발 시험 만으로 선발하던 방식에서 대대적인 변화를 가져오게 된 것이다. 선발기관은 학생의 가능성을 판단할 수 있는 포트폴리오 제출을 요구하게 되었으며 지원한 학생은 자신의 관심분야에 대한 성장과정이 담겨있는 포트폴리오를 만들어 어떤 활동을 해 왔는가를 증명할 수 있게 되었다. 단기간의 포트폴리오에 비하여 부족하더라도 장기간에 같은 영역에 관한 관심이 지속적으로 누적되어 있는 결과에 대한 가치가 매우 중요시 된다. 프로젝트 연구에 있어 처음에는 부족함으로 시작되어 다음 단계에서 발전한 결과의 기록물은 매우 훌륭한 포트폴리오가 될 수 있다. 최근 각급 기관은 어른들의 도움으로 만들어지는 형식적인 포트폴리오를 선발과정에서 걸러내기 위하여 여러 각도의 노력을 가하고 있다.

포트폴리오의 첫머리를 장식하는 것은 자기소개서이다. 대부분의 선발기관들이 학생들에게 자기소개서를 요청하고 있다. 자기소개서는 어떤 성장배경을 가지고 어떤 목표로 관심영역을 키워왔는가를 면밀히 표현하여야 한다. 최근 일부 고등학교 지원서에는 경시대회나 경진대회의 수상기록을 기록하면 오히려 감점을 하도록 내규를 정한 기관들이 많이 있다. 경력 쌓기에 성공한 인재보다는 창의적이면서 잠재적인 능력을 가진 인재를 선택하는 것이 목적이기 때문이다. 취업과 연관된 자기소개서 양식은 있을 수 있지만 진학과 관계된 자기소개서에 양식은 대부분 없다. 그러나 심사하는 체크리스트의 기준은 있다. 체크리스트의 방향은 기관의 특성에 따라 차이가 나지만 나이와 성별에 관계없이 공통적으로 요구되는 몇 가지 사항이 있다.

자기소개서의 체크리스트의 방향

· 지원동기의 진정 성 및 바른 인성
· 학생의 적성이나 미래에 대한 도전의식
· 성장배경과 목표의식이 미래지향적인가
· 잠재적 능력과 창의적 사고능력에 발전 가능성
· 구체적인 학업계획이나 미래설계
· 체계적이고 논리적인 주장

필자가 지도한 어느 중학생의 과학영재고등학교에 제출한 자기소개서의 사례이다. 이 학생은 학원의 어떤 도움도 없이 스스로 모든 것을 이루어낸 공교육의 성공적 사례이며 영재고등학교에 합격을 이룬 학생이다.

초등학교 때에 나에게 과학이란?

초등학교 시절 나에게 과학은 유난히 다른 과목과는 달리 내겐 재미있고 (중략) 실험하는 것을 무척이나 좋아해서 책을 읽다가 실험해보고 싶은 것이 있으면 실험을 해보았습니다. 예를 들어 물을 얼려 보거나 (중략)

과학과 함께한 컴퓨터

과학이 둘도 없는 친구였던 초등학교 시절 나는 학교에서 운영하는 방과 후 컴퓨터를 하면서 컴퓨터와도 친근해져 갔습니다. (중략) 무엇보다도 컴퓨터는 누가 시켜서 한 것이 아니라 내가 하고 싶어서 한 것이었기 때문에 컴퓨터에 뛰어난 소질이 있다고 학교 컴퓨터 선생님들이 얘기하셨..(중략) 자격증을 하나씩 정복하기 시작했습니다. 제 스스로의 능력으로 이루어낸다는 자부심에 더 몰입할 수 있었습니다. 그리고 중학교 1학년 때에 올라와서 컴퓨터를 계속하려고 과학과 내신 공부를 하면서 틈틈이 컴퓨터 활용능력과 정보처리 기능사를 집에서 책을 사 모르는 것은 강의를 들어가면서 공부해 자격증을 땄습니다. 저에게 컴퓨터는 과학만큼이나 중요한 것이었습니다.

시간에 얽매이는 것을 싫어하는 나

저는 어렸을 때부터 학원을 다니지 않았습니다. 왜냐하면 어릴 때부터 시간에 얽매이는 것을 싫어하고 무언가에 쫓겨 다니는 것을 싫어해서 학원 같은 곳을 가는 것을 싫어했습니다. 저는 아직까지도 학원을 다니지 않고 혼자 자기 주도적 학습을 하고 있습니다. (중략)

과학을 더욱 가까이 접하게 된 중학교 1학년

(중략) 영재학급에 들어오게 되어 과학 관련 행사와 체험학습 등을 하면서... (중략) 과학 심화반에도 들어 과학 선생님들과 자주 접하여 1학년 때 올라와서 과학 수학 경시대회에서도 1등을 했고 또 1학년 말에 창의적 산출물 전시회에서 금상을 받게 되었을 땐 정말 기쁘고 제가 자랑스러웠습니다. (중략)

큰 도움이 된 영재학급

(중략) 과학에 대한 지식을 심어준건 영재학급이었습니다. 영재학급에서 과학, 수학을 집중적으로 파헤치고, 창의적이고 자유로운 분위기로 발표와 토론도 하고, 그냥 눈으로만 '아~'하고 만 넘어갔던 실험들도 직접 실험해 그 실험이 완전히 이해가 되게끔 만들었습니다. 무엇보다도 영재학급에선 친구들과 자유로운 토론으로 자기의 생각을 전달하고 친구의 이야기도 들어 주면서 발표력과 이해력을 많이 향상시켜 주었습니다. 또한 영재학급이 많은 친구도 선배도 사귀게끔 하여 인맥을 넓혀 주기도 했습니다. (중략) 돼지 심장 해부하기, 화석 관찰, 과학 체험... (중략)

꿈을 펼치기 위한 준비를 하는 중학교 2학년

'꿈은 꾸는 것이 아니라 이루는 것이다.'라는 말이 있듯이 세 꿈을 이루기 위해서 이제까지 쌓은 과학 관련 지식과 다양한 분야 지식을 이용해 대회에 참가하기로 계획을 세웠고 경기도 과학전람회부터 과학탐구대회, 과학경시대회 등을 참가하여 제 꿈을 위한 준비를 하기로 했습니다. 그러면서 과학에 대한 지식도 늘어나고 보고서 쓰는 방법 등 많은 것을 알게 되었습니다.

과학전람회를 통한 깨달음

이번 2학년을 올라 와서 경기도 과학전람회를 했습니다. 주제를 선정하고 실험을 짜서 같은 조원과 선생님과 같이 실험도 해보고 결론 도출을 하면서도 많은 것을 배웠습니다. 하지만 이번 과학전람회에선 더 큰 것을 배웠습니다. 바로 대회 당일 심사 위원과 함께 실험에 대한 발표를 하고 질문과 대답을 하면서 깨달았습니다. 심사위원의 날카로운 지적에 '왜 내가 저때 그걸 생각을 못했을까?', '더 좋은 방법이 있었는데...', '이걸 왜 놓쳤지!', '좀 더 생각해 볼 걸' 등 많은 후회와 생각을 했습니다. 이번 과학전람회로 부족한 나에 대해 과학에 대한 것을 더 배우고 싶은 욕망이 생겨났고, 꼭 다음엔 완벽하고 철저한 준비를 통해 절대 주춤하지 않겠다는 오기가 생겼습니다. 이로써 과학전람회는 나를 한번 더 되돌아보고 되짚어 볼 수 있는 계기가 되어 좋은 경험이었습니다.

저의 꿈은 어릴 때부터 조립, 분해, 관찰하는 것을 좋아했고 과학과 컴퓨터 관련 쪽에 소질을 가지고 있어 카이스트나 포항공대에서 과학 쪽에서도 컴퓨터 관련 기계 쪽에서 석사 학위를 따서 실생활에 도움이 되는 기계를 만들거나 프로그래밍 하여 사람들이 편하게 살게 하기 위해 기계공학자가 되는 것이 꿈입니다. '지금도 사람들을 편하게 살기 위한 로봇과 기계가 있지 않느냐?' 라는 질문을 하신다면 이렇게 대답하겠습니다. '지금 실생활에 사용되는 기계(청소하는 기계, 기계 애완견, 대화 시스템 추가 마네킹 등)는 나와 있지만 100% 완벽한 상태는 아니기 때문에 실생활에서 일반 가정이 사용하기엔 다소 어려움이 있습니다. 그래서 미래의 사회와 과학을 위해서 실생활에 도움이 되는 기계를 만들려고 합니다. 하지만 기계가 꼭 움직인다는 뜻이 아니라 '리사이클링 시티(recycling city)'처럼 환경에 도움이 되거나 효율이 좋은 기계도 만든다는 것입니다. 그리고 그것을 직접 프로그래밍 해보기도 하면서 현재의 휴머노이드 같은 기계보다 더욱 뛰어난 것을 만들기 위해 노력할 것입니다.'라고.. 저에겐 앞으로 '꿈'이란 오아시스를 찾기 위해 힘든 고비들이 있겠지만, 열심히 노력하여 꼭 꿈을 이뤄 오아시스의 단맛을 볼 수 있도록 할 것입니다. (중략)

포트폴리오의 내용은 자신의 기록장인 만큼 독서기록장으로부터 시작하여 작품 모음까지 활동한 결과를 꾸준히 모아가며 다양한 영역에서 이루어질 수 있지만 프로젝트 연구와 관련한 포트폴리오를 기준으로 살펴보면 연구의 동기로부터 결론에 이르는 전반적인 보고서 모음과 탐구실험 중 쓰여 진 실험일기, 과학관 박물관에서 탐방한 자료의 소감문, 관찰결과, 체험일지 활동기록, 사진자료 등이 포함될 수 있다.

포트폴리오 운영을 깔끔하게 할 수 있는 요령은 목록의 기록과 정리이다. 영역별, 주제별 정리를 목록별로 체계적으로 정리해 나가면 더욱 돋보이는 산출물을 얻어낼 수 있다.

포트폴리오 구성은 결과보다는 과정이 강조되고 있음을 잊지 말아야 한다. 때론 어설퍼도, 학생 스스로 이루어나가야 함은 매우 중요하다.

자기주도 학습의 중심에 프로젝트 학습이 있다

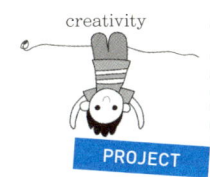

자기주도 학습이란 학생 스스로 자신의 학습과정에서 주도적으로 목표를 설정하고 계획하여 학습한 후 스스로 결과를 평가하는 과정을 통해 창의력과 문제해결력을 향상시키는 학습을 말한다. 최근에는 고등학교나 대학에서 글로벌 시대에 필요한 창의적 인재양성을 위해 다양한 방법으로 학생을 선발하고 있고, 입학사정관을 활용한 자기주도 학습전형이 점차 확대 시행되고 있다.

자기주도 학습전형은 입학사정관으로 구성된 입학전형위원회에서 창의적이고 잠재력 있는 학생을 선발하는 전형으로 특히 특수목적고등학교와 대입에서 모두 사용되고 있는 중요한 전형방법이다.

이 전형에서는 필기시험을 금지하고, 교과지식을 묻는 형태의 구술면접, 적성검사 등의 변형된 형태의 필기고사를 금지하고 있으며, 선행학습과 관련된 경시대회나 인증시험, 자격증 취득 등이 배제되고 독서실적, 봉사활동 등 자기주도적으로 이루어지고 있는 활동을 중요시 하고 있다.

자기주도 학습전형에서 요구하는 학생은 특기능력, 창의력, 잠재력을 가진 학생으로 1) 학생부 교과 성적으로 나타나는 학업 능력은 평균보다 약간 높은 수준정도 2) 특정교과 성적은 상대적으로 우수하며, 해당교과와 관련해 자기 주도적으로 교내외 프로그램을 적극 활용하여 학습 및 개발 활동을 해 온 학생 3) 특정 분야에 큰 관심을 나타내며 교내외 동아리 활동이나 다양한 체험활동을 통해 해당 분야의 관심과 소질을 개발하고 있는 학생 4) 관심 분야를 진로선택과 연결시키려 시도하는 학생 5) 봉사활동 및 리더십 활동 등 인성과 관련한 분야에서 평균 이상의 노력과 실력을 쌓은 학생으로 해당 분야의 활동을 선택한 진로와 연결할 정도로 내면화한 학생 6) 그 외 잠재능력이나 특기 능력 등의 타 분야에서 우수한 성취도를 보인 학생 등이다.

　이런 취지로 볼 때 프로젝트 학습을 통해 관심 있는 분야의 연구활동을 지속적으로 수행하고 연구 성과물을 만들었다는 것은 대단히 높이 평가받을 만한 활동이다. 자기주도 학습전형에서 꼭 필요로 하는 서류중 하나가 '자기소개서'이다. 학교마다 그 양식이 조금씩 다르긴 하지만, 대체로 '성장배경과 학습 환경', '가장 의미 있는 경험', '진로선택과 관련된 경험이나 준비, 노력', '향후 학업계획과 진로계획'이 포함되어 있다. 연 1회 정도의 프로젝트를 진행하면서 경험한 사실과 얻어진 결과를 진솔하게 기록하고, 자신의 진로와 연결하여 작성한다면 훌륭한 자기소개서가 될 수 있을 것이다.

　입학사정관에서는 외형적인 실적보다는 그 내면에 잠재한 열정적 노력에 큰 점수를 준다. 프로젝트를 수행하면서 느낀 점을 모두 메모해 두었다가 에피소드를 중심으로 생생하게 기재하는 것이 중요하다. 화려한 미사여구를 사용한다고 해서 좋은 자기소개서가 아니다. 오히려 자신의 실정과 활동에 기반을 두고 진솔하게 작성할 때 좋은 자기소개서가 되는 것이다. 또한 자기소개서와 교사추천서, 학생부의 기록과 연결해 볼 때 서로가 잘 연결되고 있고 일관성이 있어야 한다. 프로젝트를 진행하면서 도움을 받았던 교사라면 그 학생과 오랜 시간을 보내면서 같이 프로젝트를 진행하고 조언자 역할을 했을 것이므로 지원자의 특기나 끈기, 성향 등을 정확하게 파악하고 있을 것이므로 학생의 자기소개서와 일치하는 내용으로 교사추천서가 작성될 수 있을 것이다. 또한 프로젝트 수행으로 얻어진 산출물로 교내 대회나 다양한 교외 대회에 도전해 볼 수 있는 기회가 생길 것이므로 학생의 도전정신과 끈기를 검증받을 수도 있다. 운이 좋아 수상을 하게 된다면 학생부에도 기록될 것이고, 더 없이 좋은 기회가 될 것이다.

관심분야에 대해 좀 더 깊이 있는 연구를 통해 자기만족을 얻게 될 뿐 아니라 남들이 말하는 소위 다양한 스펙이 쌓일 수 있으므로 프로젝트학습을 통한 다양한 산출물 제작활동을 학생들에게 자기성장의 기회뿐 아니라 진로 선택을 위한 튼튼한 밑거름이 될 수 있을 것이다. 다음은 대학교 자기소개서 양식 예시이다.

01. 고등학교 재학 중 교내·외에서 실행한 자기 주도적 활동(학습 활동 또는 교과 외 활동 등)을 기술하세요(띄어쓰기 포함 500자 이내).

02. 고등학교 생활에서 자신이 리더십을 발휘한 경험을 느낀 점을 포함하여 구체적으로 기술하세요(띄어쓰기 포함 500자 이내).

03. 고등학교 재학 중 교내 또는 교외에서 자신이 해결하고자 했던 사회문제의 발생 원인과 이를 해결하기 위한 스스로의 노력 및 그 결과를 구체적으로 기술하세요(띄어쓰기 포함 500자 이내).

04. 지원동기와 지원한 분야를 위해 어떤 노력과 준비를 해왔는지 기술하세요(띄어쓰기 포함 500자 이내).

05. 고등학교 재학 중 창의적으로 문제를 해결했던 사례를 소개하고, 그것이 창의적이라고 생각하는 이유를 기술하세요(띄어쓰기 포함 500자 이내).

프로젝트 학습으로
다양한 대회에 도전하라!

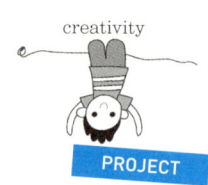

프로젝트 학습 후 그 자료는 개인의 연구 성과로서 탐구능력을 신장시키고 한 주제에 대해 깊이 있는 탐구를 해본 자기발전의 의미를 가진다. 그리고 그 의미를 더욱 확장시켜 다양한 대회에 참가해 보는 것은 자신의 연구성과를 보상받고 더욱 단단히 다질 수 있는 기회가 될 수 있다. 꼭 우수한 성과를 내고 상을 받기 위한 목표가 아니라 자기발전과 연구의 적절성을 검증받을 수 있는 좋은 방법이므로 다양한 대회에 참가해 보는 것은 큰 의미를 가질 것이다.

과학의 기본 원리를 스스로 탐구하면서 과학탐구 방법을 체득하게 되고, 문제를 스스로 해결해 나가는 과정을 통해 창의적인 사고력과 아이디어를 내는 방법 등을 배우게 된다. 또한 과학적 지식과 경험은 자신의 학문적 발전 및 성취감과 자신감을 가질 수 있게 하는 좋은 기회가 될 것이다.

프로젝트 학습 결과물로 도전할 수 있는 대회는 많다

◉ 학생 과학전람회

과학기술의 진흥과 국민생활의 과학화를 촉진하기 위하여 과학기술부령으로 개최하는 우리나라에서 규모가 가장 큰 과학관련 대회로 개인 혹은 2인 1조로 하나의 주제에 대해 약 1년 정도 세부적인 탐구를 하여 발표하는 대회이다.

과학전람회 소개

대회 방법 및 준비

· 과학작품대회와 학생작품지도논문연구대회로 구분한다.
· 과학작품대회는 물리, 화학, 생물, 지구과학, 농림수산, 산업 및 에너지, 환경부문과 그 밖에 교육과학기술부장관이 필요하다고 인정하는 부문으로 나뉜다.
· 과학작품대회의 심사는 서면심사와 면담심사로 구분한다.

대회 규정

· 작품이 본인 자신의 창작에 의한 것인지 확인한 후 작품의 창의성, 탐구성, 완벽성, 실용성 등에 중점을 두어 심사한다.
· 작품은 출품부문에 따라 부문별로 심사한다.
· 작품심사는 연구결과물보다 연구과정에 비중을 두어 심사한다.
· 국립중앙과학관 홈페이지 및 각 시도교육청 과학교육연구원 홈페이지에 게재된다.
    주관 : 국립중앙과학관 과학교육과(www.science.go.kr)

◉ 청소년 과학 탐구토론 대회

3명 1조로 팀을 이루어 과학적으로 탐구 가치가 있는 자연환경이나 과학문화 관련 전통 유적지나 역사유물, 또는 현대 과학기술 관련 등과 관련된 하나의 주제가 공시되면 주어진 주제 내에서 탐구과제를 포착하여 기본기구, 약품, 컴퓨터 등을 사용하여 탐구하고 대회에 참가하여 발표 및 질의응답을 한다.

청소년 과학 탐구토론 대회 소개

대회 방법 및 준비

· 주어진 주제에 따라 과학적 탐구과제를 선정하여 탐구한 후 탐구과정을 결과보고서로 작성한다. 보통 결과보고서는 30쪽 내외로 국문으로 작성하고, 문제해결에 있어 해결 방향, 이론적 접근, 실험 내용, 연구결과 등을 기록한다.
· 참가팀은 해결된 연구 결과에 대해 주어진 시간 내에 발표할 수 있도록 대회 발표자료를 준비한다.

대회규정

· 학교 대회를 거쳐 시 대회와 도 대회, 전국 대회 순으로 실시한다. 이때 탐구보고서와 발표 및 질의응답을 통하여 논리성, 설득력, 근거자료의 제시 및 제시 방법 등을 평가한다.

● 온라인 과학탐구대회

교육과학기술부와 한국과학창의재단이 청소년의 창의력 및 탐구력 증진을 위하여 개최하는 대회로 매년 탐구주제를 제시하고 이를 해결하기 위해 창의적이고 과학적인 해결방안을 탐구함으로써 창의력과 탐구력을 높이고 글로벌 현안에 대한 올바른 이해와 이를 극복하기 위한 과학기술의 중요성을 확산하는 것에 목적을 두고 있다.

온라인 과학탐구대회 소개

대회 방법

- 청소년과학탐구반 홈페이지(www.scienceall.com/ysc)를 통해 접수한다. 전국의 초·중·고 학생은 지도교사와 함께 과학반을 만들어 누구나 신청할 수 있다.
- 최종 수상 과학반은 지역예선과 본선대회를 통해 선발하며, 대상 수상 과학반은 교육과학기술부 장관상이 수여된다.
- 특히 본 대회 지역예선을 통과한 과학반은 과학탐구발표대회 및 전국청소년 과학탐구대회 탐구토론 부문 수상 팀과 함께 '국제청소년과학창의대전'에 참가하게 된다. 국제청소년과학창의대전에서 입상하는 팀에게는 미국에서 개최되는 국제청소년과학기술경진대회(ISEF)과 중국에서 개최되는 중국청소년과학기술창신대회, 북경청소년과학기술창신대회에 한국대표로 참가할 수 있는 자격이 주어진다.

대회규정

- 신청한 과학반은 선택한 탐구주제를 약 한 달간 탐구하고 탐구과정과 결과보고서를 제출해야 한다.
- 탐구주제를 해결하기 위한 실험과정, 동영상 등의 자료를 활용해 자신의 주장을 뒷받침하는 내용을 발표하고 탐구결과의 정당성을 입증한다.

심사규정

온라인 과학탐구대회의 구체적인 심사 규정을 살펴보면 다음과 같다.

- 창의성 : 과학적 착상의 독창성과 문제해결을 위한 접근방법, 데이터 분석 및 해석, 활용장비의 디자인과 구조 등

- 과학적 사고와 기술적인 목적 : 문제의 명확성, 문제해결 방안, 결론을 입증하는 데이터, 연구과제의 이해도, 과제의 투명성, 경제성, 활용도, 개선사항, 발전 가능성, 실제 실험여부 등
- 작품의 완벽성 : 목적 달성도, 실험결과, 과제수행기간, 과제노트의 완벽성, 문제해결 정도 등
- 기술성 : 데이터를 얻기 위한 실험방법과 설계기술력, 과제 실행장소, 지도교사의 도움, 실험장비 제작 등
- 명확성 : 작품의 목적, 과정, 결론의 명확성 여부, 연구결과 및 데이터의 투명성, 출품자의 직접 연구, 정당한 방법의 발표, 과제수행과정의 정당성 등
- 팀워크(Teamwork) : 작품 제작과 출품과정에 팀원들의 노력 및 직접 참여정도, 역할분담, 최종작품에 각 팀원들의 공헌도 및 이해도 등

이러한 심사규정을 참고하면 청소년과학탐구대회를 준비하는 데 있어서 많은 도움이 될 수 있을 것이다.

과학탐구활동 포트폴리오 경진대회

2011년부터 새로 생긴 과학탐구활동 포트폴리오 경진대회는 자유탐구와 프로젝트학습 과학탐구활동을 통해 실생활에서 창의력과 문제해결력을 신장시키고, 스스로 학습과제를 선정하여 해결하면서 학습자 중심의 자기주도적 학습능력을 향상시키는데 목적을 두고 있다. 또한 창의적 학습 결과에 대한 보상을 강화하고 일반화에 기여하기 위해 이 대회를 실시한다.

과학탐구활동 포트폴리오 경진대회 소개

대회 방법

- 과학관련 자유탐구 과제수행과 프로젝트 학습활동을 통해 과학적 문제를 찾아 해결할 수 있도록 포트폴리오를 구성하여 학교대회를 거쳐 시 대회에 출전한다.
- 중·고등학생을 대상으로 하는 대회이며, 1편 당 1명에서 3명까지 팀을 이루어 지원 가능하다.
- 포트폴리오대회는 1차 자료심사, 2차 면접심사를 합하여 최종 수상작을 선정하고 학교대회, 시 대회, 도 대회의 순으로 진행된다.

대회심사규정

과학탐구활동 포트폴리오대회는 현재 학교 현장에서 실시하고 있는 과학교과의 자유탐구활동을 확장시켜 준비할 수 있는 대회이다. 대회는 1차 자료심사와 2차 면접심사로 이루어지는데 먼저 1차 자료심사의 심사기준을 살펴보면 다음과 같다.

· 창의성 : 탐구주제, 조사 및 탐구방법, 변인설정 및 결과데이터 항목의 과학적, 창의적, 학문적 가치 등
· 과학적 사고 : 해결과제의 명확성, 결과도출 절차, 변인설정의 명확성, 관련이론 및 탐구과정의 이해도 등
· 기술성 : 해결과제에 대한 결과의 명확성, 기존연구와 이론에 대한 충분한 조사, 탐구과정, 연구결과 도출 기간, 데이터 수집의 절차 등
· 명확성 : 정상적인 교육과정 운영에서 산출된 결과물인지, 학생이 수행할 수 있는 과제인지, 데이터 및 결과에 대한 처리가 정확한지, 제출된 포트폴리오의 양이 기준량을 초과하지 않는지 등

과학탐구활동 포트폴리오대회의 2차 면접심사의 심사기준은 다음과 같다.
· 탐구성
  – 과학적으로 의미가 있는 주제인가
  – 주제 및 가설설정, 데이터 수집, 결과도출 항목이 탐구적인가
  – 관련연구·이론 및 각 탐구과정에 대해 정확히 이해하고 탐구하였는가
· 노력성
  – 주제 및 가설설정, 데이터 수집, 결과도출 등의 과정에 학생들이 주도적으로 참여하였는가
  – 참여 학생들의 역할이 적합하고, 제 역할을 잘 수행하였는가
· 논리성
  – 자신이 연구한 주제에 대해 논리적으로 발표하는가
  – 학생들이 해결과제, 목차, 절차, 결론에 대해 정확히 알고 있는가
  – 관련 연구·이론에 대한 정확한 이해에서 결과가 도출되었는가
  – 데이터 조작 등의 문제는 없는가
  – 데이터 및 결과에 대한 설명이 정확한가

이러한 심사기준을 가지는 포트폴리오 경진대회는 자유탐구활동과 프로젝트 학습의 내실화를 통해 과학탐구능력을 신장시키기 위한 대회로 앞으로 계속 진행될 것으로 보인다. 그러므로 처음부터 계획을 잘 세워 학교 과학수업시간에 실시하는 자유탐구활동과 연계하여 두 마리 토끼를 모두 잡을 수 있으면 더 좋을 것으로 보인다.

프로젝트 학습을 연계해 대회에 도전하자

◉ 과학전람회의 준비

과학전람회는 물리, 화학, 생물, 지구과학, 농림수산, 산업 및 에너지, 환경 등의 부문으로 나뉘어, 각자 주제를 선정하여 탐구결과를 발표하는 대회이므로 얼마나 참신한 아이디어를 선정하여 탐구할 것인지를 결정하는 것이 가장 중요한 요소 중 하나이다. 주제 선정은 탐구의 가장 중요한 골격을 잡는 것이므로 여러 가지 요건을 고려하여 신중하게 선택해야 한다. 가장 좋은 방법은 다른 사람들의 탐구보고서를 많이 보고 어떤 주제를 선정하여 어떻게 탐구해나갔는지를 살펴보는 것이다. 다음은 과학전람회의 작품을 제작할 때 주제를 선정하고 탐구하는 방법을 소개한 것이다.

과학전람회 작품 제작을 위한 아이디어

어디서 어떻게 탐구에 대한 아이디어를 얻을 것인가?

- 당연한 것에서 일단 의심하여 보고 그 이유를 찾아본다.
- 사소하고 작은 것이지만 다른 시각으로 살펴본다.
- 주변 환경에서 탐구 문제를 찾아본다.
- 교과서의 실험 내용들도 다시 따져본다.
- 장기간 지속적으로 탐구할 과제를 찾아본다.
- 시사성이 있는 주제를 찾아본다.

아이디어를 구체화 한다.

- 참고 문헌, 전문서적, 보고서, 관련 논문 등을 조사하고 탐독한다.
- 아이디어와 관련된 주제를 검색한다.
- 선정된 주제에 대해 전문가나 경험자에게 조언을 구한다.
- 아이디어가 타당성이 있으면 전체적인 연구 설계를 하고 제작할 작품의 설계를 통하여 예비실험을 한다.

좋은 주제선정 아이디어

그동안 과학전람회에 출품되었던 작품 중 주제를 찾아가는 방법을 배울 수 있는 예를 살펴보면 다음과 같다.

전통적인 문화유산에 관한 것

→ 전통한옥에 쓰이는 조선못의 내부식성에 관한 탐구
→ 명재고택의 안채와 곳간채 사이의 공간에 숨어 있는 비밀에 대한 탐구
→ 안압지 출토 목선은 왜 썩지 않았을까?
→ 대장간 손풀무 속에 숨겨진 조상들의 과학적 지혜에 관한 탐구
→ 천년을 견뎌온 무량수전 건축 양식의 과학적 슬기 탐구

참신한 아이디어

→ 우유는 고추의 매운 맛을 어떻게 없애줄까?
→ 패각을 이용한 친환경 타일 및 제조제작
→ 튀김을 할 때는 왜 맛있는 소리가 날까?
→ 스프링 드럼의 천둥소리에 대한 탐구
→ 인삼잔뿌리 추출물을 이용한 천연염색물의 견뢰도 향상에 대한 탐구
→ 봉선화 꼬투리는 왜 안쪽으로 오므라들며 터질까?

작은 것에서 큰 것을 발견할 수 있는 것

→ 석류씨앗의 배열구조에는 어떤 비밀이 숨어 있을까?
→ 거미는 거미줄의 아침이슬을 왜 제거할까?
→ 엄마는 왜 태운 냄비에 맥주를 끓이셨을까?
→ 세면대 물의 회전에 관한 연구
→ 타일 장판의 낙서는 왜 치약으로 잘 지워질까?

자기가 살고 있는 지방의 특성에 관한 것

→ 고흥만에서 겨울을 나는 국제적인 희귀조류 노랑부리저어새의 먹이행동에 대한 탐구
→ 한국 남부산 섬모충류의 계통 분류 및 생태연구
→ 전남 지역의 지의류 flora 및 분포특성에 관한 연구
→ 팔공산 단산지에 피어오르는 물안개의 비밀에 관한 연구
→ 소나무 나이테를 이용한 전남지역의 과거 기후복원과 미래 기후예측에 관한 연구

과학전람회의 지도사례를 통해 과학전람회는 어떻게 준비하면 좋을지 살펴보자.

다음은 2010년 경기도 과학전람회에 참가한 한 학생을 지도한 사례이다.

과학전람회 지도 사례

주제선정

책을 읽다가 우연히 호기심이 생긴 개미에 대해 탐구해 보고 싶어 처음에는 개미의 생활에 대한 관찰을 시작하였다. 관찰을 계속하는 동안 주제를 좁혀 가장 궁금증이 생긴 '일본왕개미의 군집생활에 대한 탐구'로 주제를 선정하여 탐구를 진행하였다.

과제 해결방법 선정

· 다양한 환경 조건에 변화를 주고 개미가 적응하는 생활양식을 관찰하면서 개미의 군집 생활의 이점을 알아보기 위해 특정한 상황에서 독립변인을 인위적이고 체계적으로 조작하여 종속변인에 나타나는 변화를 관찰하여 그 관계를 규명하는 실험연구를 실시하기로 정하였다.
· 탐구의 일관성과 객관성을 유지하기 위해 대학 도서관의 연구 논문, 인터넷, 관련 책자 등을 참고해 비슷한 주제의 논문들을 검색해 보고 연구과정, 실험방법, 변인 등에 대해 비교 분석하여 연구의 체계를 결정하였다.

탐구결과 정리 및 보고서 작성

· 탐구보고서 초안을 작성하기 위해 탐구의 과정을 탐구일지에 자세히 기록하면서 여러 가지 자료, 견본, 사진, 실험 데이터, 관찰 동영상 등을 하나씩 정리해 두었다.
· 탐구한 자료를 정리하고 보고서를 작성한다.
· 탐구한 내용을 탐구 동기, 탐구 목적, 탐구 문제(왜, 무엇을, 어떻게), 탐구방법 및 과정, 탐구결과, 결론 및 제언, 참고문헌의 순으로 정리하였다.

탐구실험 보완과 보고서의 재작성

· 전체적으로 탐구내용이 객관성과 일관성을 가질 수 있도록 보고서를 보완한다.
· 탐구설계를 구체적으로 세우고, 보충실험을 실시하였다. 이때 변인통제가 가능한 측정을 여러 차례 실시하여 객관성을 얻을 수 있도록 하였다.
· 작성된 보고서에서 오자, 탈자, 띄어쓰기 등에 유의하여 수정하였다.

작품설명 연습과 전시물 준비

· 작품설명은 5분 정도로 자신의 작품에서 강조하고 중점적으로 부각시킬 것을 최대로 효율적으로 발표하도록 연습하였다.
· 탐구과정과 내용을 잘 보여줄 수 있도록 탐구일지와 함께 전시하기 위해 준비하였다.

과학전람회에서 학생작품을 심사할 때 가장 중시하는 요소는 탐구의 과정과 학생들 스스로 탐구했는가 하는 점이다. 더불어 실용성이 있으면 부가점을 받는다.

그러므로 과학전람회를 준비할 때는 장기계획을 세우고, 연구의 일관성을 유지하기 위해 다양한 각도의 노력을 해야 하며 학생들 스스로 탐구하면서 탐구의 과정을 세부적으로 기록하도록 한다. 그리고 탐구목적에 맞게 보고서를 작성하여 작품의 성격에 맞는 출품영역으로 출품을 해야 할 것이다.

◉ 과학탐구토론대회의 준비

과학탐구토론대회에서는 미리 주어진 큰 주제에 대해 관련자료를 조사하고 그 속에서 자신들의 탐구주제를 찾아 실험을 설계·수행하여 결과 및 결론을 도출해내는 일련의 과정을 거쳐 보고서를 작성해야 한다. 이것으로 끝나는 것이 아니라 자신들의 연구결과를 조리 있게 발표하고 이에 대한 반론을 적절히 방어해야 하며 나아가 상대팀의 발표 내용을 잘 듣고 반론 또는 평론하는 과정을 모두 수행해야 좋은 결과를 얻을 수 있는 그야말로 과학자들이 과학을 행하면서 겪게 되는 일련의 활동을 모두 수행하고 종합적인 능력을 평가 받을 수 있는 대회라고 할 수 있다.

과학탐구토론대회의 준비는 어떻게 해야 하는 지 하나씩 살펴보자.

● 과학탐구토론대회를 준비하기 위해 학생이 갖추어야 할 요건

과학탐구토론대회를 준비하기 위해서 학생들에게는 과학에 대한 관심과 지적 호기심 및 탐구실험의 수행을 지속적으로 할 수 있는 지구력과 인내심이 필요하다. 그리고 주제를 탐구해 나가는 실험 설계나 결과분석 등의 과정에서 창의력을 보여주면 더 좋을 것이다.

주제탐구 실시와 결과보고서 작성으로 끝나는 것이 아니라 탐구결과를 발표한 후 반론에 대해 방어하고 다른 팀의 결과 발표를 듣고 반론과 평론을 펼쳐야 하는 점이 이 대회의 가장 큰 특징이다. 발표와 반론, 평론이 이어지는 2시간이 넘는 긴 시간 동안 지치지 않고 집중하여 대회에 참여해야 하니 집중력 또한 필요하다. 이 때 상대방의 의견을 존중하고 충분히 이해하고 그 속에서 연구의 장점과 약점을 찾아 정확하고 조리있게 표현할 수 있어야 한다.

● 팀의 구성

과학탐구토론대회는 다른 어떤 대회보다도 팀웍이 강조되는 대회로 역할을 잘 분담하고 때로는 눈치껏 임기응변도 발휘해야 경기를 잘 이끌어갈 수 있다. 위에서 언급한 자질을 고루 갖춘 학생으로 세 명이 한 팀이 되어 적절히 역할을 분담하여 수행할 수 있도록 구성한다.

● 준비과정

탐구활동 수행

탐구활동 수행에서 가장 중요한 것은 자발적인 의지로 스스로 즐거워하면서 지구력을 갖고 수행해 나가는 것이 필요하다.

· 대회요강과 심사기준 파악하기

대회를 준비하기 위해 가장 먼저 한 일은 대회요강을 꼼꼼히 읽는 것이었다. 무슨 일을 시작하던지 그 일의 목적과 성격을 분명히 알고 출발하는 것만큼 일을 효율적으로 진행하는 방법은 없다. 과학탐구토론대회지도 역시 그 대회의 목적과 성격, 형식, 심사기준 등을 먼저 알고 시작하는 것이 기본이라고 생각한다.

· 주어진 주제에 대한 정보 검색

인터넷 뿐만 아니라 도서나, 영상물, 연구 논문 등 다양한 자료를 조사하여 탐구대상을 결정하도록 한다. 미리 주어진 주제 속에서 가능한 탐구대상에 대한 다양한 정보를 검색하여 흥미 있는 대상이나 소주제의 목록을 뽑도록 한다.

· 탐구대상(소주제) 구체화하기

가장 탐구하고 싶은 대상을 찾았다면 왜 그것이 탐구하고 싶은지를 명확하고 구체적으로 그려내도록 해야 한다. 본격적인 탐구활동의 첫걸음으로서 가장 중요한 과정이라 할 수 있다. 이 과정에서 자신들의 탐구에 대한 목표 의식이 생기고 탐구를 하고 싶은 강한 동기를 부여할 수 있을 것이다.

· 탐구계획 세우기

목표가 설정되었으면 대회일을 기준으로 본격적인 탐구계획을 세워야 한다.

· 탐구대상에 대한 이론적 접근(문헌자료조사)

학생들이 정한 탐구대상에 대하여 보다 세부적인 조사를 해야 하는 과정이다. 인터넷만을 이용하기 보다는 다양한 도서와 영상물, 그리고 보다 전문적인 지식이 필요할 경우를 대비하여 관련된 선행 연구논문을 찾아보는 것이 좋다.

· 탐구대상에 대한 탐방조사

탐구 수행을 위해서 탐구대상 또는 탐구대상과 관련된 기관에 탐방해 보는 것이 좋다. 자신들이 탐구하고자 하는 대상이 책 속에만 있는 것이 아니라 실제로 우리 주변에 존재하고 있으며 얼마나 가치 있는 것인지 눈으로 보고나면 학생들의 탐구 동기를 더욱 오래 지속시킬 수 있을 것이다.

· 탐구문제 포착하기

여러 방법으로 조사한 결과들을 정리하면서 탐구문제를 2~3가지 정도로 좁힌다. 탐구문제는 탐구하고자 하는 요소가 명확하게 표현되도록 진술해야 하며 실험을 통해 변인들을 통제하고 조작해야 하는 경우 이러한 변인들이 확실히 드러나는 것이 실험설계를 위해 좋다. 자료를 조사하고 탐방을 하는 과정 중에 생긴 궁금한 점을 토대로 스스로 탐구해야 할 문제들을 포착하도록 한다.

· 실험 설계하기

결정된 탐구문제를 해결하기 위한 실험을 설계하는 과정이다. 탐구문제를 해결할 수 있는 실험을 설계한다. 실험을 위해 필요한 준비물들을 잘 챙기고 차질이 없도록 미리 준비한다.

· 실험 수행 및 결과 분석하기

실험결과에 신뢰도를 높이기 위해 가능하면 여러 차례 반복 실험을 해야 하고 이 때 첫 실험에서 여러 가지 변인들을 잘 통제하고 조작했는지를 꼼꼼히 점검한다. 실험과정과 결과를 되도록이면 사진으로 남기도록 하고 사진들을 미리 정리해두면 보고서를 작성할 때에도 좋다.

실험결과가 나오면 보고서에 표로 정리하도록 한다.

· 탐구일지 작성하기

탐구의 처음부터 끝까지 모든 과정이 진행되는 동안 학생들로 하여금 그날의 활동을 일지로 작성하게 하는 것이 좋다. 무슨 실험을 언제 했는지를 알 수 있고, 탐구활동을 되돌아볼 때에도 보람을 느낄 수 있으며, 탐구과정에서 미흡한 점에 대해서도 반성할 수 있다. 뿐만 아니라, 대회 당일에 탐구와 관련된 각종 자료들을 전시할 때에도 도움이 된다. 양식은 자유롭게 학생들이 기록하고 싶은 것들을 기록할 수 있으면 된다.

보고서 작성

보고서 작성을 간단히 말하자면, 짤막한 논문 한 편을 작성한다고 보면 된다. 보고서의 형식은 매우 다양하지만 일반적인 논문의 형식을 따르면 탐구활동에서 꼭 필요한 요소들이 다 들어가게 된다. 탐구주제에 따라 접근방법이 다르기 때문에 그 순서에서는 조금씩 차이를 둘 수 있겠지만 일반적으로 탐구동기와 탐구문제, 이론적 배경 또는 사전자료 조사, 탐구방법 및 과정, 탐구결과 및 해석, 결론 및 제언과 간단한 소감 등의 순서로 작성하면 된다.

보고서 작성은 가능하면 탐구활동과 병행하여 써가는 것이 좋다. 세세한 표현은 나중에 다듬더라도 조사된 자료들을 정리하고 탐구문제와 탐구과정, 결과들을 그 때 그 때 보고서에 쓰게 되면 나중에 서두르거나 빠트릴 염려가 없다. 이렇게 보고서가 대강의 틀이 잡히고 나면 본격적으로 글을 다듬고 정리하면 된다.

프레젠테이션 준비

다른 팀과 심사위원 앞에서 인상적인 발표를 하기 위해 효과적인 프레젠테이션 자료는 필수적이다. 여러 가지 효과를 사용하여 눈에 띄는 프레젠테이션을 만드는 것도 좋을 수 있지만 무엇보다도 연구 결과를 제대로 확실하게 전달하는 것이 우선이다. 따라서 발표를 위한 보고서 프레젠테이션 자료는 보고서와 함께 작성한다. 별도의 시간을 할애하여 만들게 되면 오히려 부담이 커지고 시간이 많이 소요된다. 따라서 보고서를 작성하면서 사용하는 데이터와 사진들을 이용하여 요약정리하면서 발표 자료를 만든다면 발표 내용도 빠지는 것이 없고 논리적으로도 무리가 없는 좋은 프레젠테이션 자료가 될 수 있다.

정해진 시간 동안 탐구 내용을 물 흐르듯이 자연스럽게 발표하고 반론이 있을 경우 필요한 자료를 찾아 넘어갈 수 있도록 제작한다.

또한 발표를 하는 과정에 이용될 시연도구들도 준비해야 한다. 되도록이면 실험에 사용한 주요장비나 모형을 상대팀들과 심사위원이 잘 알아볼 수 있게 라벨을 붙이고 보조 테이블을 준비하여 잘 전시한다. 또한 그동안 참고한 여러 가지 자료들을 대회장에 가지고 가면 전시효과도 거둘 수 있고 반론 자료로도 이용할 수 있다. 지나치게 심사위원의 눈을 의식하는 행위라는 생각이 들 수도 있지만 전시나 시연은 자신의 탐구활동을 효과적으로 전달할 수 있는 중요한 방편임이 분명하다.

발표준비

발표준비는 반복적인 훈련이 필요한 부분이다. 정해진 시간동안 많은 내용을 전달해야 하기 때문에 자칫 잘못하면 시간에 쫓겨 전달해야 할 내용을 빠뜨릴 수도 있으며 또 너무 긴장하게 되면 그저 내용 전달에만 급급하여 강약 조절에 실패해 중요한 부분이 제대로 전달되지 않을 수도 있다. 보고서와 프레젠테이션이 완성되고 난 직후부터 시간에 맞추어 발표를 연습하도록 한다.

반론 및 평론준비

탐구과정이 어느 정도 진행되어 결과를 분석하고 보고서를 정리해 갈 때쯤부터 반론과 평론을 준비한다.

다른 팀이 가지고 나올 주제를 알 수 없기 때문에 가능한 주제를 예측하여 목록을 만든 후, 논문이나 기사자료, 도서 자료 등을 수집하고 공부해야 한다. 반론할 때 중점적으로 점검해야할 사항은 심사규정을 참고하면 쉽다. 탐구주제의 선정이 적절한지, 가설설정 또는 탐구문제 포착과 실험설계가 잘 되었는지, 발표한 실험보다 더 나은 실험은 없는지, 실험군과 대조군 설정과 변인통제가 잘 되었는지를 본다. 그리고 결과의 해석이 논리적인지, 용어의 정의는 틀리지 않았는지, 제언은 합리적인지 등을 살피면 결정적인 반론을 제시할 수 있다.

평론에서는 발표팀과 반론팀의 논지에 대해 장, 단점을 확실히 짚어주고, 나아가 부족한 점에 대한 대안이나 개선점에 대한 언급을 해주는 것도 좋다.

이렇게 탐구를 수행하면서 정리하고 그 결과를 보고서로 작성하면서 프리젠테이션과 발표를 준비함과 동시에 다른 팀의 내용을 분석하는 연습을 통해서 학생 스스로 탐구능력 뿐만 아니라 좀 더 넓은 시야를 가질 수 있을 것이다. 과정은 힘들고 어렵지만 그만큼 많은 보람과 함께 성장할 수 있는 기회가 될 것이다.

○ 온라인 과학탐구대회의 준비

청소년 과학탐구반 온라인 과학탐구대회는 학생들의 창의력 및 탐구능력 증진을 목표로, 주어진 대주제에 대해 소주제를 선정하여 발표하는 대회이다.

청소년과학탐구반(YSC) 온라인 과학탐구대회는 어떻게 준비하는지 살펴보자.

· 매년 홈페이지(http://ysc.scienceall.com)를 통해 지도교사 1명, 학생 3명 이내로 과학반을 구성하여 신청한다.(참고로 2011년의 경우 6월 22일~7월 21일 사이에 신청 및 접수를 하였다.)

· 매년 주어지는 주제에 따라 탐구계획을 세우고 홈페이지를 활용하여 미니홈피를 개설하고 주제의 탐구내용과 탐구일지를 수시로 작성하며 탐구를 진행한다.(참고로 2011년은 '지구와 인류의 현안 및 최근 사회적 이슈에 관한 주제'를 자유로이 선정하여 탐구를 진행하도록 하였다.)

· 탐구를 진행한다. 탐구의 방법은 위의 과학전람회나 과학탐구토론 대회의 준비방법과 크게 다르지 않다.

온라인 과학탐구대회의 심사는 3단계로 이루어지는데 먼저 지역예선심사는 1차 서류심사, 2차 포스터 발표심사로 각 지역분원 주관으로 전국 16개 시도에서 진행된다. 그 후 예선대회 통과 팀을 대상으로 한국창의재단 주관으로 본선심사가 포스터 심사(발표심사)로 이루어지므로 각 단계에 맞추어 준비하도록 한다.

· 온라인 과학탐구대회 발표준비를 한다.

지역예선대회와 전국본선대회의 발표를 위해 발표 자료를 제작하고 팀원의 적절한 역할 분담을 통해 발표를 준비한다.

발표를 위한 포스터는 정해진 규격에 맞추어 제작하는데 재질은 하드보드지, 압축스치로폼, 골판지, 일반 박스 등을 사용하여 날개를 접을 수 있도록 제작한다. 포스터와 함께 대표적인 전시물이 있는 경우 비치하는 것이 좋다.

대체로 5분 발표와 5분 질의응답의 형태로 작품별로 3명의 심사위원이 심사를 하므로 탐구내용을 잘 정리하고 그 과정을 정확히 숙지하여 발표를 준비한다.

※ 청소년과학탐구반(YSC) 과학탐구발표대회도 온라인 과학탐구대회와 유사한 방법으로 진행된다. 매년 4월경에 한국창의재단에서 청소년과학탐구반 과제지원사업을 위한 신청을 받는데 사전에 과제를 설정하고 진행해나갈 방법을 구체적으로 작성한 계획서를 제출하여 과제지원팀으로 선정되면 지원금을 받아 연구를 수행해나갈 수 있다. 홈페이지를 통해 미니 홈피를 만들어 탐구해나가는 방법은 온라인과학탐구대회와 유사하므로 참고하면 좋을 것이다.

◉ 과학탐구활동 포트폴리오 대회의 준비

과학탐구활동 포트폴리오 대회를 준비하는 방법은 위의 다른 대회들과 유사하다. 다만 하나의 주제에 대한 탐구내용을 잘 정리해두고 사진자료 및 매 실험마다의 탐구일지 등을 순차적으로 잘 모아두어 포트폴리오로 제작하는 것이 중요하다.

학생 스스로 탐구 주제를 정하고 탐구계획을 세워 진행하였는지를 가장 중요하게 심사하므로 모든 탐구의 과정을 학생이 주도적으로 실시하면서 그 과정을 잘 정리해두는 것이 중요하다. 준비된 자료를 주어진 규정에 맞추어 분량을 정하고 내용을 정리하여 포트폴리오를 만들도록 한다.

현재 모든 학교에서 자유탐구활동을 실시하므로 이것을 심층적으로 연구하여 포트폴리오대회를 준비해보면 좋을 것이다. 연구과정에서 의문이 생기거나 힘든 점은 과학담당교사의 도움을 받는 것도 좋은 방법이다. 스스로의 탐구과정을 포트폴리오로 제작해두면 미래를 위한 다양한 자료로도 활용이 가능할 뿐만 아니라 학생 자신의 변화해 가는 모습을 고스란히 모아둘 수 있어서 좋은 자료가 될 것이다.